SABINE PLATZ

Im Garten

SABINE PLATZ

Im Garten

ZWISCHEN KNOLLE
UND KOMPOST
LIEGT DAS GANZE LEBEN

GESCHICHTEN VON GÄRTEN UND MENSCHEN

Mit Illustrationen von Inka Hagen

LUDWiG

greenprint[*]
klimapositiv gedruckt

Cradle to Cradle Certified™ Pureprint
innovated by gugler*
Gesund. Rückstandsfrei. Klimapositiv.
www.gugler.at

FSC	MIX Papier aus verantwortungsvollen Quellen FSC® C005108

Penguin Random House Verlagsgruppe FSC® N001967

Originalausgabe 10/2021

Copyright © 2021 by Ludwig Verlag, München,
in der Penguin Random House Verlagsgruppe GmbH,
Neumarkter Straße 28, 81673 München
Redaktion: Nina Lieke
Illustrationen: Inka Hagen www.inkahagen.de
Bildredaktion: Tanja Zielezniak
Umschlaggestaltung: Eisele Grafik Design
unter Verwendung von 336561919 © Ekkawit/Bigstock
und 363567545 © Smika/Shutterstock
Umschlag- und Autorenfoto: Benjamin Zibner/
Penguin Random House Verlagsgruppe
Satz: Leingärtner, Nabburg
Druck und Bindung: Gugler GmbH, 3900 Melk, Österreich
Printed in Austria
ISBN 978-3-453-28144-8

www.Ludwig-Verlag.de

INHALT

Vorwort

»Was halten Sie davon, wenn ich mal mit einem Kamerateam bei Ihnen vorbeikomme?« Wenn ich dienstlich telefoniere, dann dauert es manchmal gar nicht lange, bis ich, meist etwas vorsichtig, diese Frage stelle. Und ich telefoniere oft, schließlich muss ich sie finden, die Menschen da draußen, die ich für meine Rubrik *Platz im Garten* interviewen kann. Ich treffe Gartenbesitzerinnen, Gärtner, Landwirte, Biotannenbaumproduzenten, Organisatorinnen von Bundesgartenschauen, Menschen in freiwilligen Diensten, Enthusiasten und Expertinnen. Sie alle eint eines – die Liebe zu ihren Gärten und zur Natur.

Dieses Buch stellt einige der Gärten, vor allem aber deren großherzige Besitzer und Besitzerinnen vor, die ich in der Vergangenheit auf diese Weise gefunden habe und filmen durfte. Sie alle öffneten ihre Pforten, um für ein oder zwei Tage eine Reporterin samt Fernsehteam hereinzubitten. Fernsehen macht immer Umstände, manchmal Dreck, bringt Unruhe und kostet Zeit. Und dennoch durften wir kommen und eintauchen in das Leben dieser Menschen, ihre Gärten oder Betriebe kennenlernen, mitarbeiten und (manchmal dumme) Fragen stellen.

Treue *moma*-Zuschauer wissen – ich bin schlicht diejenige, die am Ende des Tages einen Film schneidet. Die Kenner, Expertinnen und Spezialisten, stehen auf der anderen Seite des Mikrofons. Darum ist dieses Buch kein Gartenratgeber. Klar – ich habe mir über die Jahre so einiges angeeignet. Wenn man unzählige Leute vom Fach interviewt, einen Profi nach dem anderen vor der Nase hat, bleibt zum Glück ein bisschen was hängen. Und dennoch, selbst wenn man bei uns Journalisten flott zum »Experten« ernannt wird, kaum, dass man zwei Mal über das gleiche Thema berichtet hat, so sage ich hier doch in aller Deutlichkeit: »Nein, meine Expertise geht keinesfalls über die einer Rückschläge erprobten Amateurgärtnerin hinaus.« Sie werden in diesem Buch zwar Informatives zu einigen ausgewählten Pflanzen oder Gehölzen finden, aber als Ratgeber taugen diese Seiten nicht. Eher vielleicht als kurze literarische Pause.

Als Journalistin kann ich auf wunderbare Weise meinen Beruf mit meiner großen Leidenschaft für das Thema Garten verbinden. Für dieses Buch aber habe ich mich auf unbekanntes Terrain begeben. Schließlich bin ich als Fernsehfrau daran gewöhnt, dass eine Kamera die Bilder für mich aufzeichnet. Beim Schreiben muss ich die Bilder durch Worte kreieren, sie lebendig und anschaulich in Schriftform aufs Papier bringen. Fernsehen mit Buchstaben sozusagen. Ich hoffe, das ist mir gelungen. Denn die Reisen, auf die ich Sie mitnehmen möchte, die tollen Touren, von denen auf den folgenden Seiten die Rede sein wird, waren alle besonders, sie klangen noch lange in mir nach und sie haben mich verändert. Und so komme ich gar nicht umhin, auch von dieser, von meiner ganz persönlichen Veränderung an einigen Stellen des Buches zu berichten. Gärtnern macht glücklich und mit den folgenden Seiten habe ich den Versuch unternommen, zu beschreiben, warum.

Vielleicht klingt auch in Ihnen, liebe Leserinnen und Leser, die ein oder andere Geschichte nach. Selbst wenn Sie längst wieder das Laub draußen zusammenklauben, mit der Schubkarre in Richtung Komposthaufen unterwegs sind oder auf dem Balkon die Sämereien in die Sonne stellen.

Was mehr könnte ich mir als Schreiberin dieser Zeilen wünschen?

Lieber spät als nie

Menschen wie mich, die ihre Leidenschaft für Gärten und die damit verbundene Freude an Rückschlägen und körperlicher Schwerstarbeit erst spät für sich entdecken, nennt man im Fachjargon *Late Bloomer*, also Spätzünder. Marketingexperten großer Gartencenterketten und Baumärkte umwerben diese Zielgruppe gerne, denn wer spät beginnt für ein Thema zu brennen, hat in der Regel einiges an Geld für die neue Leidenschaft zur Verfügung und kleckert nicht, sondern klotzt.

Das ist bei mir nicht anders. Ich habe in meinen 800 Quadratmetern Garten über die Jahre einen Großteil meines Reportergehalts versenkt. Und wenn ich schreibe versenkt, dann meine ich das wörtlich. Das Geld steckt mehr oder weniger sinnvoll angelegt in unglaublichen Mengen Tulpenzwiebeln, Frühblühern, Terrasseneinfassungen, Mulchmasse, Blumenerde, organischem Dünger, verschiedenerlei Stauden, Kleinstrauch- und Ramblerrosen und edlen, vermeintlich extravaganten Gehölzen. Leider aber gehört zum Schicksal einer späten Gärtnerin, dass sie keine Ahnung hat von dem, was sie da tut. Und wer keine Ahnung hat, kauft alles doppelt und dreifach, beginnt mit wilden Umbaumaßnahmen an der einen Stelle, pflanzt und gräbt und düngt an der anderen – nur um in der nächsten Saison festzustellen, dass sie sich all die Mühe und Kosten weitestgehend hätte sparen können. Der Rittersporn taucht gar nicht erst wieder auf, die super seltene Japan-Pfingstrose bildet auch im dritten Jahr nur eine einzige Blüte und der Phlox, ach der Phlox, der sieht so albern und spillerig aus, dass Karl Foerster, wäre er nicht schon tot, wahrscheinlich auf

13

der Stelle zu Stein werden würde, hätte er sich im letzten Spät-sommer in meinen Garten verirrt.

Und doch – all dieser deprimierenden Erfahrungen zum Trotz, habe ich nicht längst die Schaufel in die Ecke geschmissen und mich einem anderen, eventuell Erfolg versprechenderem Hobby zugewandt. Im Gegenteil. Seit ich das Gärtnern für mich entdeckt habe, begebe ich mich Jahr für Jahr voller Freude erneut in den Kampf, werfe die Siebtrommel an, grabe die Hochbeete um und lege – diesmal wird es klappen! – schon wieder ein neues Stauden-beet an. Warum fragen Sie sich?

Weil Gärtnern auf vielen verschiedenen Ebenen glücklich macht. Und das geht so: Erstens: Die Zeit in meiner grünen Hölle gehört mir allein, vergeht wie im Flug und ich vergesse auf die Uhr zu sehen. Zweitens: Gartenarbeit kann es locker mit jedem Core-App-Kurs, jeder Pump-up-Challenge und jeder Power-Yoga-Übung aufnehmen. Wer gärtnert braucht keine Mitglied-schaft im Fitnessstudio. Ich schiebe die voll beladene Schubkarre von vorne nach hinten, trage den Gehölzschnitt zum Kompost. Ich habe die Gartenschere im Vorgarten vergessen, muss sie holen und schleppe bei der Gelegenheit auch gleich die Auszieh-leiter mit. Ich steige hoch, binde fest, klettere runter, ich laufe, stoppe, schnibble, stehe auf und laufe weiter. Mein Fitnessarm-band zeigt mir lange vor dem Mittagessen blinkend an, dass ich das tägliche Pensum der geforderten 10 000 Schritte erreicht habe. Und die nächsten 10 000? Habe ich spätestens nach dem Rückschnitt des Apfelbaums am Nachmittag auf dem Buckel. Drittens: Ich bin mein eigener Chef. Wo sonst habe ich das in meinem Leben? Meiner Familie ist es ziemlich einerlei, was ich da draußen treibe. Ob nun die Anemone nach da oder die Bergenie nach dort versetzt wird, sie sehen es sowieso nicht. Dieses Des-interesse ist manchmal frustrierend, schafft aber Freiheit! Ich friemle in meinem kleinen Reich vor mich hin und bin allein für all den Unsinn verantwortlich, aus dem wieder nix geworden ist. Ich führe Selbstgespräche, halte mein ungeschminktes Gesicht in die Sonne, und mir ist herzlich egal, ob meine Latzhose dreckig oder die Fingernägel schwarz vor Erde sind.

Kurzum – ich kann auf meinen amateurhaft bepflanzten Quadratmetern so sein,wie ich bin. Das ist großartig!

Okay, sagen Sie sich jetzt. Verstanden. Kapitel beendet, war's das? Nein!

Da ist noch etwas, das mich jeden Tag mit neuer Begeisterung den Spaten in die Erde rammen lässt. Ich will versuchen es zu erklären, muss dafür aber, pardon, ein kleines bisschen ins Philosophische abschweifen. Und weil das eine ganze Menge Menschen deutlich besser können als ich, ziehe ich an dieser Stelle einen alten Bekannten hinzu.

Mit 17 oder 18 Jahren, ich war der Pubertät gerade einigermaßen entkommen, haben mich die Romane, Erzählungen und Märchen von Hermann Hesse sehr fasziniert. In kürzester Zeit verschlang ich einen Großteil dessen, was der Mann in seinem Leben zu Papier gebracht hat. Mit dem *Glasperlenspiel* fing es an, ich weiß noch, dass eine Freundin es mir schenkte. Mit *Narziß und Goldmund*, *Demian* und dem *Steppenwolf* ging es weiter. Ob Kurzgeschichte oder dicker Schmöker – Hesse kam genau zur richtigen Zeit. Ich fiel hinein in seine Sätze, die so leicht daherkamen und mich doch ganz tief berührten. Seine Schreibe ist blumig, anrührend und schön, aber nie flach, sondern mit großer Tiefe. Noch heute steht fast die gesamte Hesse'sche Taschenbuchausgabe in meinem Regal, aber ich gebe zu – den Band *Freude am Garten* habe ich damals ausgelassen. Und bis heute nicht gelesen. Wahrscheinlich fand ich ein Buch über die gärtnerischen Ergüsse meines Lieblingsschriftstellers schlicht unattraktiv. Ich wollte Geschichten über Menschen lesen und keine über Blumenrabatten. Auch an viele andere der Erzählungen habe ich heute nur noch eine vage Erinnerung, aber das letzte Buch, das ich las, *Siddhartha*, vergaß ich nie. Die Geschichte spielt in Indien und handelt von einem Brahmanen, der zum Bettler wird und sich auf die Suche nach dem Sinn des Lebens macht. Er begibt sich auf eine lange Reise, wird vom Bettler zum Kaufmann und lebt am Ende als Fährmann an einem Fluss. Er fällt von einem Extrem ins andere und erkennt, dass nicht Wissen ihm Frieden bringen wird, sondern die Erfahrungen, die er in seinem Leben machen wird. Jaaa, das klingt jetzt etwas schwülstig, ist es aber gar nicht! Zumindest nicht in meiner Erinnerung. Am Ende jedenfalls ist es die lange Reise des Lebens selber, die ihn glücklich macht. Mich beeindruckte das damals, aber ich fand die Story auch irgendwie ernüchternd. Ich war auf dem Sprung ins Erwachsenwerden, ich wollte nicht mein ganzes Leben lang auf der Suche sein und auf Erkenntnis warten! Ich wollte, dass mir *jetzt* jemand erklärt, was wir hier auf der Erde verloren haben und wozu das Leben gut sein soll. Das Buch von Hesse zeigte mir, dass dieser Jemand nicht auftauchen würde. Mit *Siddhartha* war meine Hesse-Manie erst mal vorbei. Das Leben nahm Fahrt auf, die Mauer fiel, und im Taumel der Wiedervereinigung schmiss ich recht schnell die unbequeme Frage nach dem *Warum* über Bord.

Erst Jahrzehnte später kam sie in meinem Garten wieder auf mich zu: Warum bin ich? Das war nicht von Anfang an so, nein. Die Frage kam erst unregelmäßig und dann immer häufiger. Heute ist sie täglich an meiner Seite. Egal was ich da draußen tue, sie ist da und sagt »Guten Tag«. Anders als früher, gehe ich ihr nicht mehr aus dem Weg, ich dränge sie nicht weg. Im Gegenteil, ich freue mich, wenn sie kommt. Ich denke über sie nach.

Diese philosophische Begleiterscheinung des Gärtnerns fühlt sich an, wie die Umarmung durch einen geliebten Menschen: wohltuend und warm. Sie stimmt mich milde und macht mich resilienter für all das, was das Leben eventuell an Unerfreulichem zu bieten hat. Wir alle müssen mit Verlust, Trauer, Zurückweisung und anderen Widrigkeiten klarkommen. Wir ärgern uns über kleine und große Hindernisse, die sich uns in den Weg stellen. Manch einer rennt auf der Suche nach innerer Stärke den Marathon, ein anderer spielt Posaune, knüpft Makramee-Körbe oder verausgabt sich auf dem Tennisplatz. Mein Weg führt hinters Haus. Zwischen den längst abgeblühten Pfingstrosen und dem vermoosten Rasen finde ich meine Antworten und mein Rüstzeug, um außerhalb dieses kleinen Reiches zu bestehen. Egal wie stark der Wind des Alltags mir ins Gesicht bläst, ich fühle mich für all das besser gewappnet, seit ich mir jeden Tag vor Augen führe, dass auch ich nur ein kleiner Teil des großen Ganzen bin, und wir alle nur eine bestimmte Zeit auf dieser Erde verbringen dürfen. Keine neue Erkenntnis, fürwahr. Und doch ist sie für mich an keinem Ort allgegenwärtiger als da draußen zwischen Gehölzschnitt, Tomaten, der abgeblühten Clematis und dem Wein. All das landet am Ende der Saison auf dem Komposthaufen und wird von Milliarden Kleinstlebewesen und Mikroorganismen aufgefuttert, durch Därme gedrückt und ausgeschieden. Aus dem Humus des Alten, kreiert die Natur etwas Neues. Und was für jede Pflanze gilt, gilt gleichermaßen für alle anderen Lebewesen auf diesem Planeten: Auch ich werde sterben.

Und dem natürlichen Kreislauf ist das ganz recht so, er wird sich weiterdrehen, so sehr ich auch versuche, mich dem zu widersetzen. Ein Garten bedeutet Kampf wider die Natur, gleichzeitig aber bringt er die tiefe Erkenntnis, dass man diesen Kampf nicht gewinnen wird. Niemand von uns. Wir sind alle gleich. Also verbringen wir doch die Zeit, die uns bleibt, bevor auch wir von Mikroorganismen zerkleinert und ausgeschieden werden, so angenehm wie nur möglich miteinander. So läuft es sich besser durchs Leben auf unserer gemeinsamen Reise in Richtung Kompost. Seit mir mein grünes Hobby jeden Tag diese Erkenntnis ins Bewusstsein drückt, braucht es schon einen ordentlichen Sturm, um mich umzuhauen. Es ist ein bisschen so, als würde ich dem Schicksal entgegentreten und mit unerschrockener Stimme zu ihm sagen: »Ich weiß ja, dass du mich manchmal ärgern musst, aber komm, ich zeig dir was. Ich habe die dicksten Kohlrabi der ganzen Nachbarschaft und die Astrantien blühten noch nie so schön wie dieses Jahr. Mit dir nehme ich es auch noch locker auf!«

Noch ein paar Gedanken zu Hermann Hesse. Er war, als er *Siddhartha* schrieb, Anfang 40. Wie seine Romanfigur, wie wir alle, war auch er ein Suchender. Hesse hatte bereits eine lange Reise nach Indien und Indonesien, einen Weltkrieg, eine Ehekrise, eine Schreibblockade und eine Psychoanalyse hinter sich. Und er war ein großer Gartenfreund. Jahre vorher hatte er mit seiner Familie einen Garten am Bodensee angelegt. Er wusste, wie man mit Schippe und Spaten umgeht und was es heißt, einen Kompost umzugraben. Nach allem, was man lesen kann, empfand er eine Zeit lang seine Schreibarbeit sogar als lästig, weil sie ihn vom Bestellen seines Gartens abhielt. Hesse hatte so einiges an Erfahrungen angesammelt, ein Teil der Wegstrecke lag bereits hinter ihm. Trotzdem fiel ihm das Schreiben von *Siddhartha* nicht leicht, es brauchte zwei Anläufe und einige Jahre, um das Buch zu vollenden. Er wohnte zu dieser Zeit im schweizerischen Montagnola, hatte in einem Schloss einige Zimmer gemietet, die Scheidung von seiner ersten Frau stand kurz bevor und er blickte auf die bewaldete Natur des Tessin und den Luganer See. Er hatte eine Schaffenskrise, und die Angst vor dem weißen Blatt muss ihn fast aufgefressen haben. Es erstaunt mich immer, wenn ich lese, wie sehr Menschen, die sich als herausragend, unfassbar talentiert und begnadet in unser aller Gedächtnis verankert haben, mit sich gehadert haben sollen. Kann es wirklich wahr sein, dass ein Schriftsteller wie Hermann Hesse Schreibblockaden hatte? Setzen Genies wie er sich nicht einfach an einen Tisch, spitzen den Bleistift und dann fließt es nur so aus ihnen heraus? Zack! Die nächste Seite gefüllt mit Worten für die Ewigkeit. Mit Sätzen, die noch Jahrzehnte später von suchenden jungen Menschen verschlungen werden. Zack! Schon schießt ihm die nächste Romanidee in den Kopf und ergießt sich in allerschönster Sprache aufs Papier.

Aber nein! Hermann Hesse hatte Zweifel, und wie!

Ich stelle mir vor, wie er vor die Tür ging, wenn er mit dem Schreiben ins Stocken geriet. Wie er sich umschaute, vielleicht zu Hacke oder Spaten griff und dem Schlossgärtner für ein paar

Stunden zur Hand ging. Ich stelle mir weiter vor, wie er die Ärmel seines Oberhemdes hochkrempelte und sich dem Knöterich entgegenstellte. Zwischen den Hainbuchen und dem Spierstrauch schöpfte der von Zweifeln geplagte Hesse in meiner Vorstellung die Kraft, sich den Widrigkeiten des Lebens zu stellen. Na ja, oder zwischen Lavendel und Bougainvilleen, immerhin war er ja in der italienischen Schweiz. Unumstritten ist, dass dieser große Schriftsteller in der Natur Halt, Unterstützung und vielleicht sogar ein paar Antworten fand. Und mir geht es genauso. Auch ich komme bei der Gartenarbeit meinen Antworten näher. Meine Reise dauert hoffentlich noch ein Weilchen. Aber die Erkenntnis, dass es die Reise selbst ist, um die es geht, ist doch schon mal eine Menge wert.

Piekarski

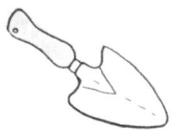

Garten hinterm Haus, Südseite. Braun gefleckter Rasen mit reichlich Unkraut, hinten eine Reihe Fichten als Sichtschutz, rechts und links Mischhecke. Zur Geburt meiner Tochter hatte ich einen Kirschbaum gesetzt, jedes Frühjahr bekam er Läuse. Irgendwann gab ich auf, buddelte ihn wieder aus und stopfte ihn in die Mülltonne. Ich war um die 40, meine Familie und ich nutzten den Garten bei schönem Wetter am Wochenende. Sonntags klappte ich dann gerne einen Liegestuhl auf und las Zeitung, am Abend schmiss mein Mann das Fleisch auf den Grill, meine Tochter und ich spielten eine Runde Federball und das Baby krabbelte von der Decke.

Wie jedes Jahr hatte ich mir Tomaten vorgezogen. Noch standen sie in der Küche auf der Fensterbank. Erst im Mai würde ich sie in große Töpfe pflanzen und dicht an die Hauswand gerückt hinausstellen. Ich würde sie regelmäßig ausgeizen, an Bambusstäben hochbinden und täglich gießen. Für mehr hatte ich keine Zeit.

Das war mein Garten im Frühjahr 2011. Er war da, ich war da. Aber wir hatten kaum Kontakt.

Mitte April tippte ich die Nummer der Gartenarbeitsschule Berlin-Wilmersdorf ins Bürotelefon. »Gärtnerische Leitung, Piekarski am Apparat«, meldete sich eine sonore Männerstimme mit deutlichem Jargon am anderen Ende der Leitung. Berliner Mundart vom Feinsten.

»Ja, Guten Tach. Mein Name ist Sabine Platz und ich bin Reporterin beim ZDF«, antwortete ich, ebenfalls mit lokaler Stimmfärbung. *Was der kann, kann ich schon lange.* »Ich bin auf der Suche nach einem Gärtner für eine neue, kleine Rubrik, die wir in unserem Programm planen.«

Stille am anderen Ende. »Sind Sie noch dranne?«, fragte ich.

»Ja«, sagte die Männerstimme, »ick höre zu.«

»Ja, ähm, also ich suche einen Gärtner, mit dem ich eine Saison lang einen Garten beackern könnte. Fürs Fernsehen. Wir planen etwa fünf oder sechs kurze Beiträge, die dann in unserem *Morgenmagazin* ausgestrahlt werden. Hätten Sie zufällig eine Idee, wen ich da fragen könnte? Kennen Sie einen Gärtner, der das eventuell mit mir machen möchte?«

»Jau, kenn ick«, sagte die Stimme ohne zu zögern. »Nehmse mich.«

Einige Tage vor meinem Anruf in der Gartenarbeitsschule hatten wir in der Redaktion den Entschluss gefasst, eine kleine saisonale Gartenreihe ins Programm zu nehmen. Niemand von uns behauptete von sich, einen grünen Daumen zu haben, ich schon gar nicht. Aber es war Frühling, die Pflanzenwelt da draußen explodierte, und das Thema drängte sich förmlich in unser aller Bewusstsein. In den vorangegangenen Jahren waren wir bei grünen Themen stets zögerlich gewesen. Gartendrehs können aufwendig werden. Man braucht einen Garten, einen Gärtner oder eine Gärtnerin und schlimmstenfalls einen ganzen Haufen Material. Für einen kurzen Magazinbeitrag ist das schnell zu viel. Jetzt aber war mir die Idee gekommen, den Laubengarten einer Bekannten für die Dreharbeiten anzufragen. Ihre kleine Parzelle in einer typischen Berliner Laubenpieperkolonie hatte genau die richtige Größe, nicht riesig, aber auch nicht winzig. Alle Themen, die gärtnerisch eventuell von Interesse sein könnten, ließen sich in ihm abbilden. Obst, Gemüse, Hochbeet, Kletterrosen, Kartoffelacker, Kompost. Auf rund 250 Quadratmetern war alles vorhanden, was es braucht, um ein paar Berichte zu machen. Meine Bekannte war hocherfreut, immerhin kam ihr kleines Glück jetzt ins Fernsehen! *Der moma-Garten* wollten wir die Rubrik nennen. Ich gebe zu, kein besonders einfallsreicher Titel. Aber ein Anfang. Alle paar Wochen würde sie uns ihre grüne Scholle für einen Drehtag zur Verfügung stellen. Einzig, was noch fehlte, war ein Gärtner.

Ich durchstöberte das Netz und stieß auf die Berliner Gartenarbeitsschulen. Diese Schulgärten existieren seit knapp 100 Jahren – ich hatte noch nie davon gehört. Sie gehören dem Land und werden durch einen Mix aus Steuergeldern, Fördervereinen und Spenden finanziert. Das klang schon mal gut. Heute weiß ich, nur wenige Orte im innerstädtischen Berlin sind großartiger als diese Lehrgärten für Kita- und Schulkinder, mitten im Trubel zwischen Hauptverkehrsstraßen und Dauerbaustellen. 15 Gartenarbeitsschulen verteilen sich über das gesamte Stadtgebiet, und damit liegt die Hauptstadt ausnahmsweise mal vorn in einem bundesweiten Vergleichsranking. Eine solche Dichte an Schulgärten hat kein anderes Bundesland. Die Gartenarbeitsschulen unterstehen der Berliner Senatsverwaltung für Inneres und Sport. Einigen Stadtplanern sind sie seit Jahren ein Dorn im Auge. Der Wunsch, mehr Fläche als Bauland zu gewinnen, ist groß und seit der Gentrifizierungswahn um sich greift, müssen die Lehrgärten ihre großen grünen Hektar in bester Innenstadtlage immer wieder aufs Neue verteidigen. Wenige Festangestellte und stetig wechselnde Ehrenamtliche halten die »grünen Lernorte« in Betrieb. Gerald Piekarski war der gärtnerische Leiter der Schule im Berliner Stadtteil Charlottenburg-Wilmersdorf, und wir hatten uns für den folgenden Morgen verabredet. Berliner Schnauze hin oder her – bevor ich mit dem Mann mehrere Drehtermine vereinbarte, hielt ich es für angebracht, ihn persönlich kennenzulernen.

Meinen Wagen parkte ich unter der tristen Autobahnbrücke der Berliner Stadtautobahn. Um mich herum war nur Beton und über mir rauschte monoton der morgendliche Großstadtverkehr. Ungemütlich. »Aha«, dachte ich, »und wo soll jetzt hier ein Garten sein?«

Ein häufiges Phänomen in Berlin. Man steht vor einer grauen Wand, neben der Einflugschneise des Flughafens oder auch inmitten zweier Hauptverkehrsstraßen und erst beim zweiten Hinschauen entdeckt man den Eingang zu einer Grünanlage, die sich in unmittelbarer Nähe versteckt hält. Immer wieder überrascht es mich, an welchen Plätzen in Berlin unverhofft eine liebevoll bewirtschaftete Schrebergartenanlage auftaucht. Manchmal mit nur zehn Parzellen! Und wie oft schon bin ich durch drei Höfe gelaufen, nur um dann im letzten eine Remise mit blühendem Dachgarten zu entdecken? Vor ein paar Wochen erst habe ich in Kreuzberg eine Stunde lang einen ganzen Straßenzug abgeklappert auf der Suche nach einem Hofgarten, der als Geheimtipp gehandelt wird. Manchmal, so scheint mir, hält diese Stadt ihre interessantesten Plätze mit Absicht versteckt. Man soll sich gefälligst anstrengen, um sie zu entdecken! Das war schon immer so.

Als ich Anfang 20 war und die Diskotheken erst seit Kurzem Klubs hießen, suchte ich oft wie bekloppt nach der Eingangstür der jeweils angesagtesten Location. Zur Coolness der besonders hoch gehandelten Berliner Dissen gehörte, dass man sie keinesfalls finden durfte. Nur wer wusste, dass in der mit Graffiti bemalten Wand eine Tür eingelassen war, konnte an der richtigen Stelle klopfen und die passende Kellertreppe hinabsteigen. Türsteher gab es selten, und selbst wenn – solange alles friedlich blieb, machten die keine Probleme. Durch ungeklärte Eigentumsfragen standen in den frühen Neunzigern im Ostteil der Stadt haufenweise Wohnungen leer, überall gab es verwaiste Kellerräume, alte Bunker und ungenutzte Ladengeschäfte. Und in ihnen explodierte das eilig mit ein paar Sperrmüllstühlen und Flaschenbier ausgestattete Nachtleben. *Wild at heart, Friseur, Cookies, Wohnzimmer* oder einfach namenlos – jede Woche machte irgendwo eine andere Tanzbude auf. Und oft nach wenigen Wochen wieder zu. Es wurden Partys gefeiert, als gäbe es kein Morgen und zumindest in meiner Clique war Pogotanzen total angesagt. Vor allem bei den Jungs. Erinnern Sie sich daran? Dieses wilde, unkontrollierte Hoch- und Runtergehüpfe aus der Punkszene. Das war noch bevor die Love-Parade die Jugend flächendeckend mit Techno infizierte. Die Klubs waren stockdunkel, die Kondensnässe tropfte von der Decke und stets roch es irgendwie modrig. Das Grandiose an dieser Zeit war, dass es niemanden interessierte, ob man aus Lichtenberg oder Lichtenrade kam. Ost- und Westberliner hüpften gleichermaßen schwitzend durch die Gegend. Nie wieder war die Mauer in den Köpfen so egal wie zu Beginn der Neunziger. An einen Riss gar, der sich 30 Jahre später durch unser Land ziehen könnte, war gar nicht zu denken! Die Mauer war weg und damit war die Sache für uns erledigt. Wir dachten, ehrlich gesagt, an ohnehin nicht allzu viel. Höchstens an das bevorstehende Wochenende und den nächsten versteckten Schuppen, in den wir stolpern konnten. Wir waren jung, wir eroberten die Stadt, alles war möglich.

Nun, heute sind es in meinem Leben nicht mehr die Klubs, die ich an den überraschendsten Orten dieser Stadt finde, sondern die Gärten. Da ist die Luft besser, aber das Prinzip das gleiche – man muss wissen, wo sie sind.

Den Eingang der Gartenarbeitsschule jedenfalls suchte ich damals ein kleines Weilchen. Erst als ich unter der Brücke hindurch ein Stück die Straße entlanggegangen war, stand ich vor einem unscheinbaren Maschendrahttor. An ihm baumelte ein Schild: »Schulklassen bitte im Büro melden!« Ich war richtig. Eine lange Einfahrt aus Kopfsteinpflaster führte steil einen Hügel hinauf und war rechts und links von hohen Koniferen gesäumt. Auf meinem Weg hinauf begleitete mich das Geräusch eines Zementmischers. Ich konnte hören, wie jemand Schippe um Schippe Material hineinwarf. Oben angekommen, gab die Hecke den Blick auf die röhrende Maschine frei, die sich ächzend und monoton im Kreis drehte. Daneben war ein riesiger Haufen Kies aufgeschüttet, einige große Säcke Zement lagen übereinandergestapelt und aus einem Wasserschlauch rieselte ein feiner Strahl. Ein bärtiger Mann, nicht mehr jung, aber auch noch nicht alt, schaufelte mit kraftvollen Bewegungen eine Ladung nach der anderen in die Trommel. Seine Haut war braun gebrannt, ich konnte ahnen, dass er viel Zeit seines Lebens in der Sonne verbracht hatte. An seinem kakifarbenen T-Shirt zeichneten sich unter den Achseln Schweißflecken ab, und von seiner Stirn tropfte es. Mit dem Handrücken wischte er sich den Schweiß von der Stirn. Es war ein warmer Frühlingstag, und die Arbeit war anstrengend.

»Ist gleich fertig. Mach die beide voll und bring sie schon mal in Richtung Beet«, gab er freundlich aber bestimmt Anweisung an eine junge Frau, die mit zwei Eimern von weiter hinten nach vorn gelaufen kam. Auch sie trug Gärtnerkleidung und beide hatten Arbeitsschuhe mit Stahlschutzkappen an. Ich schaute hinunter auf meine offenen Sandalen und blieb in einiger Entfernung vor dem Mann und dem Zementmischer stehen. *Ist der jetzt Maurer oder Gärtner*, fragte ich mich.

»Sind Sie Herr Piekarski?«

»Jenau der«, antwortete er. »Sie sind die Dame vom Fernsehen, richtig? Habense 'nen bisschen Zeit mitjebracht? Ick komme gleich, aber ick muss dit hier noch zu Ende bringen. Sonst wird die Chose fest und dann fangen wir wieder von vorne an.«

»Kein Problem, ich warte«, sagte ich und suchte mir einen schattigen Platz auf einem großen Findling. Ich beobachtete die beiden. Piekarski hatte den Zementmischer ausgeschaltet und schaufelte vorsichtig die breiige Masse in die zwei bereitgestellten Eimer. Kein Tropfen ging daneben. Er stellte die Eimer auf eine Schubkarre und schob sie neben einen bereits ausgehobenen Graben. »Halb voll eingießen, so wie wir es da drüben jemacht haben«, sagte er zu seiner Kollegin und wies auf eine Reihe von Kantensteinen, die ein paar Meter weiter in den Boden zementiert waren. Die beiden erneuerten eine Beetbegrenzung. Keine romantisch-hübsche Beeteinfassung aus Holz oder Weidengeflecht, wie man sie in der *Landlust* oder anderen Hochglanz-Gartenzeitschriften bewundern kann. Nein, eine rein praktische

Einfassung mit grauen länglichen Betonsteinen, etwa 30 cm hoch und 70 cm lang. *Ein Schulgarten muss lehrreich sein, aber vielleicht nicht unbedingt schön,* überlegte ich. Ich hatte keine Ahnung, dass in den Berliner Lehrgärten das Geld stets knapp ist und edle Natursteinmauern mal locker das Vierfache von dem kosten, was für schlichte Betoneinfassungen bezahlt werden muss.

»Achte bitte immer drauf, dass hier keene Luft unten drunter ist«, sagte Piekarski und schlug mit einem Gummihammer mehrfach gezielt auf den Stein. »Dann siehste, wie der sich im Grunde von allein dahin bewegt, wo du ihn haben willst, okay?« Die Kollegin nickte, nahm den Hammer und machte es ihm nach. Piekarski stand auf und streckte sich.

Er war der Richtige. Ich wusste es schon, bevor ich überhaupt mit ihm gesprochen hatte. Die Art, wie er seiner jungen Kollegin Anweisungen gab, ohne dabei besserwisserisch oder überheblich zu wirken, imponierte mir. Er war der Boss, aber das war ihm egal. Er wollte nur, dass die Arbeit gut gemacht wird. Außerdem war mir seine Berliner Schnauze sympathisch. Das typische J statt G klang bei ihm besonders charmant. »Jebense mir mal den Hammer, bitte« oder »Janz jenau«. Schön. Dieser Mann war ein Berliner, wie er in Geschichtsbüchern und Reiseführern beschrieben wird: schnoddrig, aber warmherzig.

Seine Kollegin kam allein zurecht und Piekarski auf mich zu.

»Na, dann erzählense mir mal, wie Sie sich das vorstellen mit Ihrer Fernsehsendung«, sagte er unaufgeregt, und ich erzählte ihm von der Laube meiner Freundin, von dem Kameramann und dem Tonassistenten, die bei einem Dreh dabei sein würden, und dass wir etwa einen Film pro Monat planten. Von Mai bis September. »Aber ich muss Sie warnen. Ich habe keine Ahnung vom Gärtnern«, sagte ich. »Sie sind der Experte. Ich stelle nur die Fragen.«

»Aha«, sagte er. »Na, dit kann ja spannend werden.«

Während wir uns unterhielten, spazierten wir über das drei Hektar große Gelände. Piekarski erzählte, dass er gelernter Landschaftsgärtner sei und seit etwa neun Jahren den Lehrgarten in Charlottenburg-Wilmersdorf leite. Er zeigte mir die Gewächshäuser, die Bienenwaben, das Insektenhotel, die Rosenstöcke und die Freiflächen für die Schulklassen. Tausende Grundschüler kommen jedes Jahr zu Besuch und viele Klassen der umliegenden Grundschulen bestellen unter fachkundiger Anleitung eigenverantwortlich ihre Beete. Von der Aussaat bis zur Ernte sind die Kleinen eine Saison lang hautnah dabei, wenn aus einem Korn eine Karotte wird. Obendrein gibt es Schulunterricht im Garten, biologische Experimente und Biotope. Kann man sich einen besseren Ort für naturferne Stadtkinder vorstellen, um sie für Natur und Umwelt zu begeistern?

»Haben Sie auch einen Schulgarten für Erwachsene?«, fragte ich halb im Scherz, halb ernst. Schließlich hatte ich auch keine Ahnung. Auch ich war in meinem Leben ziemlich weit entfernt von selbst ausgesätem Gemüse, Bienenwaben und Tulpenzwiebeln.

Piekarski und ich mochten uns, und die Sache war abgemacht. Wir schüttelten uns die Hände und verabredeten einen ersten Dreh. »Dat aus mir auf meine alten Tage noch ein Fernsehstar wird, hätte ick ooch nicht jedacht«, sagte er und grinste.

Zu Hause angekommen, blieb ich im Garten stehen. Südseite. Braun gefleckter Rasen mit viel Unkraut, hinten eine Reihe zu dicht gesetzter Fichten als Sichtschutz, rechts und links Mischhecke. Ich bin in diesem Garten groß geworden. Ich kannte ihn seit mehr als 30 Jahren. Zum ersten Mal schaute ich mich um und dachte darüber nach, wie es wäre, ein bisschen mehr Gemüse als nur die paar Tomaten anzupflanzen.

Ich ging hinein und der Gedanke war genauso schnell verschwunden, wie er gekommen war.

»Nee, Frau Platz, Tulpenzwiebeln könnense jetzt im Mai nicht mehr in die Erde setzen. Höchstens Dahlienknollen, aber selbst für die ist es schon ein bisschen spät. Und außerdem gehören die nicht in eine Hochbeetkiste.« Wir mussten lachen. Ich bewunderte die Geduld, die dieser Mann mit mir hatte. Das Problem, wenn man keine Ahnung hat, ist nämlich, dass man noch nicht mal einschätzen kann, wie schlimm es um einen steht. Ich wusste wirklich nichts. Mein gärtnerisches Grundwissen tendierte gegen null. Einzig mit meiner lückenhaften Expertise über Tomaten konnte ich ein wenig punkten. Aber alles andere? Fehlanzeige.

Es war Mitte Mai, wir steckten mitten in unserem zweiten Filmdreh, und der Kameramann setzte ab. »Nu werdet euch erst mal einig, was ihr machen wollt – und dann machen wir weiter.« Er setzte sich hin, drehte sich eine Zigarette und klemmte sie sich hinters Ohr. Für später.

Piekarski und ich standen vor der Hochbeetkiste und schauten auf die Tüten mit Tulpenzwiebeln, die ich extra besorgt hatte. Natürlich wollte ich die Zwiebeln nicht ins Gemüsebeet setzen, so doof war ich nun auch wieder nicht. Aber irgendwo, hatte ich gedacht, würden wir sie schon unterkriegen.

»Wir heben die auf für den Herbst und machen jetzt hier Salat. Saatband haben sie doch besorgt, richtig?«

Ja, nickte ich, hatte ich besorgt.

»Mangold, Rot- und Weißkohl haben wir auch. Rote Bete, ja, könnten wir machen, bisschen spät, aber gut … Und hier ist Kohlrabi, na prima, der jeht immer.« Piekarski zählte murmelnd auf, was wir so hatten, während er sich zwischen den gelben Metro-Kisten mit der Pflanzware, die ich gekauft hatte, umsah.

»Bevor wir jetzt hier irgendwas reinsetzen, befüllen wir das Beet neu, okay? Das dürfte ihre Zuschauer nämlich wirklich interessieren.«

Dass das Anlegen einer Beetkiste für jeden Gemüsegärtner von elementarer Bedeutung ist, war eines der ersten Dinge, die ich von Piekarski vor laufender Kamera lernte. Wir schaufelten die über Jahre ausgelaugte Erde aus der Kiste und warfen sie auf den Komposthaufen hinter dem Laubenhaus. Ein gut organisierter Garten nährt sich zu großen Teilen aus sich selbst heraus, jeder geübte Gärtner weiß das. Es erübrigt sich, säckeweise teure Erde anzuschleppen, wenn man einen Kompost hat. Gehölzschnitt eignet sich wunderbar als Mulchmasse, und Dünger lässt sich ziemlich simpel aus Ackerschachtelhalm oder Brennnesselsud selbst herstellen. Für das Befüllen einer Hochbeetkiste wird man demzufolge im eigenen Garten weitestgehend fündig. Zumindest, wenn die Kiste nicht allzu riesig ist.

Der Kameramann hob sich die Mühle wieder auf die Schulter und wir filmten weiter.

Weil es sich anbot, machten wir einen kurzen Abstecher zum Thema Wühlmäuse. Die Tierchen mögen niedlich sein, aber für Gärtner sind sie eine schreckliche Plage. Die Hauptspeise der pelzigen Nager sind Wurzeln, und weil eine Knolle nun mal genau das ist, eine Wurzel, fressen sie von unten jedes Erdgemüse kahl. Wer also, so wie wir an diesem Tag, ein Hochbeet neu befüllt, dem sei geraten, es von unten mit einem engen Maschendrahtgitter auszukleiden. So hindert man die Mäuse immerhin daran, sich auf dem einfachsten Weg – von unten nämlich – in die Kiste zu graben. Bei der vorhandenen Holzkiste im moma-Garten hatte niemals jemand an so ein Gitter gedacht, demzufolge hatte meine Bekannte, die Besitzerin des Gartens, in dem wir standen, alljährlich auch nur eine ziemlich mickrige Ernte eingefahren.

»Das wirkt schon mal wahre Wunder«, sagte mein Chefgärtner, und wir tackerten den Draht an der Innenseite der Kiste fest.

Damit waren wir beim Hauptthema: Hochbeetkiste befüllen.

Für die erste Schicht durchsuchten wir den Garten nach klein gehackten Ästen und Zweigen und legten sie auf den Boden der Holzkiste. Das sorgt für eine gute Drainage und auch dafür, dass in den unteren Schichten genug Luft zirkulieren kann. Außerdem fließt das Wasser besser ab, nichts ist schlimmer als Staunässe. Vom angrenzenden Laubenpieper liehen wir uns einen Häcksler und legten als zweite Schicht Feingehäckseltes gemeinsam mit Grasschnitt in die Kiste. Dafür musste erst mal der Rasen gemäht werden, aber gut. So ist das im Garten: Das eine zieht immer das andere nach sich. Es folgten Laub und eine kräftige Ladung Kompost.

»So, und wer jetzt Rinderdung hat, kann den auch noch hineinschmeißen«, sagte mein Chefgärtner.

»Haben wir aber nicht«, sagte ich.

»Dann geht's auch ohne.«

Cut. Unser Kameramann brauchte eine Pause, Fernsehkameras sind schwer. Er setzte ab und rauchte seine Zigarette.

»Können Sie für Ihren Film nicht einfach sagen, dass wir Rinderdung reingetan haben?«, fragte mich Piekarski in der Zwischenzeit. »Oder ist das dann Beschiss am Zuschauer?«

»Ja«, sagte ich, »das wäre Beschiss am Zuschauer. Aber wir könnten sagen, dass wir Kuhmist reingelegt *hätten*, wenn wir vorher dran gedacht *hätten*, welchen zu organisieren.« Wir lachten.

Später im fertigen Film ließ ich das Thema Kuhmist außen vor. Wenn man nur drei Minuten für einen Bericht hat, muss man sich schon sehr genau überlegen, wofür man die kostbaren 180 Sekunden verwendet. Für Blödsinn oder für sinnvolle Info? Idealerweise für beides, denke ich manchmal. Nur Info ist ja auch langweilig.

Als letzte Schicht füllten wir Gartenerde auf. Und dann kamen endlich die Gemüsebabys und das Salatband an die Reihe. Das Einpflanzen, das ist bei mir bis heute so, macht am meisten Spaß. Die ganze Buddelei vorneweg ist gut und schön. Aber das Pflanzen ist der verdiente Lohn für die stundenlangen Vorbereitungen.

Wir setzten noch ein paar Kartoffeln ins Beet hinter die Laube, kümmerten uns um die Obstbäumchen und reparierten einen Teil der wurmstichigen Pergola. Nachdem wir bis in den Abend gefilmt und gegärtnert hatten, tat mir mein Rücken weh und die Füße brannten. Den beiden Kollegen ging es ähnlich, einzig Piekarski schien die Schufterei nicht viel auszumachen. Wir packten zusammen, machten Feierabend und wankten nach Hause.

In meinem Garten blieb ich stehen. Südseite. Nicht mehr ganz so braun gefleckter Rasen, noch immer mit reichlich Unkraut. Am Wochenende hatte ich gedüngt. Zum ersten Mal. Hinten ein paar Fichten als Sichtschutz, rechts und links Mischhecke. Vor der Hecke links gab es eine Art Beet. Na ja, mehr eine von Unkraut überwucherte Fläche zwischen Rasenkante und Beginn der Sträucher. Immerhin.

»Hallo, Mama, kommst du rein?«, rief meine Tochter, als sie mich im Garten stehen sah.

»Augenblick noch!«

Ich hatte eine der gelben Kisten mitgenommen. Ein paar Kohlrabipflänzchen und ein Rotkohl waren bei unserem Dreh übrig geblieben. Ich riss das Unkraut aus der Erde, holte den Spaten aus dem Schuppen, grub den Boden um und pflanzte das Gemüse in meinen Garten.

Ende Juli hatte ich eine große deutsche Gartenzeitung abonniert und kannte den Unterschied zwischen einer Staude und einem Gehölz. Ich schmökerte durch verschiedene Pflanzenlexika, hielt an jedem zweiten Gartencenter, besorgte mir vernünftiges Werkzeug und hatte einen neuen Obstbaum in unseren Garten gesetzt. Diesmal versuchte ich es mit einem Apfel, hoffentlich bekam der nicht auch wieder Läuse!

Von den fünf Kohlrabi in meinem Beet waren noch zwei im Rennen, der eine sah ganz gut aus, der andere mickerte vor sich hin. Der Rotkohl war von irgendwelchen Viechern zerfressen worden. Egal! Von Rückschlägen, das lernt man ganz flott beim Gärtnern, darf man sich nicht entmutigen lassen. Ich versuchte es mit Feldsalat und erntete die Tomaten.

»Ein Gärtner braucht ein hartes Herz und eine scharfe Schere«, sagte Piekarski, griff zur Säge und machte sich daran, den Stamm eines alten vertrockneten Knöterichs zu entfernen. Wie eine Krake hatten die dicken Triebe dieses Ungetüms den Sitzplatz in unserem Laubengarten komplett vereinnahmt und drohten ihn zu übernehmen. Der musste raus.

Es war Mitte August und gärtnerische Lebensweisheiten, das wusste ich mittlerweile, hatte Piekarski reichlich auf der Pfanne.

»Wer *so* sagt, ist noch nicht fertig« oder »Schubkarre immer in Fahrtrichtung aufstellen«. Auch sehr schön: »Piept es lauthals aus dem Ast, weißt du, dass du 'ne Meise hast.«

Wir drehten unseren vierten oder fünften *moma-Garten* und hatten Spaß. Dieser Gärtner und ich, wir waren – wie sagt man so schön? – ein Kiek und ein Ei. Es wurde vor der Kamera geblödelt und genauso dahinter, und ich kann mich beim besten Willen an keine Situation erinnern, die irgendwie unschön oder verkrampft gewesen wäre. Unabhängig davon aber, dass die Chemie zwischen uns stimmte, blieben wir stets beim förmlichen Sie. Wir fanden es charmant, auf der einen Seite Schulter an Schulter durch den Acker zu pflügen und auf der anderen Seite eine gewisse sprachliche Distanz zu wahren. Siezen klingt hübsch: »Also, Frau Platz, jetzt haben Sie hier aber mal wieder …« Irgendwie feiner als: »Sabine, hier hätteste aber …«

Meinen Vornamen mochte ich ohnehin nie. Jedes Mal zucke ich innerlich zusammen, wenn ich ihn höre. So was von langweilig. Gab es keine besser klingenden Alternativen, frage ich mich. War da nix mit ein bisschen mehr Würze? Etwas Dramatisches vielleicht? Ein Name, der weniger belanglos daherkommt? Anscheinend nicht, denn meine Mutter war ja nicht die Einzige, der nichts anderes eingefallen ist. Nach mir wird gerufen, ich drehe mich um und schaue, ob auch wirklich ich gemeint bin. Sehr wahrscheinlich nämlich ist, dass sich noch zwei oder drei andere Frauen mittleren Alters angesprochen fühlen. Allein in meiner Grundschulklasse saßen drei Sabinen. Sabines sind inflationär, es gibt sie überall. Während sich heutzutage Eltern bei der Namensgebung ihres Kindes die Köpfe heiß diskutieren, es zu Ehekrise und Verwerfungen kommt und Originalität allseits akzeptiert ist, war bei meinen Eltern offensichtlich Mainstream angesagt. Der

Name kommt aus dem Italienischen und trat seinen Siegeszug in Deutschland Ende der Vierzigerjahre an. In den Fünfzigern und Sechzigern stand Sabine ununterbrochen auf Platz 1 der beliebtesten weiblichen Vornamen, mit Beginn der Siebziger nahm die Popularität stark ab und spätestens seit 1995 nennt kein Mensch mehr sein Kind so. Ich bin 1971 geboren und demnach war *Sabine*, als meine Mutter sich, mit Blick auf ihren etwas schrumpligen Frischling für diesen Namen entschied, eigentlich schon aus der Mode. Tja. Ein paar Jahre später und aus mir wäre eine Nicole, Sandra oder Tanja geworden. Alles besser als *Sabine*, finde ich. Angesprochen auf den Prozess dieser Namensfindung, guckt meine Mutter immer ein wenig betreten. Sie fand Sabine einfach schön, sagt sie. »Kann man auf Binchen abkürzen, das hat mir gefallen.« Aha. Meinem Vater war alles recht.

Ach ja, mein Sohn heißt übrigens Tom. Sagen Sie jetzt nichts.

Aber zurück in unseren Schrebergarten. Piekarski und ich blieben also beim Sie, er war der Experte, ich die unbeholfen dreinschauende Hilfskraft. Das war alles echt. Alle Fragen, die mir vor laufender Kamera in den Kopf kamen, hätte ich sowieso gestellt. Und je länger wir miteinander gärtnerten, umso mehr Fragen hatte ich. Was wächst auf sandigem Boden und welche Pflanze freut sich über Lehm? Wie vermehrt man Stauden und wann schneidet man sie zurück? Warum tragen Beeren Früchte am mehrjährigen Holz? Mein Gärtner entpuppte sich als eine Quelle nie enden wollender Informationen, einmal angezapft, sprudelte es unermüdlich aus ihm heraus. Er konnte wunderbar geduldig erklären, und die noch so peinlichste Frage beantwortete er mit stoischer Gelassenheit. Ich weiß noch, dass wir einmal Schneckenkorn in das Hochbeet streuten und ich ernsthaft dachte, den schleimigen Plagegeistern würde nur ein bisschen übel werden. Nach diversen wütenden Zuschauermails schwenkten wir auf Bierfallen und Kaffeesatz um.

Piekarski war es immer wichtig, biologische Zusammenhänge verständlich zu machen. Das tat er täglich mit seinen Schulklassen in der Gartenarbeitsschule und alle paar Wochen nun auch mit mir, der Fernsehfrau. Ich kam mir vor wie ein Kind, das lesen lernt. Anfangs müht es sich mit den Buchstaben, dann schafft es die ersten zusammenhängenden Sätze und plötzlich merkt es, dass sich ihm eine neue Welt offenbart. Diese Welt war die ganze Zeit da, aber nicht zugänglich. Jetzt aber steht sie ihm offen. Mit jedem Spatenstich und mit jedem Pflanzloch, das wir in dem Schrebergarten schaufelten, lief ich weiter hinein in diese neue, wunderbare Welt, und irgendwann war mir klar, dass ich mir den Rückweg nicht merken musste. Ich würde sowieso nicht umkehren wollen. An diesem Spätsommertag kämpften wir mit dem Knöterich, bauten ein Ohrenkneiferhaus, zimmerten einen neuen Komposthaufen mit zwei separaten Kisten und ernteten Salat und Mangold aus dem Hochbeet. Lecker!

Bei mir zu Hause lag der Liegestuhl seit Wochen zusammengeklappt in der Garage, ich war beschäftigt. Ich hatte damit begonnen, dem Garten ein Gesicht zu geben. Na ja, zumindest ansatzweise. Hinten hatte ich einen Komposthaufen angelegt und daneben Brombeerableger in die Erde gesetzt. Und natürlich waren meine vielen Stopps in den umliegenden Baumschulen und Gartencentern nicht folgenlos geblieben, über die Sommermonate verteilt hatte ich ein kleines Vermögen ausgegeben: Kugeldisteln, Begonien, Hosta, ein paar Storchschnäbel und Chrysanthemen. Die kamen nach rechts. Ach ja, dazu ein wenig Sonnenhut und rosa Astilben. Eine unverschämt kostspielige Samthortensie nebst zwei englischen Rosen kam nach links. In die Mitte setzte ich eine Säulennektarine. So ein Quatsch.

Wenn ich heute an meine gärtnerischen Anfänge denke, muss ich grinsen. Ich kaufte jeden Topf, der mir in die Quere kam, ich wusste nichts von vorgezogener Pflanzware. Standortwahl und Bodenbeschaffenheit? Ebenfalls nur eine grobe Ahnung.

Organischer oder chemischer Dünger? Stickstoff und Kalium? So weit war ich noch nicht. Das sind Themen für Fortgeschrittene. Ich kaufte, was ich hübsch fand, schaufelte ein Pflanzloch neben dem anderen und guckte, was passierte. Warum auch nicht? Diagnose in diesem Altweibersommer: schwere Garteninfektion. Droht chronisch zu werden.

Ende September filmten wir unseren letzten *moma-Garten*. Die Saison ging dem Ende entgegen, unsere kleine Serie ebenso. Das meiste von dem, was wir im Frühjahr gesät und gesetzt hatten, war wunderbar gekommen, und zum ersten Mal in meinem Leben holte ich eine Ernte ein. Und was für eine! Es gab Hokkaido-Kürbisse, Rote Bete, Knollensellerie, Marillen und eine Tonne Äpfel. Wir hatten Radieschen, Karotten, Zwiebeln und sogar eine Handvoll Knoblauch. Mein größter Spaß aber waren die Kartoffeln. Kiloweise holten wir die Linda ans Licht. Mit gierigem Eifer rammte ich jauchzend die Grabegabel ins Beet und freute mich wie ein Kleinkind über die goldenen Nuggets, die an ihren Zinken hängen blieben. Das triumphale Glücksgefühl der Kartoffelernte ist ganz und gar unbeschreiblich. Was kümmern mich Rosen und Hortensien? Wen interessiert der Kerzenknöterich oder der Steppensalbei? Nein! Das Gemüse im Garten ist der eigentliche Schlüssel zum ganz großen Glück. Ohne das geht es nicht. Seit damals setze ich die Linda jedes Jahr. Mit den Kartoffelpuffern, die ich gleich noch am Tag der ersten Ernte in der Pfanne brutzle, kann es kein Sternekoch aufnehmen. Fragen Sie meine Familie! Es ist schon ein bisschen verrückt, wenn ich mir das heute so überlege. Ich hatte vor laufender Kamera das Gärtnern lieben gelernt, unsere spaßigen Arbeiten auf Video gebannt und kurzweilige Servicefilme daraus geschnitten. Erst durch meinen Reporterjob habe ich so meine große Leidenschaft entdeckt. Zwei dickere Fliegen mit einer Klappe kann man nicht erwischen, oder?

Am Ende dieses letzten Drehtages schüttelten Piekarski und ich uns herzlich die Hände. Wir beide hatten Tränchen in den

Augen und Wehmut im Herzen. Er würde mir fehlen, mein Gärtner.

»Wir bleiben in Kontakt.«

»Auf alle Fälle.«

»Versprochen?«

»Versprochen!«

»Im Ernst.«

»Ja, im Ernst.«

Der Winter kam und ging und mit Beginn der nächsten Saison zogen wir um. Ein neues Haus. Ein neuer Garten hinterm Haus. Südwestseite. Braun gefleckter Rasen mit reichlich Unkraut, hinten ein paar Fichten als Sichtschutz. In der Mitte eine riesige Tanne, daneben ein vertrockneter Bambus. Ich packte den Neuanfang bei den Hörnern. Den kleinen Apfelbaum aus dem alten Garten nahm ich mit, gleichwohl die Brombeerableger und die unverschämte Hortensie. Und eines stand von Anfang an fest: Hinterm Haus, ganz nah beim Gartenwasserhahn, würde ich mir einen Gemüsegarten anlegen.

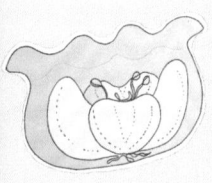

Die Orchidee

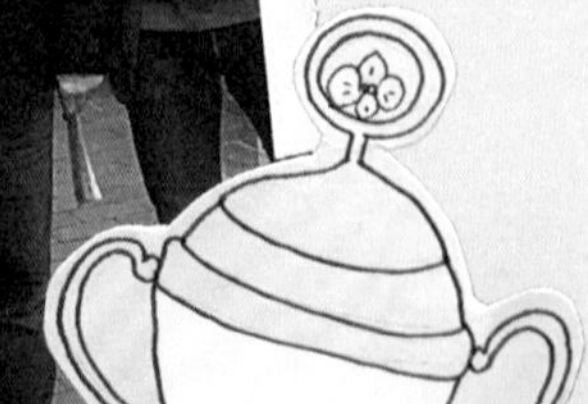

Die alte Villa war vom Keller bis zum Dachboden baufällig, und es gab niemanden in unserem Freundeskreis, der uns nicht für verrückt hielt. Aber wie das so ist, wenn man sich verliebt – man sieht alles durch eine rosarote Brille. Das gilt auch für Immobilien. Ich wollte das denkmalgeschützte Haus im Süden Berlins unbedingt, auch wenn es damals bereits viel zu teuer war. Ein Hauskauf ist eine zutiefst emotionale Sache. Der Verstand tritt zurück und die Vision eines neuen Lebens übernimmt die Entscheidung. Ich sah meine Familie und mich in diesem heruntergekommenen Jugendstilbau ein gutes Leben führen. Und sicher hatte meine Entscheidung für etwas Neues auch mit dem Wunsch nach Abschied vom Alten zu tun. Ich habe für die baufällige Villa mein Elternhaus verkauft. Es war Zeit, loszulassen.

Wir zogen ein, ohne dass die Heizung funktionierte oder das Dach dicht war. Ein Teil der Renovierungsarbeiten war natürlich von Anfang an eingepreist, aber wer sich schon mal auf das Abenteuer einer Haussanierung eingelassen hat, der weiß: Günstiger als gedacht wird es nie. Wir stellten nach und nach fest, dass es keinen Raum geben würde, den wir unangetastet lassen konnten, und es dauerte lange, bis wir in dem Haus einen Zustand erreicht hatten, der meinen Blick ruhen ließ. Egal wohin ich schaute, überall entdeckte ich die nächste Aufgabe, das nächste Projekt, den nächsten Punkt, der dringend auf die To-do-Liste geschrieben werden musste.

Ein paar Jahre nach Abarbeiten der unausweichlichen Renovierungsprojekte legte sich mein Fokus auf den baufälligen Wintergarten im hinteren Teil des Hauses. Ein morscher, wackliger Holzaustritt, der, so vermuten wir, in den Fünfzigerjahren von einem ambitionierten Hobbybastler gezimmert worden war. Eigentlich mag ich Wintergärten, sind sie doch oft ein sonniger Aufenthaltsort bei noch kühlen Außentemperaturen im zeitigen Frühjahr oder Herbst. Man kann sich viele Pflanzen, ein Sofa oder einen kleinen Tisch mit Stuhl hineinstellen und in aller Ruhe am Sonntagmorgen Zeitung lesen, idealerweise während draußen der Regen gegen die Scheiben trommelt. Der Wintergarten – ein luxuriöses Extra zwischen Wohnzimmer und dem Schritt nach draußen, so stelle ich mir das vor. Dass das wahre Leben meist anders aussieht – geschenkt. Denn mal ehrlich: Wie oft sitzen Menschen wie ich, mit Kindern, einem Job und einem Garten, tatsächlich gemütlich am Sonntagmorgen bei einer zweiten Tasse Kaffee auf dem Sofa und lesen Zeitung? Eben. Trotzdem, ich mag Wintergärten. Sie sollen gemütlich sein, sonnig und hell und dürfen gerne auch ein bisschen was hermachen. Wenn schon, denn schon. Bei dem bestehenden Fünfzigerjahre-Bauwerk war aber alles anders: Dem Boden fehlte die Isolation, auf dem blanken Estrich klebte ein vergammelter Teppich. Der lieblos angebrachte Putz wölbte sich wie braun verwelkter Blumenkohl und brach in großen Stücken ab, sobald man sich ihm näherte. Die einfach verglasten Fenster spleißten, der Wind pfiff durch jede Ritze. Im Winter bildeten sich Eisblumen an den Fensterinnenseiten und selbst im Frühling, wenn die Tage bereits angenehm warm wurden, nutzten wir diesen ungemütlichen Teil unseres Hauses ausschließlich als erweiterten Kühlschrank und lagerten das Marktobst oder die Getränkekästen in ihm. Einmal im April ließ ich meine jährliche Tomatenaufzucht über Nacht auf dem Boden stehen. Ein blöder Fehler, am nächsten Morgen waren sie hinüber. Der Nachtfrost hatte ihnen keine Chance gelassen. Eine wackelige, morsche Treppe, einige Stufen fehlten, führte hinunter in den Garten. Wer ein Tablett oder eine Tasse in der Hand hielt, musste schwer aufpassen, zwischen fehlendem Handlauf und Treppenstufen nicht empfindlich ins Straucheln zu geraten.

Kein Ort der Gemütlichkeit, und nach einigem Abwägen und Durchrechnen der noch verbliebenen Finanzreserven entschied ich, dass diesem Gebäudeteil der Abriss bevorstand. Ein neuer Wintergarten sollte den alten ersetzen. Mein Mann, ein ruhiger, überlegter Informatiker, war deutlich weniger enthusiastisch als ich. »Lass uns einfach nur einen Balkon anbauen«, schlug er vor. »Das ist deutlich günstiger.«

Aber mit mir war nicht zu diskutieren, zudem erschien mir das Projekt nicht allzu kompliziert. Denkste! Von all den bereits durchgeführten Sanierungsmaßnahmen war diese die schwierigste. Rückblickend kann ich kaum noch festmachen, woran es lag. Vielleicht an den komplizierten Genehmigungen, die nötig waren, weil unser Haus unter Denkmalschutz steht? Vielleicht am Statiker, der sich verrechnet hatte, und dem aufwendigen Rückbau, den dieser Fehler nach sich zog? Vielleicht auch an dem einen Handwerker zu viel, der zu mir sagte: »Keene Sorge, junge Frau. Det wird schon!« Wahrscheinlich lag es einzig und allein an mir und meiner Ungeduld. Während des Bauprozesses merkte ich nämlich, dass ich nicht mehr konnte. Ich wollte fertig werden. Ich hatte genug von Schmutz, Staub und morgendlichen Baubesprechungen. Ich wollte meine Ruhe und hatte das dringende Bedürfnis, hinter diesem Punkt auf der To-do-Liste einen Haken zu machen. Aber unter dem mürrischen Blick einer drängelnden Bauherrin arbeitet es sich nicht gut, wahrscheinlich ging darum so viel daneben.

Doch jetzt steht er da, der neue Anbau. Dreifach verglast, bodentiefe Fenster, ein ausreichend großer Radiator heizt ihn auch im Winter zügig auf angenehme Wohnzimmertemperatur, und eine filigrane, aber doch stabile Stahltreppe mit Holzstufen aus Cumaru führt hinunter in den Garten.

Und mittendrin steht eine Pflanze. Eine Orchidee. Sonst nichts.

Ein paar Monate nach der Fertigstellung des Wintergartens machte ich mich an die Planung für einen neuen Film meiner Reihe *Platz im Garten*. Es war später Winter, Januar oder Februar, ich hatte das Berliner Grau gründlich satt und war froh über die Chance, ein paar Tage rauszukommen. Im Winter steigt bei uns in der Familie die Meckerquote. Ich hasse es, bei Dunkelheit aufzustehen, meinen Kindern geht es genauso. Wir reden nicht viel, jeder von uns macht sich wortlos und hohläugig fertig für den Tag. Oder aber es wird gemotzt. »Raus jetzt, verdammt noch mal!«, zetere ich meine Tochter an, wenn sie auch um Viertel nach sieben noch im Bett liegt und sich die Decke über den Kopf zieht. Und: »Wenn du einmal deine Schulsachen schon am Abend zusammenpacken würdest, müssten wir jetzt nicht schon wieder so hetzen!«, bekommt mein Sohn um die Ohren, während ich wütend die Stifte in die Federtasche schmeiße und an dem Rundum-Reißverschluss zerre, um sie zu schließen. Unser gesamtes morgendliches Sich-fertig-machen findet im Halbdunkeln statt, während draußen wie in Zeitlupe die Sonne aufgeht und erst dann genügend Licht bringt, wenn die Kinder längst zur Tür raus sind. Vor uns liegen noch viele Jahre Schulpflicht und ich versuche, den Gedanken an all die trostlosen Wintermorgen, die noch kommen werden, zu verdrängen. Ich wünschte, die Damen und Herren der Kultusministerkonferenz hätten irgendwann ein Einsehen und würden endlich auf das hören, was viele Wissenschaftlerinnen und Schlafexperten seit Jahren predigen: Neun Uhr Schulbeginn ist früh genug! Klappt in vielen anderen Ländern hervorragend.

An einem dieser tristen Wintervormittage muss es wohl gewesen sein, als ich durchs Netz stöberte und dabei auf eine Orchideenexpertin stieß, die in ihrem Familienbetrieb mehr als eintausend verschiedene Sorten kultiviert. »Fahr hin«, sagte meine Planungskollegin aus der Redaktion, »wenn du meinst, dass das ein Thema ist.« Und ob ich das meinte! Immerhin ist die *Phalaenopsis* die liebste Zimmerpflanze der Deutschen.

Dahlenburg ist ein unscheinbares Dorf im mittleren Westen unseres Landes. Ich schätze mal, wer bei zulässiger Höchstgeschwindigkeit durchfährt, braucht vom Ortseingang bis zum Ausgang weniger als 30 Sekunden. Einfach mal so verirrt sich niemand hierher. Früher, vor der Wende, da war mehr los. Bis nach Lüneburg sind es gute 20 Kilometer, und viele ehemalige Westberliner haben sicher ihre ganz eigenen Erinnerungen an diese Gegend am Rande der Lüneburger Heide. Zu Tausenden schmissen sie regelmäßig am Wochenende Stullenpakete, Thermoskanne und Ehefrauen auf den Beifahrersitz ihrer Pkw und machten sich auf den Weg durch den Transit. Reisepass nicht vergessen! Sonst musste man an der Grenzkontrolle in Dreilinden gleich wieder umdrehen. Und hatte man nach zwei Stunden auf der rappeligen Transitautobahn erst wieder westdeutschen Boden unter den Rädern, war es nicht mehr weit bis ins Wochenendhäuschen oder den Dauerzeltplatz. Nach der Grenzöffnung kamen dann nur noch die, die kommen mussten. Alle anderen orientierten sich um. Zeltplätze gibt es schließlich auch im Dahmetal oder an der Ostsee. Und ein Wochenenddomizil in der Uckermark ist halb so weit entfernt, eine Menge Seen gibt es da obendrein.

Nein, wer heute nach Dahlenburg kommt, der hat einen Grund. Der will etwas sehen, was sonst in Deutschland seinesgleichen sucht – den Orchideengarten von Marei Karge-Liphard. Mitten im Zentrum des Dorfes, direkt an der Durchfahrtsstraße gelegen, stehen ihre Gewächshäuser. Wer also das Ortsschild in Dahlenburg erst einmal passiert hat, der wird den Orchideengarten nicht verfehlen. Tausende Zimmerpflanzenfans kommen jedes Jahr, um genau diese Gärtnerei mit den Schmetterlingsblumen zu besuchen. Und ich wette, kaum einer der Besucher verlässt den Orchideengarten ohne einen Neuerwerb für die heimische Fensterbank, doppelt in Papier eingewickelt und sicher angeschnallt auf dem Rücksitz seines Wagens.

Wenn ich eine Drehreise unternehme, also außerhalb Berlins arbeite, treffe ich die Kollegen meistens direkt vor Ort. Oft kennen wir uns nicht. Es sind Kameraleute aus den einzelnen Landesstudios des ZDF oder auch freie Teams aus der Region. Fast immer sind es Männer, immer sind es zwei, ein Kameramann und ein Kollege für den Ton, und nur selten interessieren sie sich für Gartenthemen. Für Orchideen erst recht nicht. Das macht aber auch nichts: In diesem Geschäft ist es normal, sich täglich auf etwas Neues einzulassen. Das macht den Reiz unseres Berufes aus.

Meine Kollegen und ich hatten uns vor der Gärtnerei verabredet, ich war direkt aus Berlin angereist.»Tachchen, ich bin die Sabine«, flötete ich. Die beiden waren gerade aus ihrem Wagen gestiegen und hüpften, um die Kälte abzuschütteln, von einem Fuß auf den anderen.»Ebenso Tach«, antworteten sie.»Du drehst aber bitte nicht draußen, oder?«, fragte der Kameramann. Es war eiskalt und ich konnte die Befürchtung der Kollegen verstehen. Als sie am Morgen losgefahren waren, stand schlicht *Dreh im Garten* auf der Drehanmeldung. Es entspann sich ein belangloses Gespräch über »Wie steht es um den Flughafen in Berlin?« und »Wie lang soll es denn werden, dein Filmchen?«.

Wir hätten uns vielleicht noch ein bisschen länger in der Kälte miteinander warmgeplauscht, aber die Eingangstür der Gärtnerei öffnete sich und Marei Karge-Liphard bat uns fröhlich strahlend herein.»Moin, moin«, grüßte sie.»Ist das irre, dass das ZDF es bis zu uns hier nach Dahlenburg geschafft hat.«

Marei ist Gärtnerin in der vierten Generation, ein bisschen jünger als ich, sie lacht gerne und im Gegensatz zu ihren Pflanzen ist Stillstehen nicht ihre Sache. Ich hatte sie mir anders vorgestellt. Insgeheim war ich ein wenig erstaunt, in diesem verschlafenen Nest auf eine Frau wie sie zu treffen. Die Arroganz der Großstädter, da war sie wieder. Dabei kannte Marei die Hauptstadt mindestens so gut wie ich. Für ihre Ausbildung zur Zierpflanzengärtnerin war sie um die Jahrtausendwende nach Berlin gezogen, hatte viel Zeit in ihrem Lehrbetrieb verbracht und noch mehr in den angesagten Hauptstadtklubs. Und wusste doch immer, dass sie irgendwann zurückkehren würde, um das Geschäft ihres Vaters im dörflichen Niedersachsen weiterzuführen. Seit sie bei der Chelsea Flower Show die Goldmedaille für ihren Stand geholt hatte, ging ihr Name durch die Presse, und ein Printkollege schrieb über sie als »Deutschlands Königin der Orchideen«. So wie ich Marei an diesem Tag kennengelernt habe, schätze ich, dass ihr Titel dieser Art relativ egal sind. Die meisten Gartenmenschen sind uneitel. Wer einmal in seinem Leben einen Komposthaufen umgegraben hat, wird demütig.

Mareis Vater hatte den richtigen Riecher, als er in den Sechzigerjahren damit begann, Orchideen nach Deutschland zu importieren. Er holte die Exoten aus Thailand, Australien und Südafrika. Damals waren große Orchideen in Europa eine Seltenheit, empfindlich teuer, und nur selten wurden ganze Pflanzen verkauft. Vielmehr waren sogenannte Wellrandgläser mit nur einer einzelnen Blüte *der* Verkaufsknüller. Wer schon einmal mit einer Orchidee sein Eigenheim geteilt hat, der weiß, wie langlebig ihre zarten Blüten sind. Selbst wenn man sie vom Stiel trennt, fallen die schmetterlingshaften Blätter nicht sofort in sich zusammen, stattdessen halten sie ihre Form noch für erstaunlich lange Zeit. Versuchen Sie das mal mit einer Tulpe, die ist nach einer Minute reif für den Kompost!

Als ich ein Kind war, hatten wir auch mal so ein Wellrandglas bei uns zu Hause. Es muss in den frühen Achtzigerjahren gewesen sein, als meine Mutter mit einer Pappschachtel nach Hause kam. In ihr steckte eine geschwungene kleine Vase, auf deren Boden in einem weichen Bett aus Moos eine etwa acht Zentimeter große Blüte thronte. Diese geschwungenen Vasen mit solitären, meist blassrosa Orchideenblüten waren ein edles Mitbringsel oder Gastgeschenk. Ich vermute, meine Mutter hatte die Vase von einem ihrer Kunden geschenkt bekommen. Sie war Verkaufsleiterin in einem Friseursalon für Männer mit Haarausfall am Ku'damm. In den Achtzigerjahren wagten nur wenige Männer die Flucht nach vorn, eine Totalrasur des Kopfes war keine Option. Heute ist das keine große Sache, aber damals entschieden sich viele in Anbetracht ihres lichter werdenden Haupthaars für ein Echthaartoupet. Mit einer raffinierten Knüpftechnik wurden diese Toupets am Resthaarkranz der Kundschaft fixiert und dann zurechtgeschnitten. Als Kind war ich oft im Laden meiner Mutter zu Besuch. Stundenlang sortierte ich die Frisierwagen mit den Haarklammern, Bürsten und Lockenwicklern oder kämmte Toupets, die auf Styroporköpfen mit Stecknadeln befestigt waren. »Na, wenn aus dir keene Friseurin wird, dann fress ick 'nen Besen«, sagte die Lieblingskollegin meiner Mutter oft zu mir und schob mir ein kleines Trinkgeld zu. Für mich waren Toupets die selbstverständlichste Sache der Welt. Der Direktor meiner Schule hatte auch eins. Wenn man ganz genau hinsah, konnte man manchmal kleine Zwirnsfäden entdecken, die an der Seite seines Haarschopfes herausguckten. Aber dass er ein Toupet trug, wussten wir Kinder sowieso. Er bestand auf einem Modell in Schwarz, obwohl sein Resthaarkranz längst grau war. Und wer hat schon am Ansatz schwarze Haare und an den Spitzen graue? Normalerweise ist es umgekehrt.

Mein Schuldirektor war ein Kunde meiner Mutter. Sie war übrigens keine Friseurin, ihr Job waren die Kundenakquise und der Verkauf. Und verkaufen konnte sie wie keine Zweite. Wer den Laden betrat, der kam mit 2000 Mark weniger auf dem Konto und dichtem Haupthaar wieder raus. Echthaartoupets sind teuer. Aber der Vorher-Nachher-Effekt war natürlich für die eitlen Herren höchst erfreulich, und so kam meine Mutter nicht selten in den Genuss kleiner Geschenke und Aufmerksamkeiten ihrer zutiefst dankbaren Kundschaft.

Ich sehe noch vor mir, wie sie die Vase in der Mitte unseres Küchentisches platzierte, und mein Bruder und ich die Blüte hinter dem Glas von allen Seiten fasziniert betrachteten. Herrlich kitschiger Schnickschnack. Sicherlich werde ich mich damals gefragt haben, wie es sein kann, dass diese Pflanze in der Vase ohne Wurzeln lebt. Und ich werde diese Frage auch gestellt haben, bloß – wer sollte die Antwort wissen? Kein Mensch in meinem Umfeld hatte Ahnung von Pflanzen, von exotischen schon gar nicht. Wie sind wir Kinder damals an Antworten gekommen, frage ich mich heute. Es gab kein Google, kein Alexa, kein schnelles Hineinsprechen in irgendein technisches Gerät.

Manchmal bekommt man Antworten Jahrzehnte später. Heute weiß ich – die Orchidee meiner Mutter lebte zu diesem Zeitpunkt schon nicht mehr, sie blühte nur noch. Und nach ein paar Wochen flog sie dann auch mitsamt der Wellrandvase in den Mülleimer. Meine Mutter unternimmt in solchen Dingen keine Versuche einer Zweitverwertung. Das ist auch heute noch so. Rückblickend denke ich, man hätte ja die Vase noch als Aquarium nutzen können, Pfennige drin sammeln wäre auch eine Idee gewesen, irgend so was …

Mareis Vater war jedenfalls der erste und größte Produzent in Deutschland, der diese blütenbestückten Wellrandvasen in den Handel brachte. Ich finde es einen hübschen Gedanken, dass die Vase meiner Kindheit eventuell aus genau diesem Orchideengarten im niedersächsischen Dahlenburg stammte und in den Gewächshäusern produziert wurde, die ich Jahrzehnte später als Reporterin besuchen würde.

»Vielleicht fangen wir gleich hier in der ersten Halle an, oder?«, fragte Marei und führte uns in den Verkaufsraum ihres Orchideengartens. Wer den betritt, versteht, warum sich jährlich Tausende Pflanzenliebhaber auf den Weg machen, um ihn zu besuchen. Ich empfehle einen Besuch im Winter, denn sofort ist das triste Alltagsgrau vor der Tür vergessen.

Den beiden Kollegen und mir jedenfalls hüpfte ein wenig das Herz in die Höhe, als wir uns, beladen mit Kamerataschen und

Lichtkoffern, durch die Drehtür quetschten. Fast war es, als hätte uns der Schritt durch die Eingangstür mit einem Schlag in einen Dschungel in Indonesien oder Thailand katapultiert.

»Boah«, entfuhr es mir, »der ist ja riesig!«

Mein Blick (und ich bin sicher, den meisten Besuchern geht es genauso) blieb an einem meterhohen dunkelgrünen Gummibaum hängen. Dieser zog sich vom Kassenbereich einmal in großem Bogen an der Gewächshausdecke entlang und beugte sich zur Begrüßung der eintretenden Kundschaft entgegen. Zwischen seinen fleischigen Blättern blitzten Hunderte große und kleine Orchideenblüten hervor. Wie Glühwürmchen tanzten die zarten Blüten auf dem Baum und glitzerten tausendfach unter und über dem dichten Blattwerk.

»Diese Orchideen leben *auf* dem Baum«, begann Marei uns zu erklären, und so war das Erste, was ich an diesem Drehtag über Orchideen lernte, Folgendes: Viele Orchideen sind sogenannte *Epiphyten,* auch Aufsitzerpflanzen genannt, das heißt, sie gedeihen und wachsen auf anderen Bäumen, Ästen und Stämmen. Aber anders als beispielsweise Misteln, die viele von uns gerne im Herbst als abgeschnittene Zweige auf dem Markt kaufen, sind Orchideen keine Schmarotzerpflanzen. Das bedeutet, sie leben auf dem Baum, *ohne* ihn zu belasten. Sie entnehmen ihrer Unterlage keine Nähstoffe und bilden somit eine wunderbare Partnerschaft mit dem Baum, auf dem sie wachsen. Ich finde das faszinierend. Leben und leben lassen. Wer hätte gedacht, dass ausgerechnet Orchideen so genau wissen, wie das funktioniert? Wüchsen die Pflanzen auf dem Boden, hätten sie keine Chance. Nur wenn die Wurzeln frei in der Luft hängen, ergattern sie auch im tropischen Dschungeldickicht genug Sonnenstrahlen. Aufsitzerpflanzen bekommen somit genug Licht, dafür aber haben sie es schwer mit der kontinuierlichen Wasserversorgung durch das Grundwasser. Es muss regelmäßig kräftig von oben gießen, damit die Pflanzen am Leben bleiben können. Logischerweise ist schubweiser Regen vor allem in den äquatornahen Regionen unserer Erde gewährleistet und darum wachsen die meisten Orchideensorten in den Tropen. Es ist aber nicht nur das Licht, das die Wurzeln sich holen – gemeinsam mit den Blättern betreiben sie zudem Fotosynthese. Darum wachsen die Wurzeln oftmals aus dem Topf heraus und sehen dann ein bisschen aus wie dicke Regenwürmer oder Spinnenbeine, die aus dem Topf quellen. Das ist nicht jedermanns Sache. Aber wenn man erst mal weiß, warum etwas so ist, wie es ist, erhöht sich die Akzeptanz, oder?

Egal ob ich morgens um fünf Uhr für eine Liveschalte auf einem Gemüseacker stehe oder mit einem Tulpenbaron auf einem Klapprad durch dessen Treibhäuser fahre, immer ist es kalt. Selbst in den Hallen der Internationalen Pflanzenmesse trage ich mittlerweile zwei Paar Socken, weil ich friere. Nicht aber an diesem Wintertag in Dahlenburg. Im Haupthaus des Orchideengartens war es angenehm warm, um die 26 Grad, und sofort entledigten die Kollegen und ich uns unserer dicken Winterjacken. Die Luftfeuchtigkeit für Orchideen muss hoch sein, und so trug uns durch die einzelnen Räume ein angenehmer, feuchtschwerer Duft von Erde und Sommergewitter. Wir steckten Marei und mir ein Mikrofon an und folgten ihr durch die langen Reihen mit Pflanztischen, auf denen dicht an dicht Töpfe mit Ware standen.

»Orchideen sind die coolsten Pflanzen, die man sich vorstellen kann«, sprudelte es aus ihr heraus.

»Aber doch gar nicht so leicht bei der Pflege, oder?«

»Quatsch, die meisten sind super easy«, erwiderte Marei. »Nur eines können sie nicht leiden – nasse Füße.«

Orchideen sollten, so erklärte mir die Gärtnerin, am besten schubweise gegossen werden. Und ihr Topf darf ruhig eine Nummer zu klein sein.

»Wenn die Pflanzen in zu viel Erde getopft sind, dauert es nach dem Gießen lange, bis die Wurzeln wieder trocken sind«, erklärte sie mir. »Dann sind die immer nass, nass und nass. Die Wurzeln beginnen zu faulen und die Pflanze wird krank.« Das gilt übrigens für fast alle Orchideen, egal welcher Art.

»Nur ganz seltene Sorten mögen es feucht an den Wurzeln.« Marei unterteilt ihre Orchideen in drei Pflegegattungen. Wohnzimmer: für Orchideen, die es gern warm mögen. Küche: 15 bis 18 Grad sind hier ideal. Und Gästezimmer: für die Pflanzen, die es kalt lieben.

»Müssen deine Gäste immer frieren, wenn sie zu Besuch kommen?«, fragte ich und wir lachten.

Für den Laien ist es schwer, einzelne Sorten voneinander zu unterscheiden. Es gibt einfach unfassbar viele. *Cymbidien, Vanda, Dendrobien,* Frauenschuh und viele mehr. Am bekanntesten ist sicherlich die *Phalaenopsis.* Der langstielige Dauerblüher wird millionenfach pro Jahr verkauft. Egal ob Blumenmarkt, Gartenbau oder Discounter, sie alle haben die Schmetterlingsblumen ab Herbst im Sortiment. Ich habe mich lange gegen die *Phalaenopsis* gewehrt, sie war mir zu großmütterlich. Und irgendwie stehen die Dinger auch immer ein wenig schief in ihrem Übertopf. Aber, ich gebe zu, mittlerweile habe auch ich eine. Sie lebt bei uns im Keller und gerät dort regelmäßig in Vergessenheit. Wochenlang vegetiert sie unbeobachtet auf einem Fensterbrett im Souterrain vor sich hin, bis irgendwann der Tag kommt, an dem mein Blick auf die Pflanze fällt und ich erstaunt feststelle, dass sie einen Trieb gebildet hat, an dem sich kleine, fleischige Blütenknospen bilden. Pflichtschuldig schnappe ich mir dann den Topf, wische den Staub von den Blättern und gebe der Pflanze Wasser. Und obwohl ich so nachlässig mit ihr war, öffnen sich ein paar Tage später die Knospen und sie blüht. Ist das nicht nett? Wer kann dazu schon Nein sagen?

Menschen also, die von sich meinen, sie haben partout keinen grünen Daumen, empfehle ich eine *Phalaenopsis.* Da kann man nun wirklich nichts falsch machen. Von den anderen Sorten, *Vanda, Cymbidien* und so weiter, hatte ich noch nie gehört.

»Ehrlich nicht?«, fragte mich Marei erstaunt, »du machst doch

Gartenfilme! Guck mal hier. *Cymbidien* etwa können riesengroß oder winzig sein, sie bilden Blüten von mehreren Zentimetern Größe oder auch nur einigen Millimetern. Diese hier zum Beispiel, sind die nicht niedlich?« Sie deutete auf einen Tisch mit kugeligen Terrarien. »Da muss man aber zwei Mal hingucken«, sagte ich und kramte in meiner Handtasche nach der Lesebrille. Tatsächlich, bei genauem Hinsehen erkannte ich minikleine Blüten hinter dem spiegelnden Glas. Die bauchigen Terrarien mit ihren Korkplatten sahen aus wie ein Miniaturkratzbaum für Hauskatzen. Orchideenblätter und Wurzeln schlangen sich um den Kork, und auf den Enden der Blütenstängel saßen, wie zierliche Schmetterlinge, ihre Blüten. Für Menschen wie mich, mit zunehmender Altersweitsichtigkeit, sind diese Terrarien nicht das Richtige. Da waren die Wellranddinger aus den Achtzigern besser. Trotzdem, die Idee, Pflanzen in einem Glas wachsen zu lassen, war nett, fand ich. Auch hier ist übrigens keine intensive Pflege nötig. Man sprüht alle paar Wochen ein bisschen Wasser ins Glas, fertig. Bei Marei habe ich diesen Trend zum ersten Mal gesehen. Seitdem begegnen mir Orchideen-im-Glas ständig. Bloß mein Lieblingsblumenhändler in Berlin hat sie noch nicht im Angebot. Ich werde warten. Und hoffe, dass ich, bis er sein Sortiment erweitert hat, nicht noch weitsichtiger geworden bin.

Wir suchten uns verschiedene Orte in den Gewächshäusern, an denen wir die Themen Umtopfen und richtig düngen drehten. Nach ein paar Stunden hatten wir eine Fülle an Material zusammen. Marei machte das prima. Idealerweise gibt es bei jedem Dreh irgendwann den Moment, in dem die Person, die ich interviewe, vergisst, dass sie gefilmt wird. Wir brauchten nicht lange, bis es so weit war. Marei führte uns lustig und kompetent durch alle Themen. Sie war in ihrem Element. Ich überlegte mir, wie ich das am Ende alles in einen Drei-Minuten-Film schneiden sollte, und der Kameramann verlor sich begeistert in zeitraubenden Nahaufnahmen – schließlich sind Pflanzen dankbare Statisten.

Ich lernte an diesem Tag, dass Orchideen am liebsten in Regen-
wasser getaucht werden wollen, dass man sie alle zwei bis drei
Wochen düngen sollte, allerdings nur von Frühjahr bis Herbst,
und dass die Sorte *Vanda* wurzelnackt in der Dusche aufgehängt
werden kann. »Dann fühlt man sich beim Duschen nicht so
allein«, sagte Marei und zwinkerte mir zu.

Anders als andere Gärtner kann Marei ihren Nachschub nicht
im heimischen Gewächshaus produzieren. Orchideensamen brauchen einen Pilz zur Keimung, und darum werden in Laboren
die Pflanzen gezielt mit dem Pilz »geimpft«. Viele dieser Labore
haben ihren Sitz in Singapur, und vier Mal im Jahr fliegt Marei
deswegen nach Asien, um Neuware zu kaufen. Der Import ist
schwierig, die Einfuhr der Pflanzen unterliegt in der EU strengen
Kontrollen. Trotzdem ist es natürlich ein aufregender Aspekt
ihrer Arbeit, denn welche Gärtnerin reist schon von Berufs wegen
regelmäßig um die Welt?

Es war Nachmittag geworden, wir alle waren platt. Drehen ist
anstrengend. Für den Kameramann in erster Linie, schließlich
wiegt die Kamera auf seiner Schulter fast 15 Kilo, aber auch für
alle anderen. Für einen Film, der am Ende drei Minuten lang
wird, drehen wir viele Stunden. Das Licht muss in jeder Halle neu
gesetzt, die Kamera jedes Mal neu eingerichtet werden. Und die
einzelnen Themen sollen am Ende ein großes Ganzes ergeben.

»Was ist in der Halle da hinten?«, fragte ich Marei und deutete
auf ein Gewächshaus, das wir bislang außer Acht gelassen hatten.

»Wir packen gerade eine Warenladung aus, die wir gestern
Abend aus Holland bekommen haben«, antwortete sie. »Aber
zieht eure Jacken wieder an, in der Halle ist es relativ kühl.«

Wir betraten das Gewächshaus, und mein Blick fiel auf etwa
20 Töpfe mit großen, mindestens einen Meter hohen Pflanzen.
Ihre langen, schmalen Blätter ähnelten ein wenig einer Yucca-
Palme, nur deutlich länger und ohne Stamm. Die Blätter wuchsen
direkt aus der Pinienrinde, mit der die Töpfe gefüllt waren, und

aus dem Blätterdickicht ragten pro Topf mindestens ein Dutzend lange Stiele hervor. An diesen Stielen standen, ähnlich einer Stockrose, dicht an dicht aufgereiht riesige grüngelbe Blüten. Wie schillernde Schmetterlinge tanzten die Blüten um die dunkelgrünen Blätter. Ich war hin und weg.

»Was ist das denn?«, fragte ich Marei begeistert, »die sehen ja aus, als kämen sie von einem anderen Planeten!«

»Das ist die Jungle Trail, eine *Cymbidien*-Sorte aus dem Himalaja«,antwortete sie. »Man nennt sie auch Kahnorchidee, weil hier, schau mal«, sie deutete auf das Innere einer Blüte, »der Stempel hat ein wenig die Form eines Kahns oder eines kleinen Bootes.«

Noch nie hatte ich so schöne Pflanzen gesehen. Im Herbst, wenn die Tage kürzer werden, treibt diese Sorte längliche Bulben aus, die zu langen Stielen heranwachsen. An ihnen bilden sich dicke Knospen, die sich nach einigen Wochen, pünktlich zum ersten Schneefall vielleicht, öffnen, um Platz zu machen für beeindruckend große Blüten. Bis zu einhundert solcher Blüten kann eine einzige Pflanze haben, und bei guter Pflege dauert es bis Ende April, Anfang Mai, bevor sie nach und nach abfallen und die Pflanze sich in ihre Ruhephase begibt. Damit ist die Jungle Trail genau in der bei uns dunklen Jahreszeit ein unfassbares Spektakel.

Ich musste diese Pflanze haben! Schluss mit all den grauen Wintertagen. Schluss mit dem trostlosen Blick auf die braun gewordenen Hortensienrispen und die blattlosen Rosenbüsche in meinem Garten. Schluss mit dem Winter überhaupt! All die morgendlichen Zankereien, was konnten sie mir noch anhaben, wenn ich so eine fantastische Pflanze bei uns zu Hause hätte? Wie könnte ich *jemals* wieder schlechte Laune haben? Ein Blick auf diese Blüten und alles wäre gut, oder? Und noch dazu passte sie perfekt in unseren neuen Wintergarten.

Ich kaufte Marei einen der Töpfe ab. In mein Auto passte der Traum aus dem Himalaja nicht, dafür war die Pflanze zu groß, aber Marei plante ein paar Tage nach unserem Besuch ohnehin eine Lieferung nach Berlin. Das passte.

Natürlich drehten wir die Jungle Trail ausführlich, und im fertigen Film gab ich genau diesen Bildern gebührend viel Platz. Es war längst dunkel geworden, als wir zusammenpackten. Meine Kollegen, am Morgen noch relativ teilnahmslos dem Thema gegenüber, verstauten erst ihr technisches Equipment, und oben drauf, ganz vorsichtig, legten sie ihre Einkäufe. Der Kameramann hatte sich für die wurzelnackte *Vanda* entschieden und der Tonassistent freute sich über eine blaugraue *Phalaenopsis*. Beide strahlten. Na bitte! Dem Zauber der Botanik kann sich auf Dauer niemand entziehen.

Ein paar Tage später – ich konnte es kaum erwarten – kam mein Goldstück aus Dahlenburg bei uns zu Hause an. Mein Mann und ich trugen den Topf die Treppe hoch in den Wintergarten. Was für ein Anblick! Ihre Blütenpracht nahm den Raum sofort in Besitz, die Blüten schienen fast ein wenig zu leuchten. Ich war glücklich. Keine Pflanze der Welt hätte besser in diesen nigelnagelneuen Wintergarten gepasst. Ich drehte die Heizung runter. Wie versprochen versüßte mir meine Orchidee bis zum April den Winter. Wann immer mein Blick in den Wintergarten fiel, bewunderte ich den Topf mit seiner nicht enden wollenden Blütenpracht und mir wurde warm ums Herz. Als der Frühling kam, fielen die Blüten ab. Ich schnitt die nutzlos gewordenen Stiele zurück und war dankbar für all die Monate, die mir diese Pflanze Spaß und Freude gebracht hatte.

Das ist jetzt vier Jahre her. Ich habe seitdem viel gelernt über *Cymbidien*. Damit die Pflanze nicht wieder Wollläuse bekommt, besprühe ich die Blätter regelmäßig mit abgekochtem Wasser. Das gefällt dem Holzfußboden nicht, der wölbt sich empfindlich an diversen Stellen. Zudem war das Sofa immer ein wenig feucht, wir haben es mittlerweile im Zimmer meiner Tochter untergebracht. Damit fehlt uns eine Sitzgelegenheit im Wintergarten. Aber das macht nichts, wir heizen ihn ohnehin nicht mehr. *Cymbidien* mögen es kühl. Um die 20 Grad, höchstens. Ich habe in den letzten Jahren mehrfach mit Marei telefoniert, mir per Videocall Tipps zur Pflege geben lassen, Blaukorn und Harnstoff als Dünger probiert, sie gemeinsam mit meinem Mann im Sommer rausgeschleppt und bei Dauerregen sofort wieder rein. Ich habe alles, wirklich alles dafür getan, dass es ihr gut geht bei mir. Und doch – außer in diesem ersten Winter hat die Pflanze nie wieder geblüht. Aufgeben aber ist keine Option. Ich kann Pflanzen nicht wegwerfen, diese schon gar nicht. Unseren Wintergarten allerdings nutzen wir nur noch für die Lagerung unserer Getränkekisten und das Marktobst. Ach ja, im Februar auch noch für das Vorkeimen der Kartoffeln, denen reichen 20 Grad.

Die Schmiede

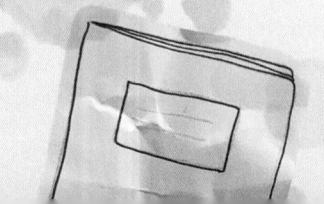

»Gib mir mal bitte den Gierschjäter rüber«, sagte ich zu meiner Tochter und deutete auf den Korb, in dem ich meine kleineren Gartenwerkzeuge aufbewahre. Er stand neben ihr auf dem Rasen, das Pubertier lag auf der Gartenliege, sonnte sich und hatte eigentlich nicht vorgehabt, sich zu bewegen.

»Giersch …, was?«, antwortete sie und rollte genervt mit den Augen.

»Na, das L-förmige Ding mit dem Holzgriff! Das ich immer benutze, wenn ich die Fugen auskratze.«

»Was weiß ich, was du immer benutzt, Mama«, sprach das Kind, setzte sich auf und begann damit, im Schneckentempo den Korb zu durchwühlen. »Wird das heute noch was?«, fragte ich ungeduldig und riss derweil das Unkraut in unserer Einfahrt mit den Händen aus den Ritzen zwischen den Natursteinen. Sie stand auf, griff den Korb und stellte ihn genervt vor mir ab. Ich begann zwischen den Schippen, Schaufeln und Gartenscheren nach meinem Lieblingsgerät zu suchen und wurde schnell fündig.

»Das hier ist er. Das ist ein Gierschjäter!«, sagte ich und hob ihn triumphierend in die Höhe. Aber mein Kind hatte sich längst aus dem Staub gemacht. Wer mir während der Gartenarbeit zu nahe kommt, läuft Gefahr, mithelfen zu müssen. Welcher Teenager würde da nicht Reißaus nehmen?

Allein machte ich mich an die vermoosten Fugen. Arbeiten mit einem Gierschjäter entspannt. Während man auf dem Boden hockt und vor sich hin kratzt, begleitet vom monotonen Schabegeräusch des Metalls auf Stein, kommen und gehen die

Gedanken. Herrlich. Außerdem liebe ich dieses simple, aber praktische Gartenwerkzeug. Ob ich im Gemüsebeet die Erde zwischen den Salatköpfen lockere oder das Unkraut auf der Terrasse aus den Fugen hole – ohne den Gierschjäter geht es nicht. Auf einen Grubber oder einen Sauzahn kann ich gerne verzichten, aber der kleine Jäter muss sein. Und diesen einen, den ich meinen nenne, liebe ich besonders. Er hat einen handgeschnitzten Eschenholzgriff, in den mein Name eingraviert ist. Ein bisschen kitschig, ich weiß. *Sabinchen* steht in geschwungenen Buchstaben auf seiner Innenseite, und selbst, wenn dem nicht so wäre, würde ich ihn unter Tausenden Gartengeräten identifizieren können. Krumm und schief ist sein Stahl geschlagen und im Handel hätte man das Teil nicht mal als B-Ware verkaufen können. Mir ist das egal. Er stand nie zum Verkauf, sondern kam gleich nach Fertigstellung in meinem Besitz. Dieses Gartenwerkzeug habe ich vor einigen Jahren geschenkt bekommen, und jedes Mal, wenn ich es zur Hand nehme, erinnere ich mich an den Tag, an dem ich den Jäter auf einer über 1 000 Grad heißen Flamme geschmiedet habe. Und an die Lektion, die ich an diesem Tag lernen durfte. Eine Lektion, die mich gelehrt hat, dass ich Vertrauen haben darf. In mich selbst und in meine Kinder. Und so hat auf denkwürdige Weise, auch wenn sie ihn niemals eines Blickes würdigt, der geschmiedete Gierschjäter aus meinem Werkzeugkorb, ganz viel mit meiner Tochter zu tun.

»Puh«, sagte meine Kollegin aus der Reisestelle, »da haste dir aber was vorgenommen. Das liegt echt irgendwo im Nirgendwo.« Sie rückte ein wenig zur Seite, damit wir zusammen auf den Bildschirm schauen konnten. »Da musst du auf jeden Fall in Kulmbach oder in Hof umsteigen. Oder gleich mit dem Auto fahren.« Meine Kollegin tippte verschiedene Routenplanungen ein und wir überlegten, wie man ohne allzu schmerzvollen Zeitverlust ins fränkische Hinterland reisen konnte. Google Maps sei Dank, hatten wir irgendwann eine sinnvolle Streckenführung erstellt. Aber eigentlich war mir fast einerlei, wie kompliziert die Anreise sich gestaltete, ich hätte mich von meinem Plan, diese Reise zu machen, ohnehin nicht abbringen lassen. Selten hatte ich mich so auf einen Dreh gefreut. Tief im Frankenland, fernab von Bundesstraßen und öffentlichem Nahverkehr, würde ich eine der ältesten Werkzeugschmieden unseres Landes besuchen.

Ein paar Wochen war es her, seit ich mit einem Kamerateam auf der Internationalen Pflanzenmesse gefilmt hatte. Diese Messe gilt weltweit als wichtigster Treffpunkt der grünen Branche und findet einmal im Jahr im nordrhein-westfälischen Essen statt. Am späten Nachmittag, wir hatten deutlich mehr Drehmaterial im Kasten als wir brauchten, verabschiedeten sich die Kollegen, und ich schlenderte, weil noch Zeit war, bis meine Bahn zurück nach Berlin fuhr, ziellos durch die riesigen Ausstellungshallen. Ich war hundemüde, meine Füße taten weh, und ich hatte mich satt-gesehen an den neuesten Rosenzüchtungen, bienenfreundlichsten Stauden und wasserspeichernden Substraten. Messen sind spannend, aber machen platt. Zudem ist mein Hirn nur beschränkt aufnahmefähig. Dankbar blieben meine Augen an einem Stand mit ganz klassischem Gartenwerkzeug hängen. Stahl und Holz. Mehr nicht. Ich ging hinüber, bewunderte die schlichten, schnör-kellosen Gartengeräte und dachte kurz darüber nach, ob es prak-tikabel wäre, einen schmiedeeisernen Damenspaten im Zug nach Hause zu jonglieren. Ich hängte das Gerät zurück an seinen Ha-ken und steckte stattdessen eine Visitenkarte der Firma in die Tasche. »Krumpholz-Werkzeuge«. Hohlköpfig stand ich vor den Pflanzkellen und Handgabeln, als ich ein Gespräch zwischen einem der Standmitarbeiter mit einem potenziellen Kunden anhörte. »Unsere Firma gibt es seit mehr als 200 Jahren«, sagte er gerade, »und so lange hält auch das Werkzeug. Garantiert.« *Oha*, dachte ich mir, *da ist Klotzen statt Kleckern angesagt*. Aber das muss man wahrscheinlich so machen, wenn man auf einer Messe gut verkaufen will. Die beiden Herren fachsimpelten über Härtegrade von Stahl, perfekte Schmiedetemperaturen und bewunderten eine Axt aus Damast. »Die habe ich als mein Meisterstück geschmiedet«, sagte der junge Verkäufer nicht ohne Stolz und hielt sie ins Licht. Ich schielte aus dem Augenwinkel hinüber. Ein wunderschönes Werkzeug. Die einzelnen Stahlschichten sahen aus wie die Streifen eines Zebras und gaben der Axt ein individuelles Muster. Ja, natürlich, ich hatte schon von Damast gehört, aber wenn mich damals jemand gefragt hätte, was das ist, hätte ich nur ahnungslos mit den Schultern zucken können. Heute bin ich schlauer. Um die Eigenschaften von Stahl zu verbessern, werden beim Damast verschiedene Sorten Stahl zu einer flachen Lage geschmiedet, dann gefaltet und erneut zusammengeschmiedet. Dieser Arbeitsgang wird unzählige Male wiederholt und schlussendlich erhält man ein Stück Stahl, das aus Hunderten einzelnen Lagen besteht und durch den Kohlenstoff aus dem Feuer einen besonders hohen Härtegrad besitzt. Mehr als 100 Stunden habe er daran gearbeitet, erzählte der junge Mann. Ein sympathischer Kerl, ich schätzte ihn auf Mitte 20. Er war mittelgroß, sprach mit hörbar fränkischem Einschlag und war offensichtlich überzeugt von den Produkten, die er da verkaufte. Mir imponiert es immer, wenn Menschen mit Herzblut bei der Sache sind. Die haben auf ihre innere Stimme gehört, damals, bei der Berufswahl. *Tu, was dir Spaß macht*, hatte sie geflüstert und wenn das Leben so viel Glück für einen bereithält, dass man dieser Stimme folgen darf, dann ist das doch wie ein Dauerlotterieschein mit garantiertem Gewinn.

Die junge Dame beispielsweise, bei der ich regelmäßig meine Zähne reinigen lasse, wollte niemals etwas anderes werden als genau das – Zahnhygienikerin. Eine interessante Berufswahl, wie ich finde, für mich wär das nix. Sie aber ist mit Feuereifer dabei, erklärt mir geduldig jeden ihrer Arbeitsschritte und nach getanem Werk hält sie mir jedes Mal stolz einen Spiegel hin. Gemeinsam bewundern wir dann das blitzblanke Ergebnis und strahlen mit unseren reinweißen Zahnleisten um die Wette. Meine Kusine ist auch so eine Glückliche. Bereits in der fünften Klasse stand für sie fest, dass sie Steuerberaterin werden wollte. Knicken, lochen, abheften – was viele von uns ewig vor sich herschieben, ist für mein Kusinchen Spaß bringender Lebenszweck. Seit Jahren hat sie nun ihre eigene Kanzlei und wühlt sich mit Feuereifer durch fremder Leute Restaurantquittungen, Vermögensaufstellungen und Finanzamtsformulare.

Der junge Schmied damals an dem Ausstellungsstand strahlte ebenfalls diese angekommene Zufriedenheit aus und war, trotz des langen Messetages, mit Herz und Seele bei der Sache.

»Kann ich Ihnen weiterhelfen?«, fragte er mich, und ich erschrak ein bisschen, weil ich ihn so intensiv beobachtet hatte, dass mir gar nicht aufgefallen war, wie sehr ich ihn angestarrt haben musste. »Nein, nein«, sagte ich. »Ich schaue mich nur um.« Er lächelte und wandte sich wieder seinem eigentlichen Kunden zu. Im Grunde wusste ich in diesem Moment schon, dass ich der Krumpholz-Schmiede einen Besuch abstatten würde. Ich berichte über Obstbaumschnitt, Staudengärtnereien und Heidelbeerernte – warum nicht mal ein Film über handgemachtes Gartenwerkzeug?

Zu Hause in Berlin, suchte ich nach der Firma im Netz. Die Krumpholzens sind ein Traditionsunternehmen, in der siebten Generation ist die Schmiede in Familienbesitz. Der junge Verkäufer, den ich gesehen hatte, war Claus Krumpholz, der Junior. Sein Vater, ebenfalls ein Claus Krumpholz, leitete den Betrieb. Schmieden, in denen nicht nur zu Schauzwecken ein Feuer entfacht, sondern tatsächlich noch Werkzeug für den Verkauf geformt wird, existieren nur noch eine Handvoll in Deutschland. Die harte Arbeit mit Eisen ist unter jungen Menschen heutzutage nicht mehr sonderlich populär, und so ist das jahrhundertealte Metallhandwerk vom Aussterben bedroht. Ich nahm mit der Firma Kontakt auf, Familie Krumpholz freute sich auf den Besuch des ZDF, wir organisierten ein Kamerateam und baldowerten die Strecke aus. Es konnte losgehen.

Am Tag vor meiner Abfahrt, ich durchsuchte gerade den Schuhschrank nach meinen Sicherheitsschuhen mit Stahlkappe, kam meine Tochter von der Schule nach Hause. Ich erinnere mich noch genau, sie war damals in der 8. Klasse. Fast täglich führten wir Diskussionen über das Thema »exzessive Handynutzung« und mindestens drei Mal in der Woche flogen irgendwo die Türen oder es wurde lautstark gestritten. Teenager sind immerzu wütend und Mütter machen immerzu alles falsch. An diesem Tag kam sie durch die Eingangstür – und lächelte. Das kam nicht oft vor.

»Ich habe eine Zwei in der Deutscharbeit«, sagte sie und streckte mir den Schulhefter entgegen. Triumphierend wurde ich um Kenntnisnahme gebeten. »Spitzenmäßig, Kind. Gut gemacht«, sprach ich, stellte die Schuhe beiseite und nahm interessiert die in schnörkeliger Mädchenschrift beschriebenen Blätter zur Hand. Nennen Sie mich altmodisch, aber gute Noten im Fach Deutsch sind mir wichtig. Die Aufgabenstellung war eine Erörterung. »Tierversuche – sinnvolles Forschungsinstrument oder unsinnige Quälerei?« Ein recht anspruchsvolles Thema, fand ich. Aber gut, selbst in unseren luxuriösen Breitengraden dürften die meisten Achtklässler davon Wind bekommen haben, dass die Welt nicht so unbeschwert ist, wie wir sie jahrelang glauben ließen. Leider. Die Klasse 8A hatte eine schlüssige Einleitung in die Thematik zu finden und dann die Argumente der Autoren eines Textes für und gegen Tierversuche herauszuarbeiten. Neugierig vertiefte ich mich in die gedanklichen Ergüsse meiner Tochter. Und war fassungslos. Auf zwölf Seiten hatte das Kind einen Text formuliert, der überhaupt keinen Sinn ergab. Trotz mehrfacher Versuche, nachzuvollziehen, wohin die Reise ging, verstand ich kein Wort. Pro und Contra, bei Erörterungen durchaus üblich, kamen nicht vor, stattdessen klebte ein verwirrter Satz am nächsten. Syntax und Textinhalt waren dem Kind schnurz, Hauptsache es machte Strecke. Seite um Seite war da, so meinte ich zumindest, grober Unsinn aufgeschrieben worden, und neben dem fehlenden roten Faden machte die Arbeit grammatikalisch auf mich einen abenteuerlichen Eindruck. Groß- und Kleinschreibungsregeln waren außer Kraft gesetzt, Kommata fehlten komplett, und Präsens, Perfekt und Plusquamperfekt wechselten kunterbunt durcheinander.

An mancher Stelle hatte der Lehrer den Versuch unternommen, mit dem Rotstift auf die gröbsten Schnitzer hinzuweisen, aber ab Seite vier wurden seine Anmerkungen dünner. Ich konnte ahnen, wie den armen Mann, sicher auch in Hinblick auf die weiteren Arbeiten, die noch zu korrigieren waren, die Kräfte verlassen hatten.

Umso überraschender fand ich seine Benotung. Schließlich war die Arbeit eine Zwei. Wie konnte das sein? Und – wenn das eine Zwei war, was war dann eine Vier oder eine Fünf? Wie schlecht musste man schreiben können, um ein Ungenügend zu erhalten? Mir war das ein Rätsel. Ich echauffierte mich: War unser Schulsystem eigentlich noch ganz bei Trost? Was bringt es, die Kinder zu verzärteln, die Ansprüche derart ins Bodenlosen zu versenken? Sollten Menschen in der achten Klasse nicht in der Lage sein, einen schlüssigen Text zu formulieren? Wie stehen die Chancen für meine Tochter, jemals einen ordentlichen Beruf zu ergreifen, wenn ihr Deutschlehrer sie mit so einem gequirlten Mist davonkommen ließ? Die hat doch keine Chance da draußen! Aus dem Kind wird nie was! Die kann einpacken! Und der ganze Rest der 8A gleich mit!

Ich zeterte den Untergang des Abendlandes herbei, griff zum Füller und schrieb dem Lehrer einen gepfefferten Brief. Darin bat ich um Neubewertung der Arbeit meiner Tochter. In meinen Augen entsprach ihre Leistung einer Fünf, bestenfalls einer Vier. Mehr war, bei aller Güte und Nachsicht, doch nun wirklich nicht drin. Ich äußerte meine Zweifel am Benotungssystem der Schule und teilte mit, dass ich, wenn diese Arbeit bei einer Zwei blieb, schwarz für die Zukunft unseres Landes sehe. Krawummms.

Ich war der festen Überzeugung, das Richtige zu tun. Dem würde ich es zeigen. Und meiner Tochter ebenfalls. Schließlich besteht die Welt nicht nur aus Zuckerschlecken und Pillepalle. Beim Abendessen überreichte ich ihr den Brief. »Den gibst du bitte deinem Lehrer. Morgen!« Das Kind ergriff den Umschlag mit langen Fingern, schluckte und verstaute meine Zeilen in ihrer Tasche.

Am nächsten Morgen in aller Frühe fuhren die Kinder mit dem Fahrrad in die Schule und ich mit dem Auto nach Franken.

Auf der etwa vierstündigen Fahrt von Berlin nach Bayern schwangen die abendlichen Ereignisse in mir nach. Ich versuchte zu rekapitulieren. Was hatten wir eigentlich damals im Deutschunterricht durchgenommen? Interpretationen? Diktate? Aufsätze? Meine Erinnerungen an diese lang zurückliegende Zeit verschwammen. In meiner subjektiven Retrospektive hätte ich selbstverständlich schwören können, dass wir anspruchsvollere Inhalte beackert hatten als die Kinder von heute. Fade Erörterungen. *Pipifax*. Bloß – war dem wirklich so? Malt hier die Erinnerung nicht eventuell mit goldener Feder? In endlos langweiligen Unterrichtsstunden, das meinte ich noch zu wissen, widmeten wir uns der klassischen deutschen Literatur. Oha, das war mitunter ein zäher Spaß. Wir nahmen Storms *Pole Poppenspäler* auseinander und in Goethes *Werther* mochte ich nicht so recht versinken. Da hatte es mir der alte Schiller mehr angetan. Seine *Bürgschaft* liebe ich bis heute. Ach, auch *Der Handschuh* machte immer Spaß. Und ja natürlich, auch das *Lied von der Glocke* hatten wir gelesen. Einige Wochen zerlegten wir in der Schule das schillersche Meisterwerk über freie Selbstbestimmung und wann immer ich im Leben mit gesundem Halbwissen punkten muss, kriege ich sogar den Anfang noch zusammen:

> *Fest gemauert in der Erden,*
> *steht die Form aus Lehm gebrannt.*
> *Heute muss die Glocke werden,*
> *frisch Gesellen, seid zur Hand!*

Und so weiter und so fort. Ganz ehrlich, das Gedicht hätte halb so lang auch gereicht. Denken Sie nicht?

Auf jeden Fall fand ich amüsant, dass mir ausgerechnet auf meiner Fahrt in eine Schmiede *dieses* Gedicht durch den Kopf ging. Ich lenkte meine Konzentration auf den bevorstehenden Arbeitstag. Was würde mich erwarten?

Vor meinem inneren Auge tauchten Bilder aus klassischen Hollywood-Ritterfilmen auf. Der raubeinige, zerzauste Kerl, der nur am Anfang eine kurze Sprechrolle hat, war das nicht stets der Schmied? Mit massigen Oberarmen drischt er auf ein Stück Metall ein, im Hintergrund lodert das Feuer, ein Amboss steht in der Kulisse herum und irgendwann überreicht der haarige Handwerker sein Meisterstück mit großer Geste König Artus, Lancelot oder Mel Gibson. Schwertschwingend tötet der Ritter alle Bösewichte, rettet die Welt vor dem Untergang und kriegt am Ende die schöne Kunigunde. Und wahrscheinlich denkt kein Mensch jemals darüber nach, wer hier der eigentliche Held der Geschichte ist. Der Schmied natürlich! Schließlich wäre die martialische Klopperei ohne sein eisenhartes Spezialwerkzeug gar nicht möglich gewesen.

Kurze Zeit später hatte ich mich heillos verfahren.

»Entschuldigung!«, rief ich durch die offene Scheibe der Beifahrerseite mit Blick auf einen älteren Herrn, der vor seinem Haus auf einer Bank entspannte.

»Können Sie mir eventuell sagen, wo ich den Guttenberger Hammer finde?« Ich musste falsch abgebogen sein, mein Handy hatte keinen Saft mehr, und über ein anderes Navigationsgerät verfügte ich nicht. Meine Güte. »In diesem nördlichsten Teil Bayerns muss man sich schon gut auskennen, um den Weg zu finden«, dachte ich. Der freundliche Herr aber wusste den Weg. Natürlich. Jeder in den Wäldern Oberfrankens kennt die Krumpholz-Schmiede. Es war nicht mehr weit, ich ließ das Dorf hinter mir, folgte einer kurvigen, schmalen Landstraße und kam in ein kleines, von dunklem Wald eingerahmtes Tal. Ich hatte mein Ziel erreicht, fuhr langsamer und ließ den Blick auf mich wirken. Irgendwie hatte ich eine Art Industriegelände erwartet, zumindest aber eine Ansammlung mehrerer Häuser oder ein Gewerbegebiet. Stattdessen blickte ich auf pure Idylle. Ein Wohnhaus und ein kleines Fabrikgebäude standen da unten, dazwischen lag als Wasserspeicher ein großer Teich. Wie ein nordamerikanischer Schwimmpond glitzerte das Wasser am Guttenberger Hammer, fehlte nur noch der Steg für den Kopfsprung. Gespeist wurde der Speicher vom Kleinen und vom Großen Rehbach, zwei Wasserläufen, die an dieser Stelle zusammenflossen.

Ein wunderschönes Fleckchen Erde, dachte ich und fuhr langsam mit dem Auto hinunter. Und je näher ich den beiden Gebäuden kam, umso deutlicher hörte ich sie, die dumpfen Hammerschläge, die die Stille dieses Paradieses mit rhythmischer Regelmäßigkeit durchbrachen. *Doong. Doong. Doong.* Ich parkte den Wagen, stieg aus, und ein übers ganze Gesicht strahlender Mann kam auf mich zu.

Wenn ich als Reporterin Land und Leute besuche, dann werden meine Kollegen und ich eigentlich immer freundlich und offen begrüßt. Ich müsste lange nachdenken, ob mir eine Begebenheit einfällt, die eventuell unschön oder unangenehm gewesen wäre. Die Warmherzigkeit aber, die mir an diesem Frühlingstag die Familie Krumpholz entgegenbrachte, war außergewöhnlich. Krumpholz senior war ganz aus dem Häuschen vor Freude, nachdem er mich hatte aus dem Auto steigen sehen, und eiligst rief er nach seiner Frau. Der Mann war die ältere Version seines Sohnes. Ebenfalls mittelgroß und der gleiche fränkische Tonfall. »Dass es das ZDF bis hierher in den Guttenberger Hammer schafft, kann ich noch immer nicht recht glauben«, sagte er. »Elke, komm, komm. Die Frau Platz ist da. Ach, und wo ist denn mein Sohn, der muss auch unbedingt wissen, dass Sie da sind. Und mein Vater, wo ist der eigentlich?« Innerhalb weniger Minuten hatte der Chef seine Familie nach draußen getrommelt, und ich sah mich umringt von drei Generationen Krumpholzens. Großvater Georg, Vater Claus nebst Gattin Elke und Claus Georg junior. Die drei Männer hatten, so erzählten sie mir, ihr ganzes Leben am Guttenberger Hammer verbracht. »Hier leben wir und hier sterben wir«, sagte der Großvater. Er war nicht mehr gut zu Fuß, aber das hielt ihn nicht davon ab, täglich mit seinem Elektromobil durch die Schmiede zu rollern um nach dem Rechten zu sehen. Das operative Geschäft hatte er bereits vor vielen Jahren an seinen Sohn Claus Krumpholz senior übergeben, und nun stand schon Enkel Claus Georg, studierter Metallbauingenieur, in den Startlöchern.

Mein Kamerateam war noch nicht da. Ich nahm an, die Kollegen hatten sich verfahren.

»Kein Problem, wir haben Zeit«, sagte der Chef. »Erst am frühen Abend kommen noch ein paar Kunden vorbei.«

Wir nutzten den Moment und ich spazierte mit Vater und Sohn Richtung Teich.

»Schon im 14. Jahrhundert hat man hier Metall verarbeitet«, erklärte mir der Junior. »Damals wurde natürlich kein Gartenwerkzeug hergestellt. Das hier war eine mittelalterliche Waffenschmiede.« – »Aha, also doch ein bisschen Hollywood«, dachte ich. »Die Waffen wurden für das fränkische Adelsgeschlecht zu Guttenberg produziert. Noch heute thront das Schloss der Familie da hinten über dem Tal.« Er deutete auf eine Anhöhe in südlicher Richtung. Im Jahr 1799 übernahmen, so erzählten mir die beiden, ihre Urur"urahnen das damals vollkommen heruntergewirtschaftete Gelände. Ausgerechnet das Jahr, in dem der alte Schiller seine Glocke schrieb! Krumpholz' Vorfahren verlegten sich vom Waffenhandwerk auf die Herstellung von Werkzeug. »Schwerter zu Pflugscharen« – dieser biblische Satz, der seit Jahrhunderten beschreibt, wie sich eine kriegerische Welt in eine friedliche verwandeln kann, erfährt in der Chronik dieser Familie eine ganz und gar reale Auslegung.

»In den alten Zeiten«, erklärte mir der Senior und deutete auf den Teich, »siedelten sich Schmieden immer an einem Wasserlauf an. Das Wasser trieb das Rad, mit dem der Schmiedehammer in Bewegung blieb.« Auch heute noch nutzt die Familie die Wasserkraft der zwei zusammenlaufenden Bäche. Wir traten in eine unscheinbare Hütte und die beiden Männer zeigten mir ein kleines Kraftwerk, das die Stromversorgung der Fabrik gewährleistet. Modernste Technik, mit der die Firma sich unabhängig von der städtischen Stromversorgung gemacht hat. Wieder draußen, konnte ich mir gut vorzustellen, wie das Gelände hier vor rund 200 Jahren ausgesehen haben mochte. Genauso nämlich. In diesem kleinen Tal, umringt von fränkischem Fichtenwald, war die Vergangenheit fast mit den Händen greifbar. Vor meinem inneren Auge sah ich Menschen auf Ochsenkarren oder zu Fuß weithin sichtbar in das Tal kommen, um beim Schmied Hufeisen, Hammer oder Nägel zu bestellen. Jahrhundertelang war das Schmiedehandwerk hoch angesehen, und wahrscheinlich war der erste Krumpholz, der sich an dieser Stelle anschickte, die Geschäfte zu übernehmen, in seinem kleinen Mikrokosmos ein unangefochtener Star.

Wir sahen ein Auto langsam die Straße hinunterrollern, offensichtlich hatten meine Kollegen den Weg gefunden. Eiligst parkten sie den Wagen und kamen uns mit Kamera und Equipment entgegen. Chef Krumpholz hatte für jeden von uns ein paar Ohrenschützer parat, er bestand darauf, dass wir sie aufsetzten und wenige Augenblicke später betraten wir die Fabrik.

Das halte ich nicht aus, war mein erster Gedanke. Ich hatte erwartet, dass es laut werden würde. Aber nicht *so* laut. Dieses Gebäude, dessen war ich sicher, würde ich trotz Ohrenschutz nicht ohne einen irreversiblen Hörschaden verlassen. Obwohl wir noch gar nicht in unmittelbarer Nähe des Schmiedehammers standen, war eine Verständigung einzig durch Handzeichen möglich. Der Chef führte uns durch einige hintereinanderliegende Räume, das infernale Hämmern nahm noch einmal an Lautstärke zu, und wir betraten einen etwa 50 Quadratmeter großen, dunklen Raum. In seiner Mitte stand das Herz der Schmiede, die Esse, in der eine bedrohlich aussehende Feuerstelle schwelte. Wie ein offen gelegtes Organ pumpte die tiefrote Glut als einzige Quelle ihr Licht in den Raum, alles andere drum herum war schwarz. Die um die Esse stehenden Maschinen waren schwarz, ebenso die auf einem losen Haufen liegenden Metallblöcke, der Amboss und auch die drei Männer, die in diesem mindestens 40 Grad heißen Raum stumm und routiniert ihrer Arbeit nachgingen. Auf ihren Gesichtern konnte ich die dunklen Streifen abgewischter Handrücken erkennen und es schien, als nähmen sie von uns Besuchern keine Notiz. Bevor ich mich darüber wundern konnte, wurde mir klar – hier wurde mit höchster Konzentration gearbeitet. Wer mit über 1 000 Grad heißem Metall hantiert, lässt sich nicht ablenken.

Die wortlose Geschmeidigkeit, mit der diese drei Männer aufeinander abgestimmt arbeiteten, übertraf alles, was ich an Produktionsprozessen bis dahin gesehen hatte. Dem Begriff »Hand-in-Hand-Arbeit«, dürfte in wenigen Berufsbildern eine derart explizite Bedeutung zukommen. Fast schien es, als tanzten die großen Kerle durch den Raum, während sie nur mit einer schweren Zange als Abstandshalter zwischen sich und der gefährlich heißen Masse die zu formenden Stahlteile aneinander übergaben.

Der Lufthammer wummerte mit regelmäßiger Frequenz auf und nieder, und Chef Krumpholz machte mich darauf aufmerksam, dass einer der Männer ihn mit dem Fuß bediente. Von seinem Kollegen bekam der Mann die Zange mit einem glühenden, rechteckigen Stahlquader gereicht, er legte ihn unter den Lufthammer, drückte mit dem Fuß das Pedal und *Rumms,* der Hammer sauste nach unten und wieder nach oben. Einmal nur. Schnell wurde das Metallstück leicht justiert und *Rumms,* raste der Hammer erneut hinunter und wieder hoch. Innerhalb weniger Sekunden formte sich so aus einem nichtsnutzigen Stück Stahl ein schlankes Blatt. Zügig übergab der Mann die Zange an den dritten Kollegen, dieser drehte sich um 180 Grad und hielt das Blatt unter eine Presse. *Rumms.* Die Presse zog nach oben und ein leicht gerundeter Spaten kam zum Vorschein. Genau so einen hatte ich Wochen vorher auf der Messe in der Hand gehabt! »Es geht so schnell«, schoss es mir durch den Kopf, »und sieht so einfach aus.« Und doch wäre es natürlich naiv zu glauben, dass diese Arbeit nicht lebensgefährlich war und die Männer nicht viele Jahre Ausbildung und Erfahrung auf dem Buckel hatten, um dermaßen gekonnt ein Gartenwerkzeug zu formen. Sie kamen dem heißen Eisen, dem sausenden Hammer und der Presse empfindlich nah, nur eine falsche Bewegung oder ein Stolpern hätte eine Katastrophe bedeutet. Mein Kollege hob seine Kamera auf die Schulter und begann die Arbeiten in der Schmiede zu filmen. Noch bevor das erste Bild im Kasten war, hatten die Metallbauer mehrere handgeschmiedete Damenspaten kreiert. Der junge Rothaarige an der Presse (in jedem Hollywood-Blockbuster hätte er locker die Schmiederolle übernehmen können) nahm das jeweils jüngst geformte Stück und drosch auf einem Amboss mit wenigen gezielten Hammerschlägen den Feinschliff in das Metall. Beim Abkühlen im Wassertrog zischte es gewaltig und mit einer fast achtlosen Geste warf er die fertig geformten Spaten in einen Maschendrahtkorb. Fertig. Jedes Stück ein Unikat. Ich fand das faszinierend. Wasser, Feuer, Luft und die Erde aus der das Eisen kam, mehr als die vier Elemente brauchte es im Mittelalter nicht, um Werkzeug herzustellen. Und mehr bräuchte es auch heute nicht. Roboter, Maschinen und Computer verdrängen weltweit den Menschen aus Produktionsprozessen, aber in dieser Schmiede, die ihre Produkte bis nach Südkorea und Australien verkaufte, war alles noch so wie vor 300 Jahren.

Ein bisschen wie in Trance und durch den Krach zum stillen Zuschauen gezwungen, beobachteten wir die Arbeiten. Der Kamerakollege drehte tolle Bilder, aber bei dieser martialischen Geräuschkulisse war an ein Interview natürlich nicht zu denken.

»Kann man auch irgendwie leise schmieden?«, brüllte ich dem Senior ins Gesicht.

»Na ja, wir könnten den Hammer abstellen!«, brüllte er zurück.

»Ja«, ich nickte heftig mit dem Kopf, »tun Sie das! Bitte!«

Er ging zu seinen Mitarbeitern, gestikulierte kurz, und die drei gaben per Handzeichen zu verstehen, dass sie eine Pause einlegen würden.

»Wir könnten ein Werkzeug auf dem Amboss schmieden«, sagte Krumpholz junior zu mir, und ich lockerte den Ohrschützer, um ihn verstehen zu können. Auch ohne den rammenden Hammer war es relativ laut, das Feuer in der Esse musste durch Einblasen von Luft auf Temperatur gehalten werden, und der nötige Ventilator rotierte geräuschvoll. Aber – es war auszuhalten, wir konnten miteinander sprechen.

Das Krumpholz-Sortiment umfasst große Spaten, Schippen, Rosen- und Grabegabeln, aber auch kleines Handwerkzeug wie Kellen, Schippen und Grubber. Das kleinste Gerät im Angebot ist ein Gierschjäter. »Ich zeig Ihnen mal, wie wir den machen«, sagte der Junior, zog sich Handschuhe an und brachte ein längliches, eckiges Stahlstück zum Glühen. Mit einem Zangenmaul zog er es nach einigen Minuten aus dem Feuer, legte es auf den Amboss und schlug gezielt mit dem Hammer auf das Werkstück. Er drehte die Zange um 90 Grad und schlug noch einmal. Er drehte die Zange wieder zurück, schlug erneut, drehte wieder vor. Nach kurzer Zeit formte sich aus dem vormals stumpfen Ende eine Spitze. Krumpholz hielt das Eisen noch einmal ins Feuer, zog es heraus und gab am runden Ende des Ambosses mit einem einzigen Hammerschlag dem Gierschjäter seine L-Form. Er kühlte ab und lächelte mich an.

»Wollen Sie es mal versuchen?«

Und ob ich das wollte! Allzu schwierig konnte das ja nicht sein. Ich griff einen der glühenden Stahlstäbe mit der Zange, legte ihn auf den Amboss und hob den Hammer. *Klong.* Daneben. Noch mal. *Klong.* Wieder daneben.

»Zu kalt, zu kalt«, rief Krumpholz. »Sie müssen das Eisen schmieden, solange es heiß ist!« Der meinte das ernst! Das war nicht nur ein doofer Spruch. »Noch mal!« Mit einer anderen Zange gab mir mein Meister ein neues glühendes Versuchsstück, und im Hintergrund versammelte sich die durchweg männliche Belegschaft.

Von der Stirne heiß/Rinnen muss der Schweiß. Ich griff zu einem leichteren Hammer und prügelte mit aller zur Verfügung stehenden Kraft in Arm und Oberkörper auf den Eisenstab ein. Und tatsächlich, ganz langsam verformte er sich, und mit viel gutem Willen konnte man an seinem Ende eine verbeulte Spitze erkennen. Hah! Ich konnte schmieden! Die männlichen Kollegen lachten sich kaputt und applaudierten. Welche Frage mir nach dieser Teufelsarbeit auf der Zunge brannte, war klar:

»Warum, in Gottes Namen, macht man das? Der Job ist die Hölle!« Krumpholz junior lehnte sich entspannt an den Amboss und lächelte.

»Sie können aus dem Nichts, aus einem langweiligen Stück Stahl, alles herstellen, was sie wollen. Und das macht einfach Spaß.«

Schon als kleiner Junge hatte der Junior gewusst, dass auch er ein Schmied werden wollte, und jede freie Minute mit Hammer und Amboss verbracht. Dabei waren die vergangenen 20 Jahre für die Firma Krumpholz nicht leicht gewesen. Als mit Beginn der Zweitausenderjahre Globalisierung und Günstig-Mentalität den Markt beherrschten, überschwemmten Billigprodukte aus China den deutschen Handel. Niemand war bereit, für ein handgemachtes Gartenwerkzeug viel Geld zu zahlen. Der kleine Krumpholz musste oft auf seinen Papa verzichten, weil der mit seinem Laster durch ganz Europa unterwegs war, um die handgemachten Spaten, Schaufeln und Äxte an den Mann oder an die Frau zu bringen. Aber das Traditionsunternehmen hielt an seinen Qualitätsstandards fest – heute steht die Schmiede besser da als jemals zuvor. Das Unternehmen expandiert, eine größere

Fertigungshalle ist in Planung, und die Werkzeuge werden in die ganze Welt verkauft.

Wir hatten genug Filmmaterial beisammen, es war Zeit zu gehen. Außerdem hatten die beiden Krumpholz-Männer ja noch einen Geschäftstermin. Vertriebsvorstände einer japanischen Baumarktkette hatten sich für den Abend angemeldet, man war am Überlegen, das Sortiment in Tokio um Krumpholz-Werkzeug zu erweitern.

Wir gingen nach draußen, und als ich die Sonnenstrahlen auf meinem Gesicht spürte, atmete ich erleichtert tief ein. Meine Kollegen machten noch einige Aufnahmen vom Wasserkraftwerk, dem Teich und der Gegend.

»So«, sagte der Senior und klatschte in die Hände, »jetzt essen wir aber noch ein paar fränkische Würste. Keine Widerrede!« Wir gingen zum Wohnhaus hinauf, wuschen uns die Hände und hatten gerade am Esstisch Platz genommen, als ich durch das Fenster einen Wagen vorfahren sah. Die Japaner.

»Geh du«, sagte der Chef zu seinem Sohn. »Ich stehe jetzt nicht auf. Ich esse mit Frau Platz Würstchen.« Der Sohn schaute seinen Vater kurz an. *Bist du sicher*, fragte sein Blick. Der Vater nickte, er war sicher.

»Gehen Sie doch ruhig beide«, sagte ich. »Wir sind ja im Grunde fertig, gehen Sie. Das ist doch wichtig. Geschäft ist Geschäft.«

Krumpholz senior aber blieb sitzen. Der Junior wischte sich die Hände an der Serviette ab, schaute noch einmal kurz zu seinem Vater und ging hinaus, um die von weiter Ferne angereisten Besucher zu begrüßen.

Der Alte sah mich an. »Der Junge macht das schon. Und selbst wenn die Japaner vom Hof fahren und unsere Ware nicht haben wollen. Na und? Dann hat der Bub wenigstens gelernt, was er das nächste Mal besser macht. Er braucht seine eigenen Erfahrungen, das ist das Allerwichtigste.«

Ich starrte den Senior an. Mir lief ein kalter Schauer über den Rücken und nie habe ich diesen Moment vergessen können. *Das* war der Schlüssel. So konnte sich dieses Unternehmen über acht lange Generationen von einem alten Krumpholz auf den nächsten jungen übertragen – durch grenzenloses Vertrauen! Das tief sitzende Wissen darum, dass der Sprössling die richtigen Entscheidungen treffen, das Richtige tun würde. Das Wissen darum, dass er es konnte. Und selbst wenn er einen Fehler machte, na und? Gemeinsam würde die Familie eine Lösung finden. Manchmal gibt es Momente im Leben, die innerhalb weniger Sekunden die Erkenntnis bringen, nach der man jahrelang gesucht hat.

Wie dumm ich nur war. Meine Tochter brachte eine gute Note nach Hause und anstatt stolz auf sie zu sein, hatte ich sie gedemütigt und sogar gezwungen, einen Brief von mir an ihren Lehrer mit in die Schule zu nehmen. Was hatte ich mir dabei gedacht? Hatte ich überhaupt irgendwas gedacht? Ich zweifelte doch nicht ernsthaft daran, dass das Kind als Erwachsene in der Lage sein würde, korrekt zu schreiben. Natürlich nicht. Meine Tochter war großartig und sie würde ihren Weg gehen, das wusste ich genau. Aber was hatte ich ihr stattdessen gezeigt? Dass ich sie für eine Flasche hielt, dass sie nicht gut genug war und vor allem, dass ich ja viel besser war als sie. Schließlich hatte ich ja Schiller und Storm gelesen. Ich schämte mich.

Die Deutscharbeit war egal. Der Lehrer war egal. Die ganze Schule war egal. Es ging einzig und allein darum, dass ich Vertrauen in mein Kind haben musste. So wie auch der Senior am Tisch gegenüber seinem Kind vertraute. »Der Junge macht das schon«, hatte er gesagt.

Wir aßen die Würstchen und den Kartoffelsalat, tranken noch einen Schluck fränkische Limonade, und als wir fertig waren, hatte der Chef eine Überraschung für mich vorbereiten lassen. Der von mir geschmiedete Gierschjäter hatte einen Eschengriff bekommen, und am Rande des Griffs war mein Name eingraviert worden. *Sabinchen.*

Was für ein wunderbares Geschenk.

»Der hält ewig«, sagte der Chef zu mir. »Den können Sie noch ihren Kindern vererben.« Ich schluckte.

Es war spät geworden, die Sonne ging bereits hinter dem Tal unter, meine Kollegen mussten nach München und ich in ein Hotel nach Kulmbach. Herzlich verabschiedeten wir uns alle voneinander, und ein letztes Mal an diesem Tag kam die gesamte Familie Krumpholz zusammen. Als ich ins Auto einstieg, sah ich sie im Seitenspiegel winken.

Ich musste lächeln, koppelte mein Mobiltelefon mit der Freisprechanlage des Wagens und wählte, kaum dass ich losgefahren war, die Nummer meiner Tochter.

»Es tut mir leid, Kind.«

CHELSEA
FLOWER SHOW
TICKET
00131157

London

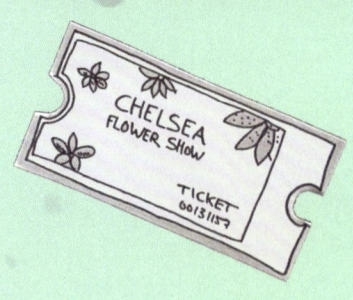

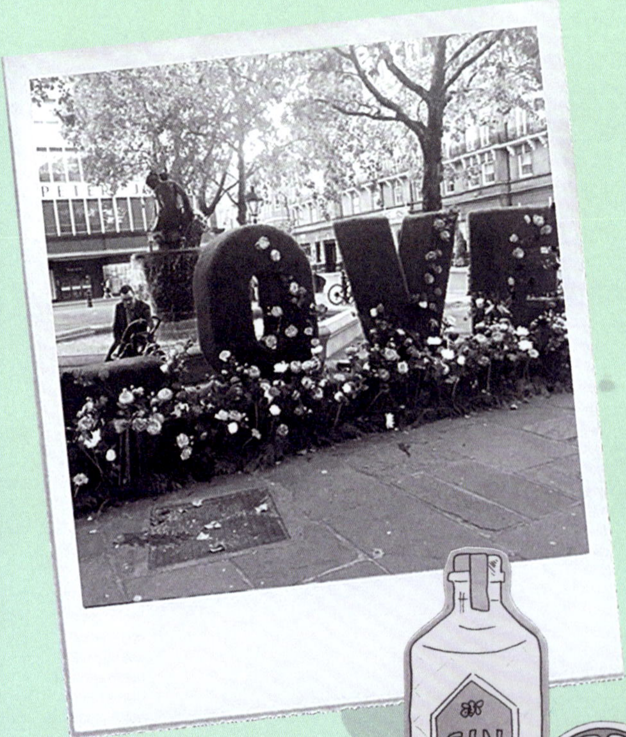

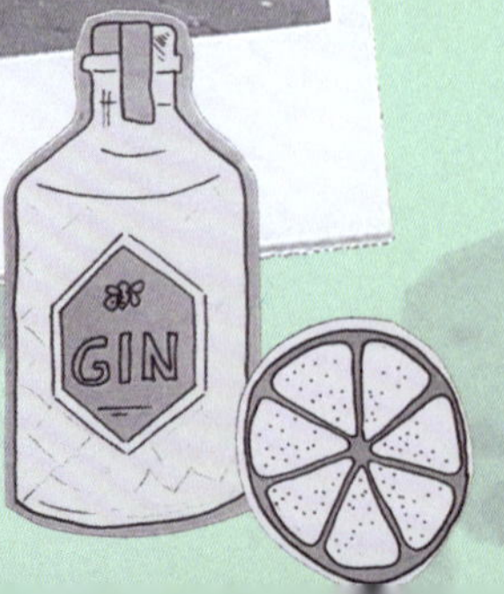
GIN

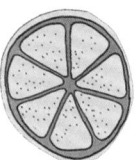

Ich dachte mir schon, dass das nichts wird mit der Rose. Die ist zickig. Wenn diesen alten englischen Sorten irgendwas nicht passt, dann stellen sie sich stur und machen einfach nicht mehr mit. Sie lassen Rollwespe und Mehltau an sich ran, beugen sich von oben herab und sprechen mit distinguierter Stimme zu ihren Besitzern: »Ich sagte dir gleich, dass ich hier nicht hingehöre, in den Halbschatten auch noch, zwischen den bedeutungslosen Flieder und den zerrupften Perückenstrauch.«

Ich hab die Nase voll von der adligen Diva. Bereits als ich die Lady Emma Hamilton, Queen Elizabeth, Morning Mist, oder wie auch immer das lausbefallene Ärgernis heißen mag, letztes Jahr zum Geburtstag geschenkt bekam, war ich skeptisch. »Ach, eine Rose«, kam es etwas gezwungen aus mir heraus. »Wie nett von dir. Leicht lachsfarben. Ach ja …« Ich versuchte mir nicht anmerken zu lassen, dass nach allem, was ich über alte englische Rosensorten wusste, selbst David Austin persönlich seine Schwierigkeiten mit den Dingern hatte. Einen Sommer lang stand sie im Topf, dann meinte ich den richtigen Standort gefunden zu haben. Zwischen eben jenem Flieder und Perückenstrauch. Ich organisierte der Lady sogar eine Extraportion Lehm, damit sie es angenehm an den Füßen hat. Und was ist der Dank? Bereits im nächsten Frühling, noch ehe die Saison so richtig losgegangen ist, ist die Dame von Läusen und Blattkrankheiten befallen. Es ist immer dasselbe mit diesen *besonderen* Gartenspezialitäten. Sie sind vielversprechend, aber verlangen zu viel.

Ich grabe Madame aus und bin schon mit Rose und Gartenschere in Richtung Komposthaufen unterwegs, als mir Zweifel
kommen. Mein Blick fällt nach links, auf die Stauden.

*Ich könnte sie natürlich hier, zwischen Phlox und Pfingstrose, hinter den
Brunnen ...* Bevor ich den Gedanken ganz vollendet habe, kommt
schon ein anderer: *Nein! In dieses Beet wolltest du nur Weiß pflanzen,
erinnerst du dich? Mach da jetzt keine Ausnahme, sonst öffnest du dem
Chaos Tür und Tor!*

Kennen Sie das? Dieses intensive Mit-sich-Ringen, das durch
leises Gemurmel hörbar wird? Ich habe das ständig. Der Garten
verlangt mir eine Entscheidung ab, und ich beginne Selbstgespräche zu führen. Es interessiert mich wirklich, ob auch andere
Gartenmenschen das machen, mit sich selbst reden, um zu einer
Lösung zu gelangen.

*Irgendwas stimmt mit den Bergenien nicht dieses Jahr. Die Blätter sind
ganz schlapp.*

Ach, sieh doch nicht immer schwarz. Die kommen noch.

Ich rupf sie raus.

Nein!

Doch!

Ich traf mal eine Dame, die stand auch mit sich im Dialog.
Eine englische auch noch. Wir lernten uns in einem Staudengarten kennen – auf der Chelsea Flower Show in London.

»Ich war noch nie in England«, sagte ich zu meinem Redaktionsleiter, »gib dir 'nen Ruck und lass mich fahren. Ich bring dir zwei
Filme nach Hause und bin auch nur drei Tage weg. Versprochen.«
Er gab sich den Ruck. Auch wenn er sich als mein Vorgesetzter
damit potenziell Ärger einhandelte. Das ZDF hat in vielen Teilen
der Welt Studios mit Korrespondenten. Diese Menschen sind
dafür da, aus dem Ausland zu berichten. Wenn dann jemand aus
Berlin anreist, um in deren Gebiet zu »wildern«, hält sich die Begeisterung in Grenzen. Die Kollegen aus dem Studio in England
beispielsweise berichten tagein, tagaus über den Brexit, stehen um

sechs Uhr morgens live vor dem britischen Parlament und sich bis tief in die Nacht in der Downing Street die Füße platt. Immer unter dem Druck der aktuellen Berichterstattung, das heißt schnell schneiden, schnell texten, schnell produzieren. Und dann komme ich. Die Kollegin aus Berlin. Und mache Berichte über englische Gärten. Na prima! Das könnten die Damen und Herren zum Durchatmen auch mal gut gebrauchen. Ich habe vollstes Verständnis, Kollegen. Andererseits, es will ja gar nicht jeder Gartenfilme machen. Diese seichte Form der Berichterstattung ist nicht jedermanns Sache, einigen von uns vielleicht sogar zu lapidar. Ich sehe das anders. Gartenjournalismus ist, wenn es den Begriff überhaupt geben mag, eine wichtige Stütze der Medienlandschaft. Ach, was schreib ich, der Demokratie ganz allgemein! Würden wir alle etwas mehr gärtnern, uns ein wenig mehr der Natur zuwenden, nur ein kleines bisschen aufmerksamer zuhören, wenn sie zu uns spricht – die Welt wäre eine bessere. Oder etwa nicht?

Das Studio London jedenfalls gab sein Okay und ich war glücklich. Ich war nämlich wirklich noch nie in England gewesen. Zumindest nicht außerhalb des Flughafens. Ich bin, denke ich, nicht mehr und nicht weniger gereist als viele Menschen meiner Generation. Ich war in Südeuropa, in Amerika und in Asien. Auch nach Osteuropa zog es mich, Rumänien, Balkan und Banat. Als junge furchtlose Reporterin bin ich sogar mal wochenlang durch Afghanistan gefahren, um den damals Erfolg versprechenden Neuanfang des Landes nach der Vertreibung der Taliban mit der Kamera einzufangen. Aber das nahe liegende und deutlich weniger gefährliche England? Noch nie. Es hatte sich bislang einfach nicht ergeben. Und das, obwohl ich seit Jahren Gartenfilme machte. Die hohe Kunst des Gärtnerns aber, die englische nämlich, kannte ich nur aus Büchern und dem Fernsehen.

Piccadilly. Piccadilly Circus, tönte es weiblich und monoton aus dem Lautsprecher. Ich stand in der *Tube*, der Londoner Untergrundbahn. Ein herrlich passender Kosename für diesen Teil des *public transport*, rattern die Züge doch in der Tat rohrpostgleich durch die Tunnel des Londoner Underground. Größere Fahrgäste, so wie ich, stehen am besten in der Waggonmitte, hier ist die Abteildecke hoch genug. In der Nähe der Tür muss man den Kopf leicht abknicken, um sich der Wölbung des Waggons anzupassen. *Sssssaus. Next station: Holland Park. Holland Park.* Das war meine. Ich stieg aus, jonglierte meinen Rollkoffer durch die Bahntür *(mind the gap)* und reihte mich in den Londoner Fußgängerverkehr in Richtung Ausgang ein.

Wie in jeder Großstadt hasten auch in London täglich Zigtausende Menschen durch die öffentlichen Verkehrssysteme, als Berlinerin ist das Gewusel für mich ein Heimspiel. Anders aber als in der deutschen Hauptstadt sind Londons Menschen bunt. Ich liebe das. Alle Kulturen der Welt kommen auf einem einzigen Bahnsteig zusammen: indischer Sikh-Turban, japanische Kimono-Jacke, feinster britischer Tweed, Vollverschleierung, Burberry-Schuhe, amerikanische Basecap, Hoodie, karierte Schuluniform, Tattoos, Doc Martens, Damen mit Hut. Es scheint in England so gar keine Frage des sozialen Standes zu sein, ob man U-Bahn fährt oder nicht. Vielleicht nutzt gar die Queen ab und an die *Tube* auf ihrem Weg zum sonntäglichen Gottesdienst in Westminster Abbey? Wobei, da müsste sie in Earl's Court den Bahnsteig wechseln, das könnte umständlich werden. Die Damen mit Hut übrigens, da gehe ich jede Wette ein, waren auf dem Weg zur Chelsea Flower Show.

Excuse me.

Sorry.

Oops, pardon me, after you – please.

In London ist man höflich, geht beiseite, lächelt zurückhaltend und lässt dem anderen den Vortritt. Einige mögen diese unverbindliche, freundliche Ansprache und das bedachte Abstandhalten als aufgesetzt empfinden. Ich nicht. Wer in Berlin lebt, der weiß, was das Wort »ruppig« bedeutet. Ich bin dort groß geworden, ich darf das sagen. Und ich gebe zu, für mich hat dieses

Mit-Herz-und-Schnauze-Ding mittlerweile einiges an Charme verloren. In den vergangenen Jahren, so scheint mir, ist viel Schnauze, aber nicht mehr allzu viel Herz übrig geblieben. Ob das mit dem Herzen bei den Engländern anders ist, vermag ich nicht zu sagen, dafür war ich zu kurz auf der Insel. Aber für eine erste Begegnung ist mir das auch ziemlich egal. Ich möchte schlicht zur Begrüßung nicht angeraunzt werden. Kann also das zufällige Aufeinandertreffen, der kurze alltägliche Umgang miteinander freundlich und zuvorkommend gestaltet werden? Bitte!

Oben auf der Straße angekommen, knatterte ein roter Doppeldeckerbus vorbei. Die liebe ich auch, sie erinnern mich immer ein bisschen an Kinderspielzeug. Das geht mir bei den Berliner BVG-Bussen ähnlich, die sind auch niedlich. Wahrscheinlich hätten die Berliner Stadtplaner sogar rot genommen, wäre die Farbe nicht schon an die Londoner vergeben gewesen. Grün hätten sie auch versuchen können. Rot jedenfalls ist praktisch, Straßendreck verspielt sich. Mit einem roten Pullover esse ich in der ZDF-Kantine sogar Spaghetti Bolognese. Mit einem gelben? Um Himmels willen! *Anyway*, Londons Busse glänzen, so schien es mir an diesem Tag zumindest, auch dann noch, wenn sie sich im Regenwetter durch den gröbsten Innenstadtverkehr geschoben haben. Ich stieg ein und fuhr ins Hotel.

Mein Team, ein Damenduo dieses Mal, traf ich am nächsten Morgen vor dem Eingang der Chelsea Flower Show. Sie fuhren mit einem dieser typisch englischen Agentenfilm-Taxis vor, die auch irgendwie aussehen wie Spielzeug, und hatten einen faltbaren Bollerwagen dabei, in dem sie ihr Equipment verstauten. Pfiffig.

»Bevor wir da drin sind, ist der Tag rum. Guckt euch mal diese Schlange an«, sagte ich frustriert in Anbetracht der vielen Hundert Menschen, die sich vor dem Eingang geduldig in Reih und Glied positioniert hatten. Dem Engländer an sich, so schien mir, macht Schlange stehen nicht viel aus. Vor allem, wenn es um sein liebstes Thema geht, den Garten nämlich. Fröhlich schwatzend und bestens gekleidet standen die Menschen an und warteten geduldig, bis sie an der Reihe waren, um ihre Tickets abzuholen. Ohne Vorbestellung geht bei der Chelsea Flower Show nämlich nichts. Sie ist *die* Pflanzen- und Gartenmesse Englands und findet stets im Mai mitten in der Londoner Innenstadt auf dem Gelände des Royal Hospital statt. Trotz gepfefferter Eintrittspreise kommen jedes Jahr, zumindest wenn kein Corona ist, mehr als 160 000 Besucher, um fündig zu werden auf der Suche nach Inspiration für das eigene kleine Grün. Selbst die Queen lässt sich dieses gesellschaftliche Ereignis nicht entgehen und würdigt die Veranstaltung jedes Jahr mit ihrem Besuch am Eröffnungstag. Ich tippte die Nummer der Pressedame in mein Telefon, und wir waren dankbar, als sie uns ein paar Minuten später durch einen Seiteneingang aufs Gelände lotste.

Als Reporterin und auch privat war ich bereits auf diversen Garten- und Pflanzenausstellungen. Die Internationale Pflanzenmesse (IPM) in Essen beispielsweise, versüßt mir jährlich den tristen Januar. Der Staudenmarkt im Botanischen Garten Berlin, auch sehr schön. Das Dahlienfest auf der Insel Mainau sollte man unbedingt machen. Aber Chelsea – das ist eine andere Liga. Und zwar nicht, weil dort jedes Jahr die berühmtesten Gartenarchitekten der Welt ihre spektakulären Schaugärten aufbauen oder weil der Chef-Rosenzüchter von David Austin persönlich Tipps zur richtigen Pflege gibt. Nein. Chelsea muss man gesehen, ach, was schreib ich, *gefühlt* haben, weil der Besuch ein kulturelles Erweckungserlebnis ist. Zwischen den vielen Hundert Ständen mit fantastischen Blumenarrangements, verspielten Gewächshäusern, neuesten Rosenzüchtungen, kunstvoll geschmiedeten Gartenmöbeln und riesigen handgetöpferten Pflanzkübeln atmet man sie tief ein, die englische Begeisterung für das Thema Garten. In den unzähligen Pavillons mit spezialisierten Gärtnereien bekommt man ein Gefühl dafür, warum die Engländer von sich meinen, sie seien etwas Besonderes. Sie sind es! Stände mit profanen Gardena-Duschen, Mährobotern oder akkubetriebenen Heckenscheren sucht man in Chelsea vergeblich, hierfür empfiehlt sich der Besuch im heimischen Baumarkt. Auf der Show geht es nicht ums Praktische, nein. Es geht um ein Lebensgefühl. Blumig umrankte Ausstellungsstände sind neben avantgardistischen Schaugärten aufgebaut, dazwischen leuchtende Bougainvilleen, riesiger Bambus und die neuesten Kreationen britischer Staudenzüchter. Hier ausstellen zu dürfen ist ein Ritterschlag für jeden Standbesitzer. Beth Chatto zum Beispiel, die großartige englische Gartengestalterin, gewann in Chelsea für ihre Stauden zehn Goldmedaillen in Folge und schoss sich damit endgültig in den Olymp britischer Gartenikonen. Der Gartendesigner Chris Beardshaw holte für seine Schaugärten bereits mehrfach Gold, und ohne die in England sehr bekannte Gärtnerei Hillier Gardens findet seit über 70 Jahren keine Chelsea Show statt. Kurzum: Wer in dieser Branche was zu sagen hat, der ist hier. Und so sind auch die Besucherinnen und Besucher ein absoluter Hingucker, sie alle haben sich vorbereitet auf Chelsea. Die Damen tragen ausnahmslos floral gemusterte Kleider oder Hosenanzüge, selbstverständlich mit Hut oder geblümtem Sonnenschirm. Die Herren erscheinen in Tweed, auf jeden Fall im Oberhemd, mit geblümtem Einstecktuch in der Brusttasche und Stroh- oder Filzhut auf dem Kopf. Was für ein wunderbar stilvoll gekleidetes Publikum!

»Na, dann mal los«, sagte die Kamerafrau und hob das Equipment aus dem Bollerwagen. »Das wird ein Selbstläufer.« Und sie hatte recht. Wir drehten bis zum Abend, liefen uns auf dem vier Hektar großen Gelände die Füße wund, interviewten Stararchitekten und stolze Standbesitzer und holten uns, als die Sonne bereits lange Schatten warf, einen eiskalten Pimm's mit Zitrone.

»Entschuldigung«, sagte ich zu einer weißhaarigen Dame. Sie hatte auf einer rustikalen Holzbank in einem der Schaugärten Platz genommen. »Ist hier noch frei?«

Of course, of course, have a seat, antwortete sie, rutschte ein wenig rüber und ich war dankbar für die Sitzgelegenheit.

Ganz entspannt saß sie da und ließ ihren Blick durch das rein weiße Staudenbeet wandern, in dem wir saßen. Und plötzlich hörte ich es! Sie murmelte zu sich selbst, ganz leise nur. Ich schaute sie an – und musste lächeln. »Worüber denken Sie nach?«, fragte ich.

Sie lächelte zurück und sah mich mit der Ausgeglichenheit eines Menschen an, dem nichts im Leben mehr peinlich oder unangenehm ist. »Ich fragte mich gerade, wie er das gemacht hat, der Mensch, der diesen Garten angelegt hat. Schauen Sie, wir sitzen mitten auf der Chelsea Flower Show, aber hier in diesem Garten fühlen wir uns fast allein. *Amazing, isn't it?*«

Indeed, antwortete ich und wir begannen ein wenig zu plaudern.

»Was filmen Sie denn?«, fragte mich die Dame mit Blick auf die erschöpft gegenübersitzenden Kolleginnen und das Kameraequipment.

»Wir berichten für das deutsche Fernsehen über die englische Gartenkultur«, antwortete ich.

Kein einziges Mal, erzählte mir die Dame, habe sie in den vergangenen 50 Jahren die Show verpasst. Um auch wirklich jeden Stand zu sehen, komme sie stets an zwei Tagen, an den anderen verfolge sie die Berichterstattung der BBC.

Die englischen Kollegen berichten während der Show jeden Abend live zur Hauptsendezeit. Fünf Tage hintereinander. Ich finde das bemerkenswert, zeigt es doch sehr schön, dass alles im Leben auch immer eine Frage der Gewichtung ist. Das aktuelle Nachrichtengeschäft ist ein ständiges Abwägen. Welches sind die Themen des Tages? Worüber sollten wir unbedingt berichten, was dürfen wir nicht verpassen? Welches Thema ist ein »Kann«-Thema, aber kein »Muss«-Thema? Dass ein veritabler Nachrichtensender wie die BBC fünf Tage hintereinander viele Stunden live von einer Gartenmesse sendet, zur Primetime auch noch, zeigt, welchen Stellenwert das Thema in der britischen Gesellschaft einnimmt. Die Engländer auf ihrer Insel legen ihre Prioritäten eben anders als wir Deutschen. Und sie tun das, weil sie es können! Das mag man seltsam, egozentrisch oder eigenwillig finden. Das ändert aber nichts daran, dass es so ist.

Ob sie denn viel Zeit in ihrem eigenen Garten verbringe, fragte ich die Dame neben mir. »Oft bis es dunkel wird«, war die Antwort, »und wenn ich müde werde, setze ich mich hin, trinke einen *Gin and Tonic* und mache dann weiter.«

Die Selbstverständlichkeit, mit der in England Menschen Zeit in ihren Gärten verbringen, und der Respekt, den man ihrer Gartenliebhaberei entgegenbringt, wurden mir erst in diesem Moment in aller Klarheit deutlich. In Deutschland gilt Gärtnern vielfach noch immer als altbackenes Hobby, wird belächelt, so als würde man sich seinem Garten zuwenden, weil das Leben nichts Besseres, nichts Spannenderes mehr für einen bereithält. In England ist das vollkommen anders. Landschaftsarchitekten, Gärtner und Gestalterinnen haben ein ähnliches gesellschaftliches Ansehen wie Professorinnen, Literaten oder Politikerinnen und werden fast ebenso verehrt wie Fußballstars.

Wir packten zusammen, das Team fuhr zurück ins Studio, und ich schlenderte noch bis zum finalen Gong über das Ausstellungsgelände. Ich gebe zu, mit mir gingen ein wenig die Pferde durch. Ich verliebte mich in ein schmiedeeisernes, verglastes Anzuchthaus, handelte den Verkäufer auf 400 Pfund Sterling herunter und erwarb zudem einen bronzefarbenen Gartenbrunnen in Pilzform. Vergleichsweise günstig dagegen waren der Basthut, das geblümte Kleid mit Rüschenärmeln und die Rosenhandschuhe mit gesäumtem Ledereinsatz. Diesem Phänomen der Muss-ich-unbedingt-haben-Reisemitbringsel verfalle ich leider ab und an. Am Ende des Tages ist das Konto leer und der Garten voll mit Zeugs, das kein Mensch braucht.

Den Weg zurück ins Hotel nahm ich zu Fuß. Was für ein

Spaziergang! Wenn Flower Show ist, dann ist der ganze Stadtteil Chelsea mit von der Partie. Jedes Restaurant, jede Bar, die Modegeschäfte, ja sogar Zahnarztpraxen und Architekturbüros scheuen keine Kosten und Mühen, um ihre Eingänge mit üppigen Rosenbögen zu schmücken, Blumenampeln aufzuhängen oder die Zäune mit Buchskugeln und Edellieschen zu dekorieren. Ich blieb an einer Ligusterhecke stehen, aus der das Wort *LOVE* geschnitten worden war und deren Besitzer Hunderte einzelne Chrysanthemenblüten an dünnen Drähten montiert in die Hecke gesteckt hatte. Unglaublich.

Ein Stück des Weges führte an der Themse entlang, und ich wurde in Anbetracht des Ausblicks ein kleines bisschen sentimental. London ist so prunkvoll und wunderschön, auf meinem Weg ins Hotel konnte ich mich kaum sattsehen an den aufwendig gestalteten Ziegelfassaden und den farblich abgesetzten, schnörkeligen Zementgüssen. Stolz stehen sie da, die vier- bis fünfgeschossigen viktorianischen Wohnhäuser und erzählen von vergangenen Zeiten. Auch Englands Hauptstadt hat gelitten, wohl wahr, wurde schwer von Hitlers Blitz-Angriffen und Görings Luftwaffe beschädigt. Über eine Million Häuser damals brannten oder wurden beschädigt, Zigtausende Engländer verloren ihr Leben. Und doch, so wie die berühmte St. Paul's Kathedrale, blieben viele der Gebäude trotzig stehen, und es kehrte, als sich Hitler den unzähligen weiteren Fronten seines Wahnsinns zuwandte, neues Leben in die eiligst wieder aufgebauten Häuser ein.

»Wie mag wohl mein Berlin ausgesehen haben, damals vor dem Krieg?«, dachte ich. Was hat auch diese Stadt alles einstecken müssen! Als die Alliierten im Februar 1945 das Ende des Krieges mit ihrem »Donnerschlag« aus der Luft zu erzwingen versuchten, ging neben Leipzig, Dresden und Chemnitz auch Berlin in Flammen auf. Wie würde sich unser Leben heute anfühlen, wenn Hitler nicht dafür gesorgt hätte, dass der Potsdamer Platz, der Anhalter Bahnhof und ganz Lankwitz in Schutt und Asche gebombt wurden? Wenn die alten Prachtalleen mit ihren Jugendstilhäusern und Bauhaus-Experimenten heute noch alle existierten, und dazwischen Berlins steinalte Lindenbäume ihre Geschichte flüstern würden? Was wäre gewesen, wenn diese tolle Stadt nicht noch Jahrzehnte länger hätte leiden müssen? Erst unter der Zerstörung des Krieges, später durch die jahrzehntelange Teilung, die sich mitten durch ihr Innerstes drosch. Auch Wiedervereinigung und Währungsunion brachten, weiß Gott, nicht nur Freudentaumel und Kapitalismusglück.

Wie sehr prägt diese qualvolle Vergangenheit der letzten 80 Jahre Berlin und seine Menschen noch heute, fragte ich mich an diesem Abend an der Themse. Ja, Berlin ist ruppig. Aber vielleicht wird man so, wenn man immer und immer wieder Kloppe kriegt. Manches Mal schon habe ich mich geärgert über meine Heimatstadt, aber seit diesem Abend in London bin ich nachsichtiger, milder und habe etwas mehr Verständnis. Die Briten haben meine volle Bewunderung für ihre unendliche Leidenschaft, ihre großartigen Gärten, ihre Häuser und ihre Lebensart. Und doch wusste ich in diesem Moment auch ganz genau, wo ich zu Hause bin.

Penny

Der Verkehr war schlimmer als in Berlin. *Und dazu gehört schon was*, dachte ich und stöhnte leise auf. Im Stau stehen kann ich nicht leiden. Meine Familie findet mittlerweile, das sei krankhaft. Sobald ich nur *ahne*, dass es Stau geben könnte, rutscht schlagartig die Laune in den Keller. Viele Menschen, die ich kenne, lehnen sich zurück, atmen ein, atmen aus und nehmen diesen kurzzeitigen Kontrollverlust als das an, was er ist – nicht so schlimm. Ich bewundere das.

Dabei hatten wir eigentlich alles richtig gemacht: Das Team war pünktlich um sieben Uhr morgens vor dem Hotel erschienen, um mich abzuholen, denn wir wollten vor der Rush Hour aus der Stadt sein. Denkste! Der Londoner Pendelverkehr hielt uns fest in seinen Klauen. Erst nach 20 Minuten schafften wir es auf den Autobahnzubringer und nahmen Fahrt auf. Unser Ziel war die Grafschaft Surrey, etwa 25 Meilen südwestlich von London. Eigentlich in einer knappen Stunde zu schaffen, aber heute? Ich wählte Pennys Nummer und teilte ihr mit, dass wir zu spät kommen würden. Es ließ sich nicht ändern. Einatmen. Ausatmen.

Einige Wochen vor meiner Reise nach London hatte ich mit meiner Recherche über englische Gärten begonnen. Bloß – wo sollte ich anfangen? Wie findet man vom heimischen Schreibtisch aus einen typisch englischen Cottage-Garten? Das Problem ist, es gibt so viele! Das Internet ist voll von sattgrünen Fotos, euphorischen Beschreibungen und neidisch machenden Reiseberichten. Sissinghurst Castle, Great Dixter, Kew Gardens, Cotswolds, Wisley.

Einige Tage las ich mich durch Zeitungsberichte, Reiseblogs, wälzte Fotobände von Victoria Summerley und Beth Chatto. Der Garten, den ich suchte, durfte nicht allzu weit von London entfernt sein, ich wollte nicht viel Zeit mit langer An- und Abreise verlieren, und relativ schnell war klar – so wunderbar die berühmten, von Ladys und Earls, Architekten und Ikonen angelegten Gärten auch sein mögen, am liebsten würde ich einen Privatgarten besuchen. Schließlich geht es nicht nur um den Garten, sondern auch um den Menschen, der ihn angelegt hat. Ich landete auf der Webseite des National Garden Scheme, einer Non-Profit-Organisation, die Spenden für karitative Zwecke sammelt. Viele Millionen Pfund kommen jedes Jahr für Krebsforschung, Hospize, Pflegeeinrichtungen und Gartenprojekte zusammen. Vergleichbar etwa mit der Offenen Gartenpforte in Deutschland. Vielleicht kennen Sie das? Ein oder zwei Mal pro Jahr öffnen Privatgärten ihre Tore, die Besitzer arrangieren ein wenig Knabbergebäck, Pumpthermoskannen und eine Spendendose auf einem Klapptisch und freuen sich auf einen Tag voll regen Austauschs über Erfolge und Rückschläge in ihren grünen Latifundien. Bitte eintreten! Ja, man darf sich an diesem Tag sogar ein wenig loben lassen, stolz der ganzen Welt zeigen, was man da geschaffen hat, in all der mühseligen Schufterei der letzten Saison. Jedes Jahr bin ich mit mir am Ringen.

Soll ich mich anmelden? Sieht doch alles ganz gut aus so weit.

Unsinn! Du machst dich lächerlich. Der Rasen hat Löcher, das Staudenbeet ist gewollt und nicht gekonnt und die Zierkirsche macht demnächst die Grätsche.

Aber guck hier, der Lavendel steht wie 'ne Eins und der rosa Storchschnabel kommt auch gut dieses Jahr.

Sei nicht albern. Storchschnabel kann jeder.

In Deutschland wird die Offene Gartenpforte über einzelne Kommunen, Städte und Bundesländer organisiert. Die Bewegung ist noch verhältnismäßig jung, wurde erst in den Neunzigerjahren aus der Taufe gehoben, und wenngleich die Besucherzahlen konstant steigen, ist die Anzahl der teilnehmenden Gärten in einigen Regionen noch recht überschaubar. In England dagegen blickt das National Garden Scheme auf eine lange Tradition zurück, und jedes Jahr im Mai, selbstverständlich erst nach der Chelsea Flower Show, machen die mehr als 3 500 (meist älteren) Mitglieder ihre Gärten bereit für den Besucheransturm aus dem In- und Ausland.

»Haben Sie eventuell eine Idee, ob ich in einem der Gärten für das deutsche Fernsehen filmen dürfte?«, fragte ich damals die freundliche Dame am anderen Ende der Leitung. Ich hatte mir auf der Webseite die Nummer des National Garden Scheme herausgesucht.

»Ach, das ist jetzt aber wirklich ein wenig umständlich für mich«, antwortete sie und ich sackte bereits resigniert auf meinem Stuhl zusammen, »bevor ich nun einzelne Mitglieder anrufe und frage, ob sie sich zur Verfügung stellen – kommen Sie doch einfach in meinen Garten.«

»Ehrlich?«, fragte ich, »aber ist denn Ihr Garten ein klassischer englischer Garten?«

»Englischer geht's nicht«, war die Antwort.

Die Dame, die das ZDF so freundlich zu sich einlud, hieß Penny. Sie war die Vizepräsidentin des Vereins. Tja, manchmal gibt es das wirklich – Reporterglück.

Endlich waren wir raus aus der Stadt, der Stau lag hinter uns und wir nahmen Fahrt auf. Die Tonassistentin fuhr so schnell sie durfte, und die Kamerafrau telefonierte mit ihrem Sohn, den sie am Morgen durch unser frühes Losfahren verpasst hatte. Mütterlich streng gab sie ein paar Anweisungen für die Bewältigung des Tages durch. Pausenbrote nicht vergessen, Hausaufgaben bitte, Zimmer aufräumen. Ich machte es mir hinten bequem, froh, dass ich im englischen Linksverkehr nicht fahren musste, und noch froher, dass ich niemanden anrufen musste, um Anweisungen zu geben. Ich war in England, hatte kinderfrei und schaute aus dem Fenster. Nachdem wir die Autobahn verlassen hatten, führte der

Weg über Landstraßen, links und rechts von dichten sattgrünen Hecken gesäumt, die so hoch waren, dass man nur an Einfahrten oder Kreuzungen einen Blick dahinter erhaschen konnte. Einige der Straßen, durch die uns die Assistentin chauffierte, waren eng und teilweise so dicht bewachsen, dass ich mir vorkam, als führen wir durch einen dunkelgrünen Tunnel. Wie in der Londoner *Tube*. Ich musste an die Hecke denken, die ich vor einiger Zeit gepflanzt hatte. Unsere Terrasse liegt in der Mitte des Gartens und ich setzte wurzelnackte kleine Weißbuchen *(Carpinus betulus)* drum herum. Mein Mann schmiedete eiligst einen Metallbogen und zementierte diesen als Terrassenzugang in den Rasen. Die Haupttriebe der seitlich wachsenden Buchen versuche ich seitdem an dem Metall in die Höhe zu führen, damit sie sich am höchsten Punkt treffen, um zu einem Bogen zusammenzuwachsen. Selbstverständlich kann man auch fertige Hainbuchenbögen kaufen, ich fand einen im Baumarkt für etwas mehr als 500 Euro. »Diese Apotheker!«, schimpfte ich. Was soll ich sagen? Das ist jetzt drei Jahre her und in diesem Frühling sah es zum ersten Mal so aus, als würden die dünnen Stängelchen der beiden Pflanzen oben aufeinandertreffen. Wer gärtnert, braucht einen langen Atem. Blickdicht ist die Angelegenheit natürlich noch lange nicht und das gesparte Geld habe ich ja nun zudem für ein britisches Anzuchthaus auf den Kopf gekloppt. Aber gut.

Apropos kloppen. Wir waren da und klopften an.

Yes, yes, I am coming!, hörten wir Penny rufen, dann schob sie von innen den Riegel zurück, öffnete das große Holztor und hieß uns willkommen. Dass wir fast eine halbe Stunde zu spät waren, nahm die zierliche Dame entspannt. »Ich weiß, ich weiß, der Verkehr ist schrecklich *(awful* – sie sprach das mit einem extra langen *aaaa)*. Ich habe heute nichts anderes vor«, sagte sie.

Moleshill House heißt ihr Anwesen, und wir folgten Penny auf einer langen Kieseinfahrt zum Haus. Dieses wohlige, knarzige Geräusch der Kiesel unter unseren Schuhen ist seither für mich untrennbar mit englischen Gärten verbunden. Viele von ihnen haben diese Kieswege. Pennys Haus, ein fantastisches Exemplar viktorianischen Landhausstils aus dem Jahr 1880, sieht aus wie gemalt mit seinen vielen verwinkelten Spitzdächern, den roten Backsteinen und den weißen Kassettenfenstern. Wir legten unsere Taschen mit dem Equipment ab, ließen den Blick schweifen und ich dachte: »Das wird gut.« Mit einem Mal waren die morgendliche Anspannung, die Angst, zu spät zu sein und der selbst gemachte Druck verpufft. Müsste ich Pennys Garten mit einem Wort beschreiben, würde ich sagen: »Ruhe«. Der Garten strahlt Ruhe aus. Aber zum Glück stehen mir mehr Wörter zur Verfügung, auch wenn ich mich noch gut erinnere, wie sprachlos mich der erste Eindruck damals machte. Als die gelernte Floristin vor über 30 Jahren damit begann, ihr mehr als 1 600 Quadratmeter großes Grundstück zu gestalten, hielt sie sich streng an die alte Faustregel englischer Cottage-Gärtnerei: Einen Garten sollte man niemals auf einen Blick erfassen können. »Es muss kleine, versteckte Ecken in ihm geben, das macht den Garten interessant. Alles andere wäre langweilig, oder nicht?«, sagte sie und schüttelte dabei ganz leicht den Kopf, sodass ihre weißen Locken ins Hüpfen gerieten. Statt einer offenen, blickfreien Rasenfläche, eventuell mit Sichtschutzgehölzen an der Grundstücksgrenze, hat Penny ihren Garten in verschiedene Räume unterteilt. Für den Besucher lässt sich so nur erahnen, was wohl hinter den riesigen dunkelgrünen Buchskugeln oder den Zypressenbögen verborgen sein mag. Man muss sich Raum für Raum, Gartenteil für Gartenteil regelrecht erobern. Durch diesen gestalterischen Kniff offenbart Pennys Garten mit jedem Schritt eine neue Perspektive, er bleibt zu jeder Zeit geheimnisvoll und spannend. Die einzelnen Räume grenzen sich durch halbhohe Buchshecken, meterhohe Buchen und tiefgrüne Koniferen voneinander ab.

Diese Art der Gartenarchitektur ist nicht neu, bereits die französische Barockgärtnerei versuchte die Natur, damals nach strenger Geometrie, in eine Form zu gießen. Um 1900 dann entwarfen englische Architekten und Landschaftsbauer unterschiedliche, deutlich voneinander abgegrenzte Gartenwelten, ließen aber die Anmutung natürlicher werden. Statt eines dauerhaften Gerüstes, dienten jetzt große und kleinere Pflanzen als Grundstruktur, geschwungene Wege und Rasenflächen sorgten für Auflockerung. Streng nach Farben sortierte und üppig bepflanzte Blumenrabatten wichen verschiedenen Tönen von Grün. Blühpflanzen kamen nur sehr ausgewählt zum Einsatz. Und so hat auch Penny in ihrem Garten vielfach Pflanzen und Gräser, die vor allem durch ihre Blattfarben kontrastieren und weniger durch ihre Blüten. Die Gestalter damals experimentierten mit Höhen, Horizonte wurden mit Pagoden oder Türmchen akzentuiert. Die Idee des neuen, noblen englischen Gartens war es, wie durch ein lebendiges Landschaftsgemälde spazieren zu können.

»Lasst uns hier hinter dem Haus beginnen«, sagte Penny, und wir zogen unsere Köpfe ein wenig ein, um ihr durch einen dicht bewachsenen Koniferenbogen zu folgen. Ein schmaler Weg über mit Moos bewachsene Natursteinplatten führte uns in den Rosengarten. Den runden schmiedeeisernen Pavillon in der Mitte umrankten klassische altenglische Sorten, gepaart mit Lavendel. Es war erst Anfang Mai, noch blühten die Rosen nicht. Lange aber würde es nicht mehr dauern, denn an den starken Trieben der Rambler- und Kletterrosen standen unzählige Knospen. Bereit zum Aufbruch streckten sie hundertfach ihre spitzen Krönchen in Richtung Sonne – ich konnte mir gut vorstellen, was für ein Spektakel dieser Pavillon in wenigen Wochen sein würde. Und obwohl ich ganz genau hinschaute, konnte ich keine einzige Laus an den aufrechten dunkelgrünen Rosenblättern entdecken. Sternrußtau und Rosenrost ebenso wenig.

Rechter Hand hatte Penny einen Staudengarten angelegt. Stauden, so viel wage ich nach mittlerweile einigen Jahren als ambitionierte Hobbygärtnerin zu sagen, sind die hohe Kunst des Gärtnerns. Hinten hoch, vorne niedrig, farblich aufeinander abgestimmt, nicht zu bunt, nicht zu eintönig, Schatten oder Sonne,

Gräser hier, Sedum dort, dicht bepflanzt, aber nicht zu eng, Frühblüher ja oder nein, schlanke Kerzen neben Kugeln, gelbes Laub und grünes und vor allem – die ganze Saison über blühend. Klappt bei mir nie.

»Wie machst du das nur?«, fragte ich mit Blick auf Pennys weiß-blauen Traum aus Akelei, Brunnera, Lungenkraut und unzähligen weiteren Sorten, die ich noch in keinem Garten jemals gesehen hatte.

»*Well*, ich pflanze immer mindestens fünf Stauden einer Sorte«, antwortete sie. »Wenn man das Beet dann erst einmal angelegt hat, ist eigentlich nicht mehr viel zu tun. Im Herbst schneide ich alles herunter und das war's.«

Dieses charmante Herunterspielen von gärtnerischer Höchstleistung war typisch für Penny und würde uns durch den ganzen Tag begleiten. Mit adelshafter Noblesse führte uns die englische Dame durch ihre grüne Oase und wollte vor allem eines – dass wir uns wohlfühlten. Fast, so schien es, hatte sie das Gefühl, die Wahrheit würde unseren positiven Eindruck schmälern. Die Wahrheit nämlich, dass ein so wundervolles, wie zufällig gewachsen aussehendes Stückchen Erde vor allem eines ist: viel Arbeit.

Wie viele Gärtner sie hier beschäftige, fragte ich, und Penny schüttelte wieder ganz leicht den Kopf, sodass dieses Mal ihre Perlohrringe hin- und herschaukelten. »Andrew, ein Gärtner aus der Umgebung, kommt ein bis zwei Mal im Monat. Er ist großartig.« Und dann gäbe es da noch die Enkeltochter, erzählte sie, die sei ebenfalls Gärtnerin und helfe ab und an. Den Großteil des Jahres aber arbeitet Penny allein.

Der Boden hier muss ein besonderer sein, dachte ich und wir folgten der Gartenbesitzerin in eine Allee aus Maulbeerbäumen.

»Wie kommt man auf die Idee, am Grundstücksrand eine Allee aus Bäumen zu setzen?«, fragte ich.

»Ich fühle mich geborgen in einem Gang aus Blättern, du nicht?«, fragte sie zurück.

Um das intensive Grün zu unterbrechen, hatte Penny hier und dort verwitterte Statuen, Putten und alte Brunnen aufgestellt. Alles sah wie zufällig aus und war doch wohlüberlegt arrangiert. Kontrollierte Unordnung würde man das wohl nennen, und ich wünschte, meine Tochter würde das in ihrem Teenagerzimmer auch mal so hinbekommen.

Wenn ich einen *Platz im Garten*-Film drehe, also Gartenbesitzer oder Gartenexpertinnen besuche, dann versuche ich stets, die Rolle der fragenden Reporterin ein wenig zu erweitern. Am liebsten lege ich mit Hand an, arbeite mit und mache mich irgendwie nützlich. Meiner Erfahrung nach komme ich sehr natürlich mit meinem jeweiligen Hauptdarsteller ins Gespräch, wenn wir gemeinsam eine Tätigkeit ausüben. Auch für den Film mit Penny war das eigentlich so geplant. »Penny, womit könnte ich helfen? Was gibt es zu tun?«, fragte ich. Aber ich hatte die Rechnung ohne die englische Zurückhaltung der älteren Dame gemacht. Ich kann mir kaum ausmalen, wie sie noch bis kurz vor unserer Ankunft gewirbelt haben mag. Nirgends war Unkraut zu entdecken, der Rasen war frisch gemäht und es gab nicht einen einzigen Strauch, der einen Schnitt nötig gehabt hätte. Pennys Garten war in einem Zustand, wie ich ihn in meinem eigenen noch nie, nicht einen einzigen Tag lang, je erreicht habe. Mich rührte das. Sie wollte für den Besuch des deutschen Fernsehteams alles perfekt haben, und es wäre ihr wahrscheinlich wie Frevel vorgekommen, wenn ich einen Grubber oder eine Grabegabel in die Hand genommen hätte. Es waren ohnehin nirgends Gartengeräte zu entdecken. Keine Plastiktuppen, Schubkarren oder Schaufeln – ja, nicht einmal eine Gartenschere lag irgendwo vergessen auf einem Mäuerchen.

Wir entschieden letzten Endes, einfach unseren gemeinsamen Rundgang durch Pennys Gartenparadies zu filmen, ich ließ sie erzählen und wir spazierten von einem Gartenzimmer ins nächste.

»Ich versuche«, sagte sie, »so oft wie möglich runde Formen in meinen Garten einzubauen.« Die Floristin führte uns in einen

Teil des Gartens nah beim Haus. Hier hatte sie in einem großen Kreis Hochstamm-Weißbuchen gesetzt. An den freiliegenden Stämmen durften Funkien und Federgras wachsen, auf Augenhöhe bildeten die Buchen einen blickdichten Mantel. Ich schaute auf die riesigen Buchskugeln vor dem Haus. »Dein Buchs ist gar nicht vom Zünsler befallen«, sagte ich und drückte eine der Kugeln ein wenig auseinander. »Nein, ich schneide ihn nur einmal im Jahr, immer im Juni nach dem Derby. Und du siehst, es geht ihm gut.« In Deutschland hat der fiese japanische Zünsler mittlerweile ganze Friedhofsgärten zerfressen und leider auch vor meinem Haus nicht haltgemacht. Vielleicht kann er nicht schwimmen und hat die Insel darum noch nicht erreicht? Oder aber die Pflanzen sind resistenter und stärker als bei uns? Zugegeben, wäre ich ein Buchs, ich würde auch lieber in England wohnen. Es gibt keinen Dauerfrost, der Golfstrom sorgt trotz der nördlichen Lage stets für milde Temperaturen, und die häufigen Islandtiefs bringen regelmäßig Regen. Was will man mehr?

Penny führt seit vielen Jahren Menschen durch ihren Garten, an den Besuchertagen zwei Mal im Jahr kommen ganze Busladungen mit gartenbegeisterten Damen und Herren. Dann zeigt sie stolz, was sie geschaffen hat. Ob sie Angst habe, dass man ihr den Rasen zertrampelt oder Äste abknickt, fragte ich sie.

»Für mich sind die Besucher der beste Weg, um Spenden zu sammeln. So kann ich der Gesellschaft etwas zurückgeben. Und das andere wird die Natur schon richten.« Stolz erzählte Penny, dass sie für ihr Engagement sogar schon von der Queen im Buckingham Palace geehrt wurde. Und Prince Charles ist seit vielen Jahren ein Schutzpatron des National Garden Scheme.

»Apropos Prince Charles«, sagte sie und führte uns erneut durch einen dicht bewachsenen Bogen und in einen dunklen, schattigen Teil des Gartens. »Diesen Bereich hier habe ich ihm zu Ehren gestaltet.« Penny hatte sich das Beste für den Schluss aufgehoben und mir fehlten die Worte. Wir standen in einer *Stumpery*, einem Garten, der aus toten Baumwurzeln und abgestorbenen Stümpfen angelegt wird. Prince Charles hat schon vor Jahren auf seiner Residenz Highgrove House in Gloucestershire eine solche *stumpery* bauen lassen, und viele englische Gartenbegeisterte machten es ihm nach. Penny und ihr Gärtner Andrew waren, so erzählte sie uns, tagelang mit einem Truck durch Englands Wälder gefahren, auf der Suche nach Totholz. Die herbeigeschafften, zum Teil riesigen Holzstumpen hatten die beiden dann so arrangiert, dass sich die Löcher und Zwischenräume mit Erde auffüllen ließen. Mittlerweile war das Holz über und über mit Farnen und Funkien bewachsen. Durch die Schattenlage und das regnerische Klima, war dieser Teil des Gartens stets feucht, auf den Blättern der *Hosta* funkelten die Tautropfen und zwischen dem milden Nebel kamen feingewebte, mit glitzernden Regentropfen benetzte Spinnweben zum Vorschein. Die damals im Mai frisch sprießenden Farntriebe drückten ihre hellgrünen gekringelten Blätter aus den Ritzen und erinnerten mich an kleine aufrecht stehenden Seepferdchen. Was für ein magischer, märchenhafter Ort! Wir waren verzaubert.

»Das ist mein Lieblingsplatz«, sagte Penny und ich konnte mir gut vorstellen, wie sie, nach einem langen Tag der Gartenarbeit, durch diesen Teil ihres Gartens wanderte, die feuchte, frische Luft einatmete und den Abend mit einem Blick über die grün bewachsenen Baumstümpfe begrüßte.

Wir beendeten den Drehtag mit einer Tasse Earl Grey und ein paar Keksen. Penny und ich setzten uns auf eine schmiedeeiserne Bank vor einem bunt bemalten Zigeunerwagen. Den hatte sie erst kürzlich für ihre Enkelkinder gekauft und die Kamerafrau schulterte ein letztes Mal ihr schweres Monstrum. Ob sie oft hier sitze und Tee trinke, fragte ich Penny. Sie lachte und ihre weißen Locken wippten wieder leicht hoch und runter. »*No, never.* Wer einen Garten hat, der sitzt nie in ihm. Diesen Platz hier benutze ich nur, wenn ich Gäste habe.«

Einen besseren Schlusssatz für meinen Film hätte ich mir nicht wünschen können.

Ein guter Freund

Hobbygärtnerinnen wie ich, verbringen den Großteil ihrer Freizeit zwischen Storchschnabel, Roten Beten und Rasendünger. Es gibt Millionen von uns und wir werden immer mehr. Und doch bin zumindest ich in meinem kleinen Universum ziemlich allein mit dieser grünen Leidenschaft. Die Familie interessiert sich für andere Dinge. Mein Mann mag Mathe, mein Sohn Nintendo und meine Tochter ihren neuen Freund. So ist das.

Trotzdem – eine einsame Gärtnerin bin ich keineswegs. Da ist jemand, der Tag für Tag hinterm Haus auf mich wartet. Jemand, der sich freut, wenn ich komme, dem ich mich anvertrauen kann, der mir zuhört, der manchmal sogar meine Hilfe braucht. Ein treuer Gefährte, ein loyaler Freund: mein Mähroboter.

Regelmäßig ist er genau da, wo auch ich bin. Stehe ich unter dem Apfelbaum, kommt er vorbei gerollt, stupst mir freundlich an die Füße und erinnert mich höflich daran, die heruntergefallenen Äpfel aufzuklauben. Nehme ich das Staudenbeet samt Spaten in Angriff, guckt er interessiert und macht mich zurückhaltend darauf aufmerksam, dass ich bloß nicht sein Begrenzungskabel aus Versehen durchtrennen sollte. Und wenn es regnet, schaue ich aus dem Küchenfenster und beobachte, wie er tapfer auf dem nassen Rasen seine Pflicht tut. Und das, obwohl er wahrscheinlich viel lieber Feierabend machen würde. Dann habe ich ein schlechtes Gewissen.

»Guckt mal, der kleine Mähro«, sage ich anerkennend.

»Hmmmm«, macht die Familie.

Der Mähroboter wohnt in einem kleinen Unterstand nahe

beim Kompost. Wenn er nach getaner Arbeit nach Hause fährt, parkt er rückwärts ein, drückt sein Hinterteil ganz tief in die Ladebuchse, wackelt ein bisschen mit dem Po und schnurrt zufrieden. Ich finde das unfassbar niedlich.

Jetzt sagen Sie: Ganz schön armselig, die Frau Platz. Soll sie sich doch ein anderes Hobby suchen, eines, das ihr ein paar zwischenmenschliche Kontakte beschert. So etwas wie eine Mitgliedschaft im Tennisklub oder auch ein Wochenende mit dem ortsnahen Nacktwanderverein. Da kann sie sich mit leibhaftigen, echten Leuten unterhalten. Das ist allemal besser, als einen Mähroboter zu vermenschlichen.

Nun, vielleicht haben Sie recht. Aber, offen gesagt, mit meiner Zuneigung für Roboter bin ich nicht allein. Meine Nachbarin zur Linken beispielsweise hat auch einen. Am Gartenzaun neulich erzählte sie mir, dass sie ihn immer erst dann anschaltet, wenn sie den Garten betritt.

»Ich freue mich richtig auf den«, gab sie ein bisschen beschämt zu. Und meine Freundin Andrea hat einen Saugroboter im Wohnzimmer. Auch der hat natürlich einen Namen (Staubi) und wird am Abend angeschaltet, sobald die ganze Familie gemütlich vor dem Fernseher sitzt. Wie ein Hund schnüffelt er dann unterm Tisch nach Wollmäusen.

Ich war in meinem Leben niemals ein Fan dystopischer Fantasien. Bücher zum Beispiel, die eine Welt beschreiben, in der Roboter selbstständig Entscheidungen treffen und den intelligenten Menschen ersetzen, in denen Killermaschinen alles kurz und klein ballern und am Ende die Welt regieren, habe ich nie gerne gelesen. Auch die Vorstellung, dass ich vielleicht irgendwann ein gesundheitlicher Pflegefall sein könnte und nur noch von Robotern angefasst, gewendet und gefüttert werde, macht mir Angst. Natürlich möchte ich später von einem warmherzigen Menschen versorgt werden, jemand, der sich freundlich um mich kümmert, mit mir gemeinsam isst und mich im Arm hält. Andererseits – wäre es wirklich so schlimm, wenn nachts ein Roboter an meinem

Bett säße, während ich ihm endlos von meinen längst vergangenen Reisen als Reporterin erzähle? Storys, die niemand mehr hören kann, weil ich sie schon tausendfach zum Besten gegeben habe? Oder wenn mir ein per Sprachkommando zu bedienendes, lustig aussehendes Männchen die Fernbedienung reichte? Oder mir eine Maschine aufhelfen würde und mich auf die Toilette begleitete? Seit ich einen Mähroboter habe, denke ich darüber nach. Und spüre, wie sich mein Verhältnis zu intelligenter Technik verändert, vielleicht sogar entspannt. Kein Smartphone, keine Pressekonferenz mit selbstfahrenden Autos und kein Museumsrundgang mit »Virtual reality« haben das bislang geschafft. Ich finde das bemerkenswert. In meinem kleinen Garten, dem einzigen Stück Land auf dieser Erde, in dem ich mich komplett abkapsle von dem, was außerhalb vor sich geht, hat sie mich erwischt – die Welt von morgen.

Pfannkuchen
in Thüringen

Piekarski und ich pflanzten, so schnell wir konnten. Tief gebückt standen wir auf dem steilen Hang, jeder von uns eine Handschaufel in der Hand. Der Kameramann und sein Tonkollege legten ihr Equipment beiseite und halfen mit. Aber ich ahnte schon, das würde nicht reichen. Ich hatte mich verschätzt, die Zeit war zu knapp. »Ein Drehtag ist einfach zu wenig!«, schimpfte ich und griff nach der nächsten Pflanze, um sie aus dem Topf zu drücken und in die Erde zu rammen. Unsere Drehs sind immer eng getaktet, dieses Mal aber hatten wir keine Chance. In weniger als einer Stunde würde die Sonne untergehen, das war's dann. Ohne Licht kann man keinen Gartenfilm machen. Noch nicht einmal die Hälfte hatten wir bislang geschafft. Mehr als 250 Bodendecker mussten noch in den kargen erdbraunen Boden.

Oft sitze ich bei meiner Tante auf der Küchenbank und sie erzählt mir vom Osten. Vom Leben in der DDR.

»Nee, Kind. Man hat sich seine Freunde damals nicht nach sozialem Stand ausgesucht«, sagt sie. »Im Osten wählte man seine Bekannten nach der politischen Gesinnung. Wer ungefähr so tickte wie man selbst, der kam rein an den Kaffeetisch. Alle anderen wurden an der Haustür abgefertigt.« Sie lacht und lehnt sich ein bisschen zurück. »Das kann man sich heute gar nicht mehr vorstellen.«

Die alten Geschichten meiner Tante faszinieren mich. So sehr ich es auch versuche: Ich kann mir einfach nicht vorstellen, wie sich das Leben im Osten angefühlt haben muss. Ich bin in Westberlin groß geworden, in einem südlichen Randbezirk. Wir wohnten im 8. Stock eines Hochhauses, in einer neu gebauten Stadtrandsiedlung und hatten alles, was wir brauchten. BMX-Räder, Jeans, Nutella, die *Bravo* und irgendwann einen Mercedes. In den Sommerferien ging es für zwei Wochen nach Ibiza. Das Einzige, was uns Kindern eventuell fehlte, waren Eltern mit ein bisschen mehr Zeit. Vater und Mutter wollten raus aus dem Hochhaus, Geld verdienen hatte Vorrang vor vielem anderen. Wir Kinder waren oft allein. Anders als im Osten aber lohnte sich die Arbeit. Bei uns ging es, zumindest finanziell, stetig bergauf, nebenan stetig bergab.

Bis zur Mauer war es nur ein Kilometer, sie war selbstverständlicher Teil meiner Kindheit. Sonntags spazierten wir mit unseren Eltern in Richtung Grenzstreifen. Mein Bruder und ich liebten das. Alle paar Hundert Meter stand eine Art Ausguck, ähnlich wie Jäger ihn nutzen, und wir ließen keinen dieser Hochsitze aus. Wir stiegen hinauf und wagten aufgeregt den gruseligen Blick in die Todeszone. Hinter der Mauer wuchs kein Baum und kein Strauch, alles war grau. Parallel zu der eigentlichen Grenzmauer zogen sich Maschendrahtzäune und Stacheldraht, weit hinten erspähten wir Panzerkreuze, dazwischen war ein tiefer Graben, und weit im Hinterland stand eine zweite Mauer. Wir Kinder kannten die Grenze nur tagsüber, aber wir konnten die Scheinwerfer sehen, die in regelmäßigen Abständen aufgestellt waren. Wir stellten uns vor, wie ihr gleißendes Licht dieses Gelände Nacht für Nacht erhellte. Der Gedanke daran jagt mir heute noch einen Schauer bis in die Haarspitzen. Es war nicht nur die Mauer, die uns trennte, es war auch dieser bis zu 100 Meter breite Streifen tote Wüste, der sich um ganz Berlin zog. Für uns Kinder wurde die Sache immer dann besonders aufregend, wenn Bewegung in einen der Beobachtungstürme auf der anderen Seite kam. War was passiert? Wollte einer fliehen? Konnte man ein Gewehr sehen? Nee, bloß Schichtwechsel. Oft winkten wir, aber die Jungs da drüben winkten nie zurück. Eine Kindheit im Tal der Ahnungslosigkeit. Uns hat niemand erklärt, unter was für einem Druck viele der jungen Grenzsoldaten da drüben ihren Dienst verrichten mussten. Das Grauen lag direkt vor unserer Nase, aber mein Bruder und ich haben es nie als solches gesehen.

Meine Tante Helga lebte jenseits dieses Streifens. Ich habe sie erst nach der Wende kennengelernt. Eigentlich ist sie gar nicht meine Tante. Sie ist die Kusine meiner Mutter, aber das ist uns zu kompliziert. Ich nenne sie Tante und für Helga ist das in Ordnung. Sie nimmt die Dinge, wie sie sind, lamentiert nicht, packt an und ist dabei der offenherzigste Mensch, den ich kenne. Besuch ist ausdrücklich erwünscht. Sei es der Postbote, der Fliesenleger oder die Frau von der Versicherung – wer bei Helga klingelt, der hat bitte schön Platz zu nehmen. Für einen Kaffee wird schon Zeit sein! Ohne Argwohn Menschen in ihr Haus lassen zu können, empfindet Helga als größten Gewinn der Wiedervereinigung. Ich liebe diese Frau.

Gemeinsam mit ihrem Mann lebt Helga im südlichen Berliner Speckgürtel. Schon zu DDR-Zeiten wohnten die beiden mit ihren Kindern in diesem Haus. Bis zur Grenze waren es weniger als 500 Meter, der Todesstreifen mit den Streckmetallzäunen und Panzerkreuzen begann nur ein kurzes Stück die Straße hinunter. Auch meiner Tante lag das Grauen unmittelbar vor der Nase, und obwohl sie den Todesstreifen niemals direkt erblicken konnte, erinnerte die Sackgasse ihrer Straße sie jeden Tag daran, dass er da war.

»Es gab ja nüscht«, erzählt sie gern, »das hat uns zusammengeschweißt. Hätten wir uns nicht gegenseitig geholfen, wär'n wir ja alle verrückt geworden.« Familie, Freundschaft, Mangel und Vorsicht – mit diesen vier Worten fasst meine Tante die Deutsche Demokratische Republik zusammen.

»Der eine hatte dies, der andere das, es wurde getauscht, gebastelt, man half sich.« Der abenteuerliche Bau ihres Swimmingpools zum Beispiel, den mein Onkel zu Beginn der Achtzigerjahre in den Garten zementierte, ist ein heiß geliebter Gassenhauer auf Familienfeiern. Über Wochen gruben Onkel und Tante gemeinsam mit Kindern und Freunden ein Loch in den Garten. Wer Zeit hatte, kam vorbei und buddelte mit. Beton und Kies konnte man kaufen, man musste nur schnell sein, denn die Ware war oft wochenlang vergriffen. Die Folie für den Pool stöberte meine Tante im Centrum Warenhaus in Leipzig auf. 1 000 Ostmark bezahlte sie dafür. Mit Trabi und Hänger karrte sie das türkisfarbene Sperrgut quer durch die Republik. »Das war viel Geld«, erinnert sie sich kopfschüttelnd. »Seeehr viel!« Die Heißklebepistole schmuggelte ein Bekannter aus dem Westen ein, und die Pumpe bastelte mein Onkel aus diversen Schrottplatzeinzelteilen. »Was nicht passt, wird passend gemacht.« Dieser Spruch gehört zum Sozialismus wie Funkien in den Schatten. Am Ende fehlte für die Fertigstellung des Pools nur eines: die Filterdüsen für die Reinigung. In der ganzen Republik waren die Dinger nicht aufzutreiben. Monatelang suchte meine Tante nach einer Lösung und traf, die Hoffnung auf den fertigen Pool schon fast begraben, eine alte Bekannte aus Karl-Marx-Stadt, dem heutigen Chemnitz. Ihr Mann, erzählte die Dame, arbeite als Masseur und Schwimmmeister in einer Betriebsschwimmhalle für orthopädisches Schwimmen. Mein Tantchen zögerte nur kurz. Ihr war klar: das ist *die* Chance! Sie fuhr nach Karl-Marx-Stadt, erzählte dem Schwimmmeister von ihrem fast fertigen Pool und hatte den Mann am Ende so weich gekocht, dass der zehn kostbare Filterdüsen aus dem Schwimmbad mitgehen ließ. Einfach so.

Das Risiko, erwischt zu werden, nahm er auf sich. Für eine Familie, die er nicht kannte. Und wollte nicht einmal, wie damals häufig üblich, ein paar Westmark dafür. Ein Danke genügte. Weder meine Tante noch ich wissen, was für eine Strafe die DDR-Justiz für das Stehlen von Filterdüsen vorgesehen hatte, aber ziemlich sicher ist doch: Wäre die Sache aufgeflogen, hätte es unangenehm werden können. Für den Bademeister, meine Tante und den Swimmingpool. Noch heute bekommt Tante Helga feuchte Augen, wenn sie von diesem Menschen erzählt.

»Wennde nix hast, dann rückste enger zusammen. Ist doch logisch«, sagt sie und schenkt mir einen Kaffee nach. »Und ein bisschen ist das auch heute noch im Osten so. Das haben wir uns bewahrt, Gott sei Dank.«

»Das stimmt sicher«, nicke ich, und während wir die zweite Tasse Kaffee trinken auf Tantchens gemütlicher Holzbank, die sie genau wie den Pool schon zu DDR-Zeiten hatte, fällt mir eine Drehreise ein, die mich vor einigen Jahren nach Thüringen führte. Da, ich erinnere mich noch sehr genau, ist sie mir auch begegnetet, diese sehr selbstlose Hilfsbereitschaft. Es war Anfang September und ich reiste in einen kleinen Ort namens Buttstädt.

»Frau Platz, jetzt aber hoppigaloppi.« Gerald Piekarski, mein Gartenexperte, stand vor dem Auto mit Schippen, Spaten und gepackter Tasche und wartete darauf, dass ich ihm den Kofferraum öffnete.

»Jaaaha, Chef, ich komme«, rief ich abgehetzt zum Fenster hinunter und drückte von oben auf den Autoschlüssel, um zumindest schon mal den Wagen zu öffnen. Wir waren spät dran und es war meine Schuld. Im Haus herrschte Chaos, ich hatte schnell noch eine Ladung Wäsche in die Maschine geschmissen, den Feldsalat im Gemüsebeet gewässert und ungeduldig meinem Mann eine lange Liste von Anweisungen verpasst. Der Arme. Der kommt wunderbar ohne mich zurecht, einzig was ihn Nerven kostet, sind die hektischen Minuten bevor ich auf Reisen gehe. *Tschüss, tschüss, Küsschen.* Er winkte kurz, und sobald ich draußen war, schmiss er die Türe hinter mir ins Schloss. Piekarski hatte in der Zwischenzeit unsere Gartengeräte im Auto verstaut und es sich entspannt auf dem Beifahrersitz gemütlich gemacht. Ich stieg auf der Fahrerseite zu, startete meinen Wagen und los ging unsere Fahrt in Richtung Süden.

Piekarski & Platz waren on the road! Großartig! Wann immer dieser Mann und ich gemeinsam im Auto saßen, auf dem Weg zur nächsten Geschichte, zum nächsten Garten, lag sie in der

Luft, diese prickelnde Vorfreude auf unser nächstes Abenteuer. Seit ein paar Jahren drehten wir nun schon Filme zusammen. Er, der Gärtner, und ich, die Reporterin mit den manchmal etwas unbedarften Fragen. Nach unserer ersten Saison, damals im Schrebergarten meiner Bekannten, war ein riesiger Stapel Zuschauerpost auf meinem Schreibtisch gelandet. Viele der *moma*-Zuschauer fragten, ob wir nicht mal bei ihnen vorbeikommen könnten, um bei Gartenproblemen erste Hilfe zu leisten. Mir gefiel die Idee und zack – hoben wir eine neue *moma*-Gartenreihe aus der Taufe. *Piekarski & Platz*, hatten wir sie genannt, in Anlehnung an *Starsky & Hutch,* die beiden Polizisten aus der bekannten US-Fernsehserie, die stets mit ihrem Ford Mustang durch Los Angeles brausten. Furchtlos, mit lockeren Sprüchen und viel Humor ballerten die beiden in jeder Folge eine neue Räuberhöhle kurz und klein und wirbelten die Unterwelt der amerikanischen Westküste durcheinander – genau wie Piekarski und ich! Wenn wir irgendwo auftauchten, dann blieb auch kein Stein auf dem anderen. Auch wir sorgten für kräftiges Tohuwabohu, wiesen verlauste Rosenstöcke beherzt mit der Gartenschere in ihre Schranken und schmissen Buchsbäume samt Zünsler in hohem Bogen über den Gartenzaun. Frotzeleien und lockere Sprüche? Pfff, da konnten wir es locker mit den Originalen jenseits des Atlantiks aufnehmen.

Manchmal glaube ich, dass diese Anspielung auf den US-Klassiker niemand außerhalb der Redaktion so richtig begriffen hat. Dabei bastelten wir sogar einen wirklich coolen Trailer, den wir vor unseren Filmen laufen ließen. In ihm brausten der Gärtner und ich mit einem grasgrünen Ford Mustang durch Berlin und als Blaulicht hatten wir einen Blumentopf auf dem Autodach montiert. Herrlich. Schon lange machen wir beide diese Filme nicht mehr, Piekarski und ich. Piekarski ist mittlerweile Rentner, hat's im Rücken und sitzt am liebsten stocksteif beim Karpfenangeln. Tja, und ich? Mache in meiner kleinen Rubrik *Platz im Garten* ohne ihn weiter. Es scheint fast, als hätte mein alter Lehrmeister mich auf den Weg geschubst und sich verabschiedet, als er spürte, dass ich alleine laufen konnte.

Aber auf unserer Fahrt damals nach Thüringen, waren *Piekarski & Platz* noch gemeinsam unterwegs, und im Auto erzählte ich, was uns erwarten würde.

»Eine junge Dame hat mir geschrieben, sie und ihr Mann brauchen Hilfe mit der Bepflanzung eines Hangs. Die beiden wissen nicht recht, welche Pflanzen sie nehmen sollen und vor allem, wie viele.«

Piekarski schaute mich mit ein wenig zugekniffenen Augen an.

»Wie groß ist denn der Hang?«, fragte er.

»Weiß ich nicht so genau«, war meine Antwort.

»Hmmmm«, machte der Gärtner, schaute aus dem Fenster und ließ Berlin an sich vorbeiziehen. Hatte er Bedenken? Auch ich war anfangs zögerlich gewesen, denn eine Hangbepflanzung kann aufwendig werden. Nicht unbedingt teuer, wenn man kleine Bodendecker nimmt, aber potenziell ein Haufen Arbeit. Susann Pfannkuchen aber – die Dame, die mir geschrieben hatte – war hartnäckig geblieben. Nachdem wir einmal telefoniert hatten, ließ sie mich nicht mehr von der Angel und war dabei so reizend, dass ich irgendwann nachgab. Was sollte schon passieren? Es war September, idealer Pflanzmonat, und ich hatte recherchiert, dass es rund um Buttstädt ein paar gute Baumschulen gab. Das würde schon alles hinhauen.

»Dreilinden« stand auf dem Schild, das uns in südlicher Richtung auf den Berliner Ring führte. »Wissense noch?« Piekarski schaute mich an. »Hier war der Grenzübergang.« – »Ja, ick wees noch«, dachte ich. Dreilinden kennt jeder, der vor der Wende in Westberlin lebte. Für uns aus dem Süden war dieser Transitübergang das Nadelöhr, um aus der Stadt zu kommen. Unzählige Male bin ich mit meinen Eltern über diese Grenze gefahren. »Setzt euch anständig hin, da hinten!«, herrschte mein Vater uns Kinder immer etwas nervös an, wenn er sich in die langen Pkw-Schlangen einfädelte, um unsere Pässe an einen streng blickenden Kontrolleuer durch das Autofenster zu reichen. Hatte man Glück, war nicht viel los im Transit. Meistens aber brauchte man Geduld. Und bloß nicht unangenehm auffallen, bitte! Am Ende zogen die den Wagen noch raus und man musste eine elendig lange Durchsuchung des Kofferraums über sich ergehen lassen. Mit stummer Akzeptanz beugten wir uns dieser Willkür. Und auch wenn ich mir das aus heutiger Sicht kaum mehr recht erklären kann, damals war das ganz normal. Für uns Kinder und auch für die Erwachsenen. Was hätten wir auch tun sollen? Nach Westdeutschland ziehen? Das war keine Option. Westberlin war toll. Gemütlich, fast familiär. Die Stadt war unser Zuhause. Einzig das Raus und Rein nervte. Von der in der Luft liegenden Bedrohung durch den Kalten Krieg, vom Ost-West-Konflikt der Siegermächte hatten mein Bruder und ich Anfang der Achtzigerjahre keinen blassen Schimmer. Am Übergang Dreilinden widmeten wir unsere ganze Aufmerksamkeit einzig dem Transportband, das neben der Fahrspur unsere Pässe etwa 80 Meter in die nächste Grenzbude bugsierte. Fasziniert starrten wir auf dieses Band, während sich unser Wagen langsam in der Reihe voranschob. Wo waren unsere Pässe? Schon durch oder noch unterwegs? So richtig erkennen konnten wir nie was, denn das Band lief regensicher abgedeckt unter einem transparenten Plastik-Halbrund. Wenn wir aussteigen würden, um genauer zu gucken, davon waren mein Bruder und ich überzeugt, würde man uns sofort erschießen. Kaum auf der Transitautobahn, fuhr unser Vater so schnell wie möglich bis nach Helmstedt. Das war dann wieder Westen, Niedersachsen. Vom heutigen Brandenburg und Sachsen-Anhalt, kannte ich bis zum Mauerfall nur die löchrige Autobahn. Auch in keinem der anderen Ost-Bundesländer war ich je gewesen. Nur im äußersten Notfall, wenn wir Kinder mal Pipi mussten oder quengelten, hielten meine Eltern auf einem Parkplatz oder stoppten kurz an der Raststätte in Ziesar. Die DDR-Bürger hielten dort auch. Nicht ein einziges Mal allerdings kam es zwischen ihnen und uns zu einem Kontakt. Kein lockeres Hallo, kein Gespräch über das Wetter, die Straßen oder die absurde Situation, in der wir uns begegneten. Nichts. Wir dachten, die durften nichts sagen, und so wussten wir nicht, was wir hätten sagen sollen.

Manchmal versuche ich heute meinen Kindern zu erklären, wie das damals war mit der Grenze, aber das Thema langweilt sie. »Vielleicht ist das auch ganz gesund so«, denke ich dann. Der Kram ist 30 Jahre her, je weniger die Mauer in den Köpfen der neuen Generationen einen Platz einnimmt, desto besser. Wenn aber ein alter Westberliner wie Piekarski neben mir im Auto sitzt, fährt die Erinnerung an unser Leben damals immer mit.

»Sie müssen die Abfahrt von Naumburg nehmen, Frau Platz«, lotste mich Piekarski nach etwa zwei Stunden Fahrt von der A 9, und wir bogen ab auf die Bundesstraße. Für unsere Filme waren wir schon quer durch Deutschland gereist, tief in den Schwarzwald oder auch an die Ostsee. Eine Reise ins Grenzgebiet Sachsen-Anhalt/Thüringen aber hatte sich bislang nicht ergeben. Schilder mit uns gänzlich unbekannten Namen tauchten auf und zogen vorbei. Schleipitz, Pretsch, Nöbeditz, Stößen. Die meisten Felder hinter den Bäumen der Bundesstraße waren bereits abgeerntet und erholten sich erschöpft und kahl geschnitten von der Saison.

Nach etwa 15 Kilometern erreichten wir Naumburg. Schon von Weitem erkannten wir den Dom, dessen vier Türme majestätisch über der Stadt thronten. Seit 2018 ist dieses beeindruckende Gebäude UNESCO Weltkulturerbe und gehört damit zu den bedeutendsten Bauwerken der Spätromantik in Sachsen-Anhalt.

»Wow!« Piekarski war ebenso verblüfft wie ich. »War'n Sie schon mal hier?«

»Nee, noch nie.«

Nicht nur der Dom selbst, sondern die ganze Stadt entpuppte sich als eine unverhoffte Entdeckung. Unser Navigationsgerät führte den Wagen durch kleine Gassen, vorbei an romantisch verzierten Villen. Die Fassaden wetteiferten in ihrer Pracht um den ersten Platz und dem Gärtner und mir blieb vor Begeisterung die Spucke weg. Was für eine wunderschöne Stadt! Mit den bunten Gipsfiguren an den Häusern und dem verspielten Kopfsteinpflaster auf den Straßen erinnerte die Stadt in ihrer Schönheit ein wenig an Aachen oder sogar Prag.

»Hier ist der Osten schon lange nicht mehr grau«, sagte Piekarski beeindruckt. Ich nickte und nahm mir vor, unbedingt meine Tante Helga zu fragen, wie Naumburg vor der Wende ausgesehen hatte.

Zeit für eine Kaffeepause blieb nicht, aber der feste Entschluss, irgendwann zurückzukehren. So fuhren wir weiter gen Westen, überquerten in Bad Kösen (auch wunderschön!) die Saale und drangen immer tiefer ein in das gekämmte Weinbaugebiet Saale-Unstrut im südlichsten Zipfel Sachsen-Anhalts. Die hügelige Straße war rechts und links mit hohen Erlen gesäumt, und hinter ihnen salutierten die in Reih und Glied strammstehenden Weinreben in der Septembersonne. Tief zwischen ihren Blättern hingen, sonnenverwöhnt durch das milde Mikroklima dieser Region, dunkellila Trauben. Bis zur Weinlese konnte es nur noch wenige Tage dauern.

»Wahnsinnig schön hier«, sagte Piekarski und schaute entspannt aus dem Fenster. »Ob man hier gut angeln kann?« Wir lachten. »Eher guten Wein trinken«, antwortete ich.

Kurz nach dem vergleichsweise unscheinbaren Eckartsberga überfuhren wir die Grenze nach Thüringen, bogen ab und erreichten wenig später unser Ziel: Buttstädt. Der Ort war klein, machte einen etwas verschlafenen Eindruck, und wahrscheinlich kannte in der rund 6000 Einwohner zählenden Gemeinde jeder jeden. Gleich nachdem wir das gelbe Ortsschild passiert hatten, fiel unser Blick auf den Kirchturm.

»Spinn ick, oder ist der schief?«, fragte mich Piekarski. Ich fuhr rechts ran und wir schauten genauer.

»Sie haben recht«, sagte ich und neigte den Kopf ein wenig zur Seite. »Der hängt ähnlich auf halb acht wie der schiefe Turm von Pisa.« Später an diesem Tag erzählten uns die Pfannkuchens, dass der Grund für die Schieflage des Buttstädter Kirchturms bis heute nicht eindeutig geklärt sei. Vermutlich war das Fundament der 800 Jahre alten Michaeliskirche vor langer Zeit abgesackt. Ein klein wenig nur, aber genug, um die Kirchturmspitze einige Grad zu neigen. Schiefe Türme übrigens, sind gar nicht mal so selten. Nur 40 Kilometer von Buttstädt entfernt, in Bad Frankenhausen, steht die evangelische Oberkirche. Ihr Kirchturm hat mit 4,6 Metern einen beträchtlichen, stetig wachsenden Überhang und thront in beeindruckender Schräglage über der Stadt. Es scheint fast, als hielte in diesem Fall der liebe Gott nicht seine schützende, sondern seine stützende Hand über die Gemeinde Bad Frankenhausens.

Ich manövrierte unser Auto durch die engen Buttstädter Gassen und parkte den Wagen vor einem mächtigen Holztor. Wir stiegen aus, wurschtelten das Gartenwerkzeug hinten aus dem Kofferraum, und Piekarski drückte auf den Klingelknopf.

Susann und Michael Pfannkuchen waren Mitte 30, Eltern zweier kleiner Jungs, und mit Blick auf ihr Haus fragte ich mich, woher sie die Kraft nahmen, sich um ihren Garten zu kümmern. Erst vor wenigen Tagen waren die beiden eingezogen und steckten ganz offensichtlich noch mittendrin in der Sanierung ihres Hauses, das eine einzige, teilweise noch eingerüstete Baustelle ohne jeglichen Putz an der Fassade war. Am Eingang führten provisorisch aus Betonsteinen gelegte Treppenstufen zur Tür, und die Fenster waren zwar eingemauert, aber an ihren Rändern sahen wir noch den Dämmstoff hervorquellen.

»Viel Arbeit, so auf den ersten Blick«, sagte ich. »Und Sie sind sich sicher, dass Sie Kraft für den Garten haben?«

»Und wie!«, strahlte mich Frau Pfannkuchen an. »Der Garten ist mir fast wichtiger als das Haus.« Die junge Hausherrin war auf Anhieb sympathisch und sprach unüberhörbar mit thüringischem Dialekt.

»Die meisten Wessis denken immer, ich komme aus Sachsen«, grinste sie. »Dabei spreche ich Thüringisch! Aber den Unterschied wollen die einfach nech raushören.«

Puh, ich wusste sofort, was Frau Pfannkuchen meinte. Ich war genauso. Sobald sich mir ein Mensch hörbar durch seinen Dialekt als Ostdeutscher offenbart, verorte ich ihn gedanklich in Sachsen. Ganz schön dämlich und vor allem oberflächlich. Immerhin bieten die neuen Bundesländer deutlich mehr Dialekte, als nur diesen einen rund um Dresden.

Die Pfannkuchens jedenfalls hatten in ihr Grundstück bereits einiges an Fleiß investiert. Mehr als 1 000 Quadratmeter groß war ihr Garten, kinderfreundlich aufgeteilt in Grünflächen und Beete. Einige junge Obstbäume hatten die beiden im Frühjahr gesetzt, und der Rasen reckte, noch etwas lückenhaft, sein frisches Grün aus dem Boden. In ihrem provisorisch angelegten Gemüsebeet reihten sich erntereif Tomaten und Salat, daneben Physalis und Rote Bete nebeneinander. Einzig ein riesiger brauner Erdhügel, der sich im hinteren Ende des Gartens über die gesamte Szenerie erhob, wirkte wie ein liederlicher Fremdkörper.

»Wir haben fast alles selber gemacht«, erklärte die junge Hausherrin. »Aber um jetzt noch das ganze Gelände eben zu bekommen, müssten wir eine Menge Geld in die Hand nehmen. Das schaffen wir nicht ohne großes Gerät. Tja, und darum dachten wir, bepflanzen wir den Hügel am besten.«

Ich schaute hinüber zu meinem Gartenexperten.

»Und Chef? Was sagen Sie?«

»Hmmm«, machte der. »Wir haben morgen den Tag für den Dreh. Wenn wir heute noch einen Plan zeichnen und morgen in aller Frühe die Pflanzen besorgen, schaffen wir es.«

Piekarski holte eine große Rolle Papier aus dem Auto, und ich schritt den Haufen ab.

»Sechs Meter hoch und etwa 16 Meter breit«, rief ich rüber zu den anderen, und wir zeichneten den Grundriss der Fläche auf.

»Mit so einer Hangbepflanzung«, erklärte Piekarski, »schlagen wir zwei Fliegen mit einer Klappe. Erstens: Der Hang wird begrünt. Zweitens: Der Hang wird befestigt.«

»Und welche Pflanzen nehmen wir am besten?«, fragte ich.

Mein Gärtner holte tief Luft. »Man muss Folgendes wissen: Vor allem bei Trockenheit oder starkem Regenfall kommt es an Schräglagen zu Erosion. Man kann natürlich mit Steinen und viel Beton einen Hang befestigen. Oder aber, deutlich günstiger, mit Pflanzen. Das sollten dann aber stark wurzelnde Bodendecker sein. Wenn die in den oberen Bodenschichten ihre verzweigten Wurzeln ausbilden, befestigen sie damit das Erdreich. Regen am Hang fließt schnell ab, die Pflanzen müssen also außerdem robust sein und Trockenheit vertragen.«

»Okay«, sagte ich. »Wenn man all das berücksichtigt, bleibt wahrscheinlich nur die etwas trostlose Zwergmispel übrig, oder?«

»Nicht unbedingt«, grübelte der Gartenchef und schaute auf den Hang. »Die Zwergmispel ist schon in Ordnung, aber es gibt natürlich noch eine Menge anderer Pflanzen, die infrage kommen. Lassen Sie mich mal nachdenken:

Der Kriechwacholder ginge, aber auch Besenginster, Klein-strauchrosen, Kornelkirsche, Fingerstrauch, *Vinca, Festuca glauca, Geranium,* Wacholder, Frauenmantel, Efeu, Thymian und Gräser wie *Imperata cylindrica* könnten funktionieren …«

»Nicht schlecht«, dachte ich anerkennend. Wann immer ich mit diesem Mann unterwegs war, beeindruckte er mich mit seinem enzyklopädischen Gartenwissen. Ich konnte mir nicht mal drei verschiedene Bodendecker merken, von den lateinischen Namen ganz zu schweigen. Und er? Es sprudelte einfach so aus ihm heraus. »In meinem nächsten Leben werde ich Gärtnerin«, nahm ich mir zum wiederholten Male vor. Auf dem Rasen ho-ckend, die Köpfe über dem Papier zusammengesteckt, entwarfen wir zu viert einen Pflanzplan. Eine Art Dreiecksmuster aus ver-schiedenen Sorten sollte es werden. Wir rechneten mit fünf Pflanzen pro Quadratmeter, grob durchkalkuliert ergab das etwa 490 Töpfe.

»Auweia, 'ne ganze Menge«, sagte ich, »und dabei ist der Hang nur *ein* Thema. Das Gemüsebeet wollen wir ja auch noch winter-fest machen und vielleicht eine Rasenkante setzen.«

In meinen Filmen knöpfe ich mir gern mehrere Themen vor. Immerhin laufen diese kleinen Reportagen im *Morgenmagazin* in der Service-Rubrik, was bedeutet, dass sie dem Zuschauer einen gewissen Mehrwert bringen und idealerweise Tipps an die Hand geben sollten. Die ganzen drei Minuten ausschließlich dem Thema »Hangbepflanzung« zu widmen, wäre mir zu dünn gewesen. Da Familie Pfannkuchen während ihres Hausbaus eine ganze Wagenladung Natursteine freigelegt hatte, kam uns die Idee, aus denen eine Rasenkante zu setzen. Auch nicht einfach – aber zumindest kostengünstig, schließlich lagen die Steine ja bereits im Garten.

Es war später Nachmittag geworden und ich begann, die umliegenden Baumschulen und Gärtnereien abzutelefonieren. Eine nach der anderen erteilte mir eine Absage, eine derart große Menge an Bodendeckern war so kurzfristig nirgends vorrätig. Mist. Immer weiter zog ich den Radius und hing über eine Stunde an der Strippe, bis ich fündig wurde. Die Baumschule Kühr im 45 Kilometer entfernten Erfurt hatte, was wir brauchten, und glücklicherweise auch nichts dagegen, dass wir am nächsten Morgen mitsamt Kamerateam anrücken würden.

Bei einem Schluck Limonade setzten wir uns noch einen kurzen Moment zu den Gartenbesitzern auf die provisorisch mit Holzbohlen angelegte Terrasse.

»Wir haben schon immer in Buttstädt gelebt«, erzählte uns Susann. »Unsere Eltern wohnen hier, unsere Geschwister und unsere Freunde. Wir reisen gern, aber wir kommen auch immer wieder gerne zurück. Da, wo die schiefe Kirche ist, da ist unser Zuhause.«

Zu DDR-Zeiten waren die beiden noch Kinder, aber sie erinnerten sich natürlich an so manche Besonderheit der damaligen Zeit.

»Wenn meine Oma in den Westen fuhr, brachte sie immer einen großen Koffer voller Köstlichkeiten heim«, erzählte Michael. »Wir holten sie in Weimar ab, und noch im Wartburg musste sie für uns den Koffer öffnen und dann duftete alles nach Orangen und Mandarinen.«

Ihre erste Kinder Milch-Schnitte, erzählte uns Susann, habe sie ausgespuckt, viel zu süß war ihr das weiße Zeug. Aber eine Cola-dose, die sie einmal geschenkt bekam, hatte sie jahrelang aufge-hoben. Wie ein Heiligtum stand die Dose in ihrem Kinderzimmer und wurde erst nach der Wende aufgemacht.

»Ich bin meinen Eltern im Grunde dankbar«, sagte sie, »dafür, dass sie politisch in angemessenem Maße die Füße stillgehalten haben. Ja, man muss seine Werte verteidigen. Viel wichtiger war ihnen aber, dass wir als Kinder glücklich waren. Und wir hatten hier, im beschaulichen Buttstädt, ein verdammt gutes Leben. Wir haben gar nicht mitbekommen, dass wir in einem seltsamen Land lebten.«

Piekarski und ich lauschten den Erzählungen der beiden und ich hinterfragte meine eigene, sicherlich viel zu oft naive Sicht auf die Dinge. Wir Westberliner haben sonntags in den Todesstreifen geglotzt und sind durch den Transit gebraust. Damit, so meinten wir, hatten wir genug gesehen, um urteilen zu können, dass das Leben im Osten nicht lebenswert war. Gar nicht lebenswert gewesen sein konnte! Der Osten war scheiße und Punkt. Fer-tig. Abgehakt. Und jetzt, 30 Jahre später, kommen die Ostdeut-schen noch immer angelaufen und erzählen uns, dass das so nicht stimmte? Dass eben nicht alles Mist war, dass es auch Gutes gab in der DDR? Viele Menschen aus den neuen Bundesländern fühl-ten sich damals überrannt von der Auflösung der Volkskammer und der Wiedervereinigung. Und wir aus dem Westen verstehen bis heute nicht, warum. Gespräche wie das damals mit den Pfann-kuchens oder die Kaffeenachmittage bei meiner Tante machen mir Besser-Wessi klar, woher dieses Gefühl des »Überranntseins« kommt. Und sie zeigen, dass die Wahrheit niemals nur eine Farbe hat. Darum werde ich auch nicht damit aufhören, solche Gesprä-che zu führen. Als Journalistin nicht und als Privatperson erst recht nicht.

Das Licht wechselte hinter dem schiefen Kirchturm langsam von Rot zu Blau, und wir verabschiedeten uns fürs Erste von den

Pfannkuchens. Ein langer Tag lag hinter uns und ein noch längerer stand uns bevor. Piekarski und ich waren in einer nahe liegenden Pension untergebracht, wir checkten ein, und nach einem kurzen Abendbrot fiel ich völlig kaputt ins Bett.

Ich schlief unruhig in dieser Nacht und träumte von schrägen Türmen, schiefen Ebenen und märchenhafter Hanggestaltung. Der Weingarten des Schlosses Sanssouci in Potsdam tauchte vor meinem inneren Auge auf, ich stieg die 130 Stufen empor und bewunderte seine breiten Terrassen, die sich wie ein riesiges Wasserspiel in Richtung Süden ergossen. Neben dem Wein wuchs heimisches Spalierobst, alte Apfel- und Birnensorten rankten an ihren windgeschützten Frontseiten, und Piekarski erschien mir als Friedrich der Große, der majestätischen Schrittes an den exotischen Zitronen- und Orangenbäumen des Lustgartens vorbeiflanierte und diese höchstpersönlich auf Lausbefall prüfte.

Als ich am Morgen aufwachte, dauerte es einen kurzen Augenblick, bis die Bilder von Sanssouci in meinem Kopf dem braunen Erdhaufen aus dem Pfannkuchen-Garten gewichen waren. Ich stand auf, zog die Gardine zurück und blickte nach draußen. Regen prasselte ans Fenster. *Seufz.* Auch das noch. Filme machen bedeutet Stress. Und Gartenfilme, weil sie so verdammt wetterabhängig sind, stressen besonders. Wir hatten nur diesen einen Drehtag, mussten bis nach Erfurt gondeln, um die Ware zu besorgen, und jetzt war auch noch das Wetter umgeschlagen. Das Team war mir fremd und das Budget für die Pflanzen begrenzt. Einzig der ruhige, stets besonnene Gärtner an meiner Seite bot Halt. Wie ein alter Nussbaum, fest verwurzelt, blieb er gelassen, schnurzpiepegal wie stark der Wind wehte.

»Frau Platz, das hier ist keine Operation am offenen Herzen«, sagte er beim schnellen Morgenkaffee zu mir. »Wir machen nur einen popeligen Film fürs Fernsehen. Det wird schon.« Der Mann hatte ja recht, ich weiß. Und doch. Filmemachen ist Vertrauenssache. Meine Redaktion vertraute darauf, dass ich anständiges Material nach Hause brachte. Mein Chef hatte sein Okay gegeben, das Produktionsbüro ein Team organisiert, ein Hotel gebucht. Die Maschine rollte, es waren Kosten entstanden. Ab da gibt es eigentlich kein Zurück. Egal ob politische Reportage, Langzeitbeobachtung oder Gartenfilm, wir Reporter kommen nicht mit leeren Händen nach Hause. Punkt. Und das ist auch richtig so, schließlich finanziert unser Programm der Gebührenzahler. Also Sie alle. Es muss schon hart auf hart kommen, bevor Kolleginnen, Kollegen oder ich einen Dreh absagen oder unterbrechen. Und einen Gartendreh? Sicher nicht. Mit welcher Begründung auch? Sorry, der Hang war zu steil und es regnete? Nee.

Pünktlich um neun kamen alle vor dem Eingang der Baumschule zusammen. Die Pfannkuchens, das Zwei-Mann-Team aus dem Studio in Thüringen, der Gärtner und ich. Die beiden Kollegen, stellte ich erleichtert fest, hatten sich in Anbetracht des schlechten Wetters mit Gummistiefeln und dicken Jacken ausgestattet.

»Der Regen ist natürlich Mist«, sagte der Kameramann und zog sich die Kapuze tiefer über den Kopf. »Aber wie heißt es immer: Nur die Harten kommen in den Garten.« Er grinste und wurschtelte eine Plastikfolie um sein schweres Arbeitsgerät, der Tonassistent schulterte die Tontasche und machte die Tonangel klar. Mir fiel ein Stein vom Herzen. Die beiden Kollegen waren wetterfest und schwer in Ordnung.

Wir betraten die Baumschule Kühr, und ich war auf Anhieb begeistert. Es regnete in Strippen, der Himmel hing tiefgrau über unseren Köpfen, und mit einem strahlenden Lächeln kam die Chefin Anita Kühr auf uns zu.

»Ach, das Fernsehen. Da sind Sie ja! Na, dann kommen Sie mal rein und wir schauen, was Sie brauchen.« Rund um das mit grünen Fenstern leuchtende, hübsche Verkaufshäuschen hatte Frau Kühr ein, wie ich fand, ausgeklügeltes Angebot von Standardware und Exoten arrangiert. Auf den Tischen standen Herbstklassiker wie Heide, Astern und Chrysanthemen, daneben aber reihten sich beeindruckend hohe Anemonen, *Skabiosen* und

spät blühende Veronica. Viele der Pflanzen standen in Farb-
themen aufeinander abgestimmt, und die Verkaufstische leuchteten in hellem Fichtenholz oder waren liebevoll aus alten Mauer-
steinen gebaut. Neben Gräsern und spät blühenden Gehölzen
zogen, jahreszeitlich passend, riesige Kürbisse den Blick auf sich,
und obwohl die Baumschule eine Verkaufsgärtnerei war, fühlten
wir uns eher wie in einem Privatgarten. Über schmale Wege aus
Rindenmulch und Holzpellets marschierten wir im Gänsemarsch
in den hinteren Bereich. Eine breite Palette an Bodendeckern
stand links und rechts, jedes Töpfchen kostete nur wenige Cent
und die Pfannkuchens wurden rasch fündig. Drei Sorten sollten es sein: Fünffingerstrauch *(Dasiphora fruticosa),* Immergrün
in Weiß *(Vinca minor)* und Sibirischer Storchschnabel *(Geranium
wlassovianum).* Praktischerweise fuhren unsere Gartenbesitzer
einen Kleintransporter, und wir luden die Plastikpaletten ein, so
schnell wir konnten. Immer wieder allerdings mussten wir das
Einladen unterbrechen, zu gewaltig prasselte der Regen. Damit
die Technik nicht innerhalb kürzester Zeit durchnässt war, stellten wir uns unter ein Vordach der Kühr'schen Baumschule. Direkt
neben eine große, zart-weiß blühenden Topfpflanze.

»Was ist das denn?«, fragte ich begeistert.

»Och, das olle Ding«, antwortete Frau Kühr, »das ist ein Echter
Jasmin. Ein *Officinale.* Der wächst wie verrückt und blüht bis in
den November. Den räume ich immer erst rein, wenn der erste
Frost kommt.«

Eine tolle Pflanze, fand ich. Sie maß locker drei Meter, ihre
dunkelgrünen Triebe schlangen sich um ein unter dem dichten
Blattwerk fast unsichtbares Rankgitter, und von oben bis unten
war sie übersät mit kleinen sternförmigen Blüten.

»Sieht super aus, oder Chef?«, sagte ich zu Piekarski. Aber der
blickte nur leicht skeptisch in den Himmel. »Hmmm«, machte er.
»Lassen Sie uns lieber mal weitermachen.« Einen gestandenen
Gärtner mit mehr als 30 Jahren Berufserfahrung auf dem Buckel
interessiert eine Kübelpflanze nicht die Bohne. Ein lapidarer

Jasmin schon gar nicht. Ich dagegen war schnell zu begeistern. Als frischgebackene Hobbygärtnerin geriet ich selbst bei zweifarbigen Geranien schon enthusiastisch ins Schwärmen. Ohne Mitbringsel für mein grünes Glück zu Hause kam ich eigentlich nie von einem Dreh zurück. Blöd nur, dass diese Kübelpflanze, bei aller Liebe, nicht ins Auto passte.

Wir stapelten die restlichen Bodendecker in den Transporter, einen kleinen Halbstammapfel luden wir auch noch mit ein, und im Konvoi ging es zurück nach Buttstädt.

Thüringen versank im Käsewetter, aber als wir auf der Höhe des Naturschutzgebiets Brembacher Weinberge aus einer Unterführung kamen, öffnete sich der Himmel, die Sonne brach durch die Wolkendecke, und ein riesiger Regenbogen wies uns den Weg. Auf Regen folgt eben Sonnenschein. Immer.

Es war Mittag geworden, als wir ausgeladen hatten und im Garten der Familie Pfannkuchen anfingen zu filmen. Noch gönnte uns der Himmel seine Regenpause, und unter normalen Umständen hätten Piekarski und ich die Bodendecker wahrscheinlich innerhalb weniger Stunden in der Erde versenkt. Bloß, Gartenarbeit mit einem Kamerateam, ist etwas völlig anderes als Gartenarbeit ohne Kamerateam. Arbeitsabläufe werden permanent unterbrochen oder müssen mehrfach wiederholt werden. Der Kameramann sagt Sachen wie: »Bitte noch mal« oder »Halt, stopp. Ich brauch noch eine Nahaufnahme« oder »Warte mal kurz, ich muss den Akku wechseln«.

Um überhaupt schon mal was im Kasten zu haben, setzten wir zunächst den kleinen Apfelbaum. Das ging immerhin zügig. Nachdem Piekarski einen dicken Stützpfahl neben dem Baum in die Erde gerammt und drei plausible Sätze dazu in Richtung Kamera gesagt hatte, nahmen wir den Hang in Angriff.

»Wir müssen das Pflanzmuster, das wir uns gestern aufgezeichnet haben, auf den Hügel übertragen«, sagte er und holte eine Rolle rot-weiß gestreiftes Flatterband aus seiner Tasche. Ich stieg auf den Erdhaufen und versuchte zu ignorieren, dass meine Gummistiefel knöcheltief im aufgeweichten Boden versanken. Piekarski gab aus ein paar Metern Entfernung Anweisungen, und ich drapierte das Flatterband auf die Pflanzfläche. Gemeinsam mit den Gartenbesitzern legten wir die Töpfchen in gleichmäßigem Abstand an die Stellen, in die wir später pflanzen würden. 500 Töpfe, die darauf warteten, von uns in die Erde gesetzt zu werden. Der Kameramann klickte die Kamera auf sein Stativ – ich wollte die Pflanzaktion später im Schnelldurchlauf in unseren Film schneiden – und wir begannen mit dem Pflanzen.

»Stopp!«, rief der Kameramann. »Es geht wieder los.«

Auf Sonnenschein folgt Regen. Immer. Innerhalb weniger Augenblicke braute es sich dunkelgrau am Himmel zusammen, und aus anfangs zaghaften Tröpfchen wurde ein peitschendes Gepladder. Es half alles nichts, wir mussten unterbrechen. Zu groß war die Gefahr, dass die Kameratechnik unter der hohen Luftfeuchtigkeit Schaden nahm. Triefend nass retteten wir uns in den Pfannkuch'schen Hausflur. Kostbare Zeit verging. Ich schaute auf die Uhr.

»Es ist halb vier, Leute. Und wir haben außer einem eingepflanzten Apfelbaum und zwei Einstellungen in der Baumschule noch nicht viel.« Ich schaute mein Team an. Der Kameramann zuckte mit den Schultern. Er wollte weiterdrehen, aber es ging einfach nicht. Wir warteten. Irgendwann, als der Himmel einfach nicht heller wurde, sagte Piekarski zu mir:

»Okay, Frau Platz, den Hang kriegen wir bei dem Wetter nicht bepflanzt, der ist jetzt eine einzige Rutschbahn. Lassen Sie uns die Beetkante versuchen. Wir bereiten ohne Kamera alles so weit vor und drehen dann nur das Einsetzen der Steine.«

Er zog sich den Reißverschluss bis unters Kinn, ging hinaus und griff den Spaten. Ich hätte ihn am liebsten geküsst und folgte nach draußen.

In langen Strippen ging der Regen auf uns nieder, und wir begannen damit, die Rasenkante abzustechen. Eine Arbeit, die bei

Regen zwar überhaupt keinen Spaß macht, aber immerhin durch den aufgeweichten Boden leichter von der Hand geht als bei Trockenheit. Relativ zügig hatten wir einige Meter geschafft. Kurz vor der Terrasse aber stieß ich auf Widerstand. Keine fünf Zentimeter tief brachte ich den Spaten in den Boden.

»Vorsicht. Vorsicht«, warnte mich Piekarski, als ich den Spaten hob und ihn gerade erneut mit aller Kraft in die Erde rammen wollte.

Er bückte sich und begann mit bloßen Händen zu graben.

»Hier ist was«, sagte er am Boden kniend, und dicke Tropfen rannen sein Gesicht herunter. »Da ist … ein Rohr oder so was.«

Susann kam dazu und schüttelte den Kopf.

»Mensch, das könnte das Abflussrohr vom Haus sein. Das ist die Grundleitung. Die dürfen wir um Himmels willen nicht kaputt machen!«

Es schien, als hätte sich an diesem Tag die ganze Welt gegen uns verschworen. Nichts klappte und ich war wütend. Aber was brachte das schon? Wir schütteten das Abflussrohr wieder zu, beerdigten das Projekt Rasenkante und zogen uns erneut in den Hausflur zurück.

Bei einer dampfenden Tasse Tee, die mir Susann reichte, schaute ich auf die Uhr. Es war kurz vor fünf. Wir warteten. Und warteten.

»Guckt mal«, sagte irgendwann der Tonassistent und streckte den Kopf in Richtung Tür. »Es wird heller.« Und der Kollege hatte recht!

Der Himmel machte auf, die Sonne kam durch und tat, als wär nix gewesen. Wir traten nach draußen und kletterten auf den matschigen Hang. Die mühevoll von uns arrangierten Töpfe waren durch den Regen heillos durcheinandergekugelt, so dauerte es eine Weile, ehe wir alle wieder an Ort und Stelle platziert hatten.

»Ganz wichtig ist, dass ihr die Pflanzen aufrecht in die Erde setzt«, erklärte Piekarski. »Wir beginnen oben am Hang, stellen uns in eine Reihe und arbeiten nach unten.«

Mit einer Pflanzkelle bewaffnet machten wir uns ans Werk. Wir waren nass, wir waren müde und die Arbeit ging langsamer als gedacht. Noch heute rangiert die Bepflanzung dieses Buttstädter Hanges ganz weit oben auf meiner persönlichen Rangliste der anstrengendsten von mir durchgeführten Gartenarbeiten. Tief gebückt, die Stiefel eingesunken in der matschigen Pampe, standen wir auf dieser Schräge und buddelten Topf um Topf in die Erde. Bei jeder Bewegung mit dem Fuß stießen wir an die weiter unten liegenden Töpfe, die kullerten dann den Hügel hinunter und innerhalb kürzester Zeit war unser ausgeklügelter Pflanzplan nur noch Makulatur.

Der Kameramann und sein Tonkollege legten ihr Equipment beiseite, kletterten zu uns auf den Hang und gruben mit bloßen Händen mit. Aber ich ahnte: Das würde nicht reichen. »Ein Drehtag ist einfach zu wenig!«, schimpfte ich und griff nach der nächsten Pflanze, um sie in die Erde zu rammen. Es war mittlerweile nach sechs Uhr, in einer Stunde würde die Sonne untergehen, das war's dann. Ohne Licht kann man keinen Gartenfilm drehen. Noch nicht einmal die Hälfte hatten wie geschafft. Noch mehr als 250 Bodendecker mussten in die Erde und ohne das Bild des fertig bepflanzten Hanges war mein Film nicht komplett.

Erschöpft richtete ich mich auf und drückte das Kreuz ein wenig durch. Da sah ich, dass sich das große Holztor öffnete und eine Gruppe Menschen hereintrat. Einige hatten eine Pflanzkelle in der Hand, andere Gummistiefel an den Füßen und, ohne groß zu fragen, kraxelten auch sie auf den Hang und halfen mit, die Bodendecker in die Erde zu setzen.

»Das sind meine Schwiegereltern, mein Bruder und ein paar Freunde«, strahlte uns Susann an. »Ich hab sie angerufen.«

Wäre ich nicht so dreckig gewesen, hätte ich die gesamte Pfannkuchentruppe kräftig gedrückt. War das nicht großartig? Was hatten diese Menschen damit zu tun, dass das Fernsehen nun unbedingt *heute* noch ein Abschlussbild brauchte, und dass diese Pflanzen nun ausgerechnet *heute* noch in die Erde mussten? Der

Hang war ein einziger schlammiger Haufen, der Job wahrlich kein Vergnügen, und doch standen sie Seite an Seite mit uns auf diesem verdammten Hügel und buddelten mit. Einfach so. Wie die Freunde meiner Tante damals, die geholfen hatten, das Loch für den Pool zu graben. Ich war gerührt.

»So ist das hier bei uns in Buttstädt«, sagte die Schwiegermutter in feinstem Thüringisch zu mir, »da hilft man sich halt, wenn Not am Mann ist.«

Nach weniger als einer halben Stunde hatten wir es geschafft. Das Bild war im Kasten und es blieb sogar noch Zeit, einige Schippen Mist unter das Gemüsebeet zu graben. Drei Themen – abgehakt! Im fertigen Film später, ich erinnere mich noch genau, war von dem Produktionsstress nichts mehr zu merken. Locker-flockig stiefelten der Gärtner, die Pfannkuchens und ich von einer Szene in die nächste, und die drei Minuten schauten sich weg, als hätten wir butterweich in einem Rutsch durchgearbeitet. Von wegen!

Ob nun eine derart selbstlose Hilfsbereitschaft der Tatsache geschuldet ist, dass Buttstädt in Thüringen liegt, vermag ich nicht zu sagen. Das wäre sicherlich ein viel zu simpler Blick auf die Geschehnisse. Natürlich hätte sich diese Geschichte so oder so ähnlich auch in Schleswig-Holstein oder Bayern ereignen können. Oder wo auch immer. Mir jedoch, vielleicht auch, weil ich als Berlinerin umgeben bin von den neuen Bundesländern, begegnet er in der Tat oft im Osten, dieser großherzige, uneigennützige Zusammenhalt.

Einige Tage später, zurück in Berlin, der Bericht war geschnitten und gesendet, kam ich abends aus dem Büro nach Hause. Vor meiner Haustür stand eine kleine Topfpflanze. Ein Jasmin.

»Der wächst noch!«, las ich auf einer Karte, die zwischen den dunkelgrünen Blättern der Pflanze steckte. »Viele Grüße und bis zum nächsten Mal. Ihr Gerald Piekarski.«

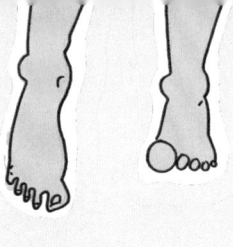

Der
alte Apfel

Kkknnnaaarrrzzz.

Och nöö, denke ich, während mich das Geräusch im Halbschlaf erwischt, und drücke den Kopf ein wenig tiefer ins Kissen. Es ist sechs Uhr morgens, ich würde gerne noch ein halbes Stündchen weiterschlafen. Bitte!

Kkknnnaaarrrzzz.

»Okay. Okay«, sage ich laut zu mir selbst und öffne die Augen.

Kkknnnaaarrrzzz.

»Auweia, der kämpft aber wirklich da unten.« Ich drehe mich zu meinem Mann. »Hmmm«, grunzt der und rollt sich auf die andere Seite. So ein Käse. Unser Mähroboter braucht Hilfe, und auch wenn ich sein herzzerreißendes Geknarze am liebsten ignorieren würde – es nützt ja nichts. Müde schwinge ich die Beine aus dem Bett, werfe einen Bademantel über und schlurfe die Treppe in den Garten hinunter. An der rechten Seite unseres Grundstücks, direkt an der Grenze zu unseren Nachbarn, steht ein alter Apfelbaum. Sein knorriges dunkles Holz ist um diese Jahreszeit kaum zu sehen, dicht mit grünen Blättern belaubt ist die üppige Krone, und voll mit kleinen gelbroten Äpfeln. Wie Trauben hängen die überreifen Früchte an den Zweigen, und Nacht für Nacht fallen etwa zwei Dutzend von ihnen auf den Boden und machen am frühen Morgen unserem Mähroboter das Leben schwer. Dickes, rundes Obst überfordert seine Klingen. Wenn mein kleiner Gartenhelfer im September seinen Dienst verrichtet, höre ich ihn bis nach oben ins Schlafzimmer ächzen, sobald sein zufallsgenerierter Weg unter den Apfelbaum führt.

Längst wollten wir den Rasenmäher auf eine etwas freundlichere Arbeitszeit umprogrammiert haben. Doch kaum ist unser Roboter zurück in seinem Häuschen, hab ich das auch schon vergessen.

Kkknnnaaarrrzzz.

Ist ja gut, ich komme! Ich schnappe mir den Garteneimer und klaube die auf dem Boden liegenden, teilweise bereits vom Roboter zerfledderten Äpfel auf. Der kleine Mähro dankt es mir und fährt stoisch und zufrieden schnurrend an meinen Füßen vorbei. Die Ladung Matschäpfel landet auf dem Komposthaufen, ich atme die kühle, unverbrauchte Morgenluft ein und schaue mich um. Und nu? Was mache ich mit der geschenkten halben Stunde? Leg ich mich wieder ins Bett? Nee. Natürlich könnte ich den Spaten aus dem Gartenschuppen holen und endlich etwas Ordnung ins Gemüsebeet bringen. Aber will ich das? Im Bademantel?

Erneut fällt mein Blick auf den Apfelbaum. Ein wunderschöner Riese, etwa sieben Meter hoch und sicher mehr als 120 Jahre alt. Seinen großen Auftritt hat der Baum jährlich im April. Etwa zehn Tage lang trägt er dann einen wunderschönen Mantel aus weiß-rosa Blüten. Jeder Besucher, der sich in dieser Zeit in meinen Garten verirrt, wird blass vor Neid mit Blick auf dieses Feuerwerk.

»Das wird ja wieder eine üppige Ernte«, sage ich dann zu Dagmar, meiner Nachbarin.

»Hoffentlich nicht«, antwortet sie mit bangem Blick nach oben. Und Dagmar hat recht. Die Blüte ist fantastisch, aber jetzt im Herbst ersticken wir in Äpfeln. Es sind einfach zu viele. Seit Wochen schon kocht Dagmar Apfelgelee und backt Apfel-Eierkuchen. Und ich? Drücke täglich fünf Kilo durch den Entsafter, die Kinder nehmen Äpfel mit in die Schule, und jeden zweiten Abend gibt es Kartoffelpuffer mit Apfelmus. Mehr verkraften wir nicht. Zwei Mal habe ich in den letzten Jahren eine fahrbare Mosterei kommen lassen. Der Apfelmostmann hat unsere vollgepackten Kisten hinten auf seinen Truck in einen Trichter ent-

Kleinstrauchrose »Heidetraum«. Steht, anders als ihre englische Verwandte,
e 'ne Eins in meinem Garten und hatte erfreulicherweise noch nie Mehltau.

Es ist Anfang April und d
Sonne schickt die ersten
warmen Strahlen in den
Garten hinunter. Schön.

Aber – lange Pausen gibt es nicht. Wer ernten will, der muss auch säen.
Bei mir gab es letztes Jahr Salat, Radieschen und diesen echt
beeindruckenden Kohlkopf (rechte Seite).

Das hier ist der Beweis! Im ersten Jahr
blühte die Cymbidie noch.
Danach (seufz) leider nie wieder.

Der Jasmin, den mir Piekarsk
damals nach unserer Reise nac
Thüringen schenkte, ist aus ar
derem Holz geschnitzt. Der blü
jedes Jahr verlässlich. Manchm
sogar noch im November.

Ein Schnappschuss von meinem Dreh im Moor – kurz bevor ich
um Haaresbreite auf nimmer Wiedersehen verschwunden wäre.

Ohne Ohrenschützer ging es nicht –
unser Drehtag in der Krumpholzschmiede.

Der Gierschjäter ist
immer an meiner Seite.

Ein sehr typisches Bild von Gerald Piekarski. Auch der
stärkste Gärtner braucht mal eine kleine Verschnaufpause.

Der Apfelbaum in voller Größe. Mit der Ernte gebe ich jedes Jahr in der ganzen Nachbarschaft an.

»Des Gärtners Gold« im hinteren Teil des Gartens.
Was wäre ein Garten ohne Komposthaufen?

Unser Gartenhaus. Wir haben es selbst gebaut und
die Fenster des alten, abgerissenen Wintergartens verwendet.

leert und vorne kam Apfelsaft in Fünf-Liter-Tüten raus. Praktisch. Allerdings lagern im Keller noch immer 75 Liter vom letzten Jahr, drum habe ich den Mostmann bislang nicht angerufen. Manchmal stellen Dagmar und ich die Äpfel auch in kleinen Körben auf den Bürgersteig. »Bitte mitnehmen – gratis!«, schreiben wir dann auf einen Zettel. Doch der Berliner ist bei Gratisangeboten von Natur aus misstrauisch. Nur wenige Spaziergänger schnappen sich im Vorbeigehen einen Apfel. Im nächsten Frühling, das schwöre ich mir, stelle ich mich auf eine Leiter und hole die Hälfte der Fruchtansätze eigenhändig vom Baum. Den Trick hat mir neulich eine Apfelbäuerin verraten. Die Profis nennen das »Behangsregulierung«. Mit einem rotierenden Fadengerät fahren die Obstbauern im Mai und Juni durch die Reihen. Die Fäden »peitschen« auf die Bäume und reduzieren auf diese Weise den Knospenbesatz. Ein Überhang, der unterschiedlich große und zu viele Früchte liefert, wird auf diese Weise vermieden. Dieses Auspeitschen erfordert viel Erfahrung, denn es kommt auf das richtige Timing an. Es dürfen keine Spätfröste mehr angesagt sein, aber nach Möglichkeit trägt der Baum auch noch kein Laub. Macht der Obstbauer hier einen Fehler, peitscht er zu früh oder zu spät, zerstört er sich seine Ernte. In meinem Privatgarten habe ich natürlich weder Trecker noch Fadengerät. Ich werde die Knospen von Hand abknipsen müssen.

Auch nicht ganz ohne bei einem Sieben-Meter-Baum, denke ich, bücke mich unter den tief hängenden Ästen hindurch und schaue am Stamm empor. Noch nie bin ich auf diesen Baum geklettert. Meine Tochter hat das eine Sommersaison lang ganz gerne gemacht, sich dann zwischen den Ästen versteckt und »Wo bin ich?« gerufen. Aber das ist Jahre her, seitdem war niemand mehr da oben.

»Warum eigentlich nicht?«, schießt es mir durch den Kopf, und schon hieve ich mich, barfuß und wahrscheinlich ziemlich unbeholfen, auf den ersten dicken Seitenast. Na bitte! Bin zwar fast fünfzig, aber das hält mich nicht davon ab, morgens um kurz nach sechs auf einen Baum zu kraxeln. *Tadaaa.* Vorsichtig hocke ich mich hin und ziehe den Gürtel des Bademantels etwas enger. *Eine Etage geht noch*, denke ich und ziehe mich auf den nächsten, etwa 70 Zentimeter höher liegenden Querast. Zwei bis drei Meter sind es jetzt bis zum Boden, das reicht. Das Letzte, was ich um sechs Uhr früh an einem Herbstmorgen brauche, ist das Gefühl eines freien Falls und eines gebrochenen Beines. Langsam lasse ich mich auf dem soliden Seitenast nieder und lehne den Rücken an den Hauptstamm. Nicht schlecht. Das hätte ich schon längst mal machen sollen! Waldbaden im eigenen Garten. *Shinrin Yoku.* Wenn ich die Augen schließe, höre ich das leise Rascheln der Blätter und das monotone Geschnarre meines Roboterfreundes. Die Vögel jedenfalls scheinen noch zu schlafen, meine Familie auch. Herrlich. Was für ein friedlicher, ruhiger Moment. Nur der alte Apfelbaum und die Frau im Bademantel.

Ich greife nach einem der Äpfel und schaue ihn mir einen Moment lang an. Er ist ein bisschen mickrig, hat oben und unten zwei Beulen, und wenn ich hineinbeiße, guckt mir eventuell ein Wurm entgegen. Trotzdem lecker! Die Äpfel meines Baums gibt es in keinem Supermarkt zu kaufen, überhaupt habe ich sie noch nie irgendwo anders gesehen, als hier in meinem Garten. Wie oft schon habe ich mir vorgenommen, diese Apfelsorte in Erfahrung zu bringen? Unzählige Male. Sie kennen das. Irgendwas kommt immer dazwischen, irgendwas ist immer wichtiger. Dabei wüsste ich sogar jemanden, den ich fragen könnte. Bloß – ob der sich noch an mich erinnert? Es ist schon ein paar Jahre her, seit ich ihn traf …

»Guck mal hier«, sagte ich zu meiner Planungskollegin, »in Bielefeld hat ein Mann einen Obstsorten-Garten aufgebaut. Der kultiviert alte Apfelsorten. Das ist doch mal spannend, findste nicht?«
»Hmmm«, antwortete die Kollegin abwesend. Sie war gedanklich gerade in einen Wanderschuhtest der Zeitschrift *Stiftung Warentest* vertieft und brauchte einen Moment, um ihre Hirnzellen auf

Äpfel umzuschwenken. Seit ein paar Stunden schon saßen wir gemeinsam in unserem Büro, sie arbeitete einen riesigen Stapel Verbraucherzeitschriften ab, und ich wühlte mich auf Themensuche für meine Rubrik *Platz im Garten* durchs Internet. Im frühen Herbst ist das nicht allzu schwierig, da hat man als Gartenjournalistin eher die Qual der Wahl:

Kürbisernte – hundert Mal gesehen. Kartoffelernte oder Weinlese – immer schön, aber auch nichts Neues. Wintergemüse – laaangweilig. Garten winterfest machen – noch zu früh. Schwimmteich selber bauen – eventuell zu speziell.

Über alte Apfelsorten wusste ich nichts, meine Kollegin auch nicht. Wir dachten darüber nach, wie viele verschiedene Apfelsorten uns spontan einfielen, und kamen auf sechs: Cox, Elstar, Boskop, Gala, Golden Delicious und Granny Smith. »Ach, und Jonagold!«, rief sie. Mehr kamen uns partout nicht in den Sinn. In dem Bielefelder Obst-Arboretum aber wuchsen mehr als 350 verschiedene Apfelbäume. In ganz Deutschland gab es angeblich sogar mehr als 3 000 Sorten. Bloß, wo sind die alle? Wo kann man die kaufen? Das Thema war allemal einen Recherche-Anruf wert. Ich tippte die Nummer des Arboretums ins Telefon, der Chef persönlich nahm ab, und drei Tage später saß ich im Zug Richtung Westen.

Mein Team kam aus Hannover und holte mich am Bielefelder Bahnhof ab. Für den Nachmittag war Regen vorhergesagt, aber noch schien die Septembersonne golden und warm vom Himmel herunter.

Der Obstsortengarten von Hans-Joachim Bannier liegt direkt an einer Hauptstraße etwas außerhalb der Stadt. Hinter einem Schild mit der Aufschrift »Obst-Arboretum Olderdissen« bogen wir scharf links ab und parkten den Wagen neben einem kleinen, hübsch aufgearbeiteten Fachwerkhaus. Unser Auto war an diesem sonnigen Vormittag nicht das einzige auf dem Gelände, im Gegenteil, es herrschte reger Betrieb. Es war ein Freitag und der einzige Tag der Woche, an dem Herr Bannier seine Äpfel im Direktvertrieb verkaufte. Wer in oder rund um Bielefeld wohnt, weiß das natürlich, und so gaben sich zu dieser Stunde Apfelliebhaberinnen und Apfelallergiker aus der gesamten Region die Klinke in die Hand. Einige der Kunden aber kamen nicht, um Äpfel zu kaufen. Nein. Sie wollten eine Sortenbestimmung.

Meine Kollegen und ich schauten uns suchend um. Nachdem wir niemanden entdecken konnten, der aussah, als würde er zum Betrieb gehören, traten wir durch die offene Tür des Fachwerkhauses in den Verkaufsladen. Ein großer Mann, ich schätzte ihn auf Mitte 50, stand mit grüner Latzhose und sonnengegerbtem Gesicht zwischen einer Reihe aufgestapelter Apfelkisten. Das war mein Experte! Ich erkannte ihn von den Fotos im Netz. Hans-Joachim Bannier bemerkte uns nicht, er war in ein Gespräch mit einem älteren Herrn vertieft. Die beiden beugten sich über einen kleinen Karton.

»Zeigen Sie mal her«, sagte Bannier, öffnete die Kiste und hob mit unverhohlener, fast kindlicher Neugier einen Apfel heraus. »Wo sagten sie, kommt der her?«

Der ältere Herr erzählte eine etwas umständliche Geschichte von dem Apfelbaum seiner Großmutter aus Pommern, und davon, dass er vermuten würde, dieses Exemplar aus der Kiste sei genau jene Sorte, die er noch aus seiner Kindheit kannte. »Hmmm«, machte Bannier und ging mit Apfel und älterem Herrn nach draußen. Meine Kollegen und ich folgten. Ebenso die drei anderen Kunden, die mit uns in der Scheune gestanden hatten. Wir alle wollten wissen, ob Bannier den Apfel zuordnen konnte.

Er drehte ihn im Tageslicht und hielt sich das Exemplar dann relativ nah vor die Augen. »Hmmm. Flache Kelchgrube, kurzer Stiel, Berostung fein«, murmelte er und nahm ein kleines Obstmesser aus der vorderen Tasche seiner Latzhose. »Darf ich?«, fragte er den älteren Herrn. Der nickte und Bannier schnitt den Apfel in zwei Teile. Er pulte einige der Kerne aus dem Gehäuse, legte sie in seine Handinnenfläche und schob sie mit dem Zeigefinger hin und her. »Groß, lang, einseitig flach.« Bannier sprach mehr zu sich selbst als zu seinem Publikum. Er schnitt eine Spalte des Apfels ab und steckte sie sich in den Mund. Wie ein Wein-Sommelier oder ein Restaurant-Tester in einem Sternerestaurant spitzte er die Lippen und schob die Essprobe langsam im Mund hin und her. Der Apfelkenner ließ sich Zeit, und die Tatsache, dass ihm diverse Menschen gebannt bei seiner außergewöhnlichen Geschmacksprobe zusahen, schien ihn in keiner Weise zu verunsichern.

»Hmmm. Das ist«, sagte Bannier nach einer gefühlten Ewigkeit, »eine Kasseler Renette. Eine alte Sorte, die man heute nur noch relativ selten findet. Aber in Pommern gab es sie eigentlich nicht.«

Kasseler Renette? Was sollte das denn sein? Meine Kollegen und ich guckten uns fragend an. Keiner von uns hatte den Namen je gehört. Der ältere Herr offenbar auch nicht. Ein wenig enttäuscht nahm er den Karton mit den restlichen Äpfeln wieder an sich. »Immerhin eine alte Obstsorte, sagen Sie? Die Äpfel meiner Großmutter müssen dann aber andere gewesen sein? Sind Sie sicher?«, fragte er. »Ganz sicher«, sagte Bannier und zuckte mit den Schultern. Er war mindestens ebenso enttäuscht wie der ältere Herr, das konnte man ihm ansehen. Sein allwöchentlicher Service zur Bestimmung alter Apfelsorten ist keine rein selbstlose Dienstleistung. Bannier nimmt sich die Zeit für die Früchte seiner Kunden, weil bei jedem Apfel, der ihm zur Untersuchung gebracht wird, die Chance mitschwingt, eine längst vergessene Sorte neu- oder wiederzuentdecken. Hunderte Apfelsorten sind bereits ausgestorben, und das Wissen um sie droht in Vergessenheit zu geraten. Darum ist eine Sortenbestimmung, wie sie regelmäßig auf Märkten, bei Herbstfesten oder eben einmal in der Woche im Obst-Arboretum in Bielefeld stattfindet, für Pomologen, Wissenschaftler und Sammler eine wichtige Informationsquelle.

Wann immer eine neue Sorte auf diese Weise aufgestöbert wird, versuchen Bannier und andere Pomologen einen Reiser zu erhalten. Die alte Sorte kann dann in eine der bestehenden Privatsammlungen aufgenommen werden. Auch mit der Deutschen Genbank Obst des Bundeslandwirtschaftsministeriums tauscht Bannier sich regelmäßig aus.

Wir warteten einen Augenblick, bis sich die Traube aus Menschen um den Apfelexperten aufgelöst hatte.

»Hallo, guten Tach«, sprach ich ihn an. »Ich bin die Sabine Platz, wir sind verabredet.« Bannier lächelte freundlich, brauchte aber eine Sekunde.

»Ach jaaa, die Journalistin vom ZDF. Ich hab Sie ganz vergessen.« Normalerweise wäre ich in diesem Moment ein wenig enttäuscht gewesen. Immerhin kommt ja nicht jeden Tag ein Fernsehteam zu Besuch, und nicht selten sind die Menschen, bei denen ich mit Kameramann und Tonassistenten auftauche, ein bisschen aufgeregt. Nicht so Hans-Joachim Bannier. Er strahlte die Entspanntheit eines Mannes aus, der den Themen in seinem Leben eine ganz eigene Wertung zuspricht. Das Aufstöbern alter Apfelsorten war wichtig. Das Fernsehen nicht ganz so. Ich fand das ungewöhnlich, aber auch zutiefst sympathisch.

Das Obst-Arboretum Olderdissen ist zwei Hektar groß, beherbergt mehr als 350 verschiedene Apfelsorten und ist damit die größte Sammlung alter Apfelsorten in Nordrhein-Westfalen. Jeden der mehr als 350 Bäume hat Bannier selbst gepflanzt. Als er Mitte der Neunzigerjahre damit begann, seine Sammlung aufzubauen, hätte er sich im Leben nicht träumen lassen, einmal einer der gefragtesten Apfelexperten unseres Landes zu werden.

»Ich wollte etwas Sinnvolles mit meinem Leben anstellen«, erzählte er, »und die Bewahrung der Sortenvielfalt alter und robuster Obstsorten erschien mir eine wichtige Aufgabe.«

Wir spazierten durch die langen Baumreihen historischer Apfelsorten. Jeden Baum hatte Bannier mit einem Namensschild versehen. Was für eine Vielfalt! Die Früchte leuchteten dunkelrot und hellgrün, dazwischen blitzte immer wieder Gelb. Viele waren gestreift, andere marmoriert. Vor ein paar Tagen waren meiner Kollegin und mir im Büro ganze sieben verschiedene Apfelnamen eingefallen – hier gab es Hunderte. Seestermüher Zitronenapfel, Doppelter Prinzenapfel, Kaiser Alexander, Purpurroter Cousinot, Melrose … Die Liste ließe sich seitenlang fortführen. Nach kurzer Zeit gab ich auf, alle Namensschilder lesen zu wollen – es waren einfach zu viele, und keinen von ihnen hatte ich jemals zuvor in meinem Leben gehört.

»Was ist mit all unseren Apfelbäumen passiert?«, fragte ich. »Warum gibt es sie nicht mehr?«

»Wie lang darf Ihr Film werden?«, fragte Bannier zurück, und wir setzten uns auf eine Bank. »Im Grunde begann der Niedergang der Sortenvielfalt mit Einzug der Supermarktketten«, begann er zu erklären. »Früher kauften die Menschen regional, man ging in den Tante-Emma-Laden oder zum Bauern, um sich mit Lebensmitteln zu versorgen. Die Leute probierten, sagten *Nein danke* und probierten den nächsten. Seit den Sechzigerjahren aber funktioniert die Ernährung der Bevölkerung weitestgehend durch Supermärkte und Discounter. Und kein Lidl, Rewe oder Real wird sich mehr als fünf Apfelsorten in den Laden stellen. Das wäre viel zu umständlich.«

Ich verstand, was Bannier meinte. Aber nur fünf oder sechs Sorten anzubieten, wo es doch Tausende gibt? So vollkommen logisch erschien mir das nicht.

»Die Einschränkung der Sorten ist aus den USA zu uns nach Deutschland geschwappt«, erklärte der Experte weiter. »In den Vierzigerjahren begannen Apfelbauern im Mittleren Westen Amerikas damit, ihren Anbau auf wenige Sorten zu reduzieren. Besonders bekannt wurden die Sorten Golden Delicious und Jonathan. Diese beiden bringen jedes Jahr eine starke Blüte. Und somit auch jedes Jahr hohe Erträge. Andere Apfelbäume alternieren, das heißt, sie tragen in einem Jahr viele Äpfel und im nächsten Jahr etwas weniger.«

Ich nickte, das kannte ich von meinem eigenen Baum. Bannier streckte die Hand aus und griff nach einem kleinen, etwas verbeulten Apfel.

»Im Zweiten Weltkrieg sind viele Obstbauern gefallen und mit ihnen ging eine Menge altes Wissen verloren. Beim Wiederaufbau der Landwirtschaft in den Fünfzigerjahren, begann man in Deutschland, die neuen amerikanischen Sorten anzubauen. Und intensive chemische Spritzungen importierte man gleich mit. Das versprach höhere Erträge. Auch hier also schränkten die Bauern nun ihre Sortenvielfalt ein. Deutschland steckte im Wirtschaftswunder, die Menschen wollten satt werden, der Obstanbau explodierte. Ebenso wie die Chemieindustrie, deren Nebenwirkungen erst viel später diskutiert wurden. Auch die Züchter begannen weltweit, nur noch mit fünf Apfelsorten zu kreuzen. Neben beiden Erfolgsapfelsorten Jonathan und Golden Delicious, waren das die amerikanischen Sorten McIntosh und Red Delicious sowie die englische Sorte Cox Orange. Allesamt hoch krankheitsanfällig. Der Golden Delicious schmeckt süß, sieht aber nicht besonders attraktiv aus. Beim Jonathan ist es umgekehrt – der sieht schön aus, schmeckt aber etwas fad. Aus der Kreuzung dieser beiden Sorten entstand unsere heutige Markensorte Jonagold. Und seit den Siebzigerjahren wächst überall im Land ausschließlich Kernobst auf den Apfelplantagen, das aus diesen fünf Sorten gezüchtet worden ist. Das passierte nicht nur in Deutschland. In der ganzen Welt wurde Inzucht betrieben, um das Aussehen und den Fruchtgeschmack von Äpfeln zu verbessern. Darum kennen die Menschen heutzutage nur noch so wenige Apfelsorten.«

Er schaute auf den Apfel in seiner Hand.

»Der Kunde will einen makellosen Apfel kaufen, er soll glänzen, rund sein und saftig aussehen. Er darf keine Flecken oder Rost haben. Dazu hat der konventionelle Anbau die Menschen über Jahrzehnte erzogen. So ein historisches, aber vielleicht weniger appetitlich aussehendes Exemplar wie dieser Apfel hier, ist im Grunde unverkäuflich.«

Soweit hatte ich das verstanden, aber: »Dann kreuzten die Apfelbauern eben Sorten miteinander. Das gab es doch schon immer, wo ist das Problem?«

Bannier streckte sich und schüttelte ein wenig den Kopf nach hinten.

»Das Problem ist, dass ausgerechnet Golden Delicious und Jonathan extrem anfällig für Krankheiten sind. Der eine bekommt Mehltau, der andere Schorf. Und was passiert, wenn man Krankes mit Krankem kreuzt?« Bannier schaute mich an. »Genau! Es wird auch krank!«

Ich ahnte, was Bannier mir als Nächstes erklären würde.

»Die Tragik dieser modernen Sorten ist, dass sie ohne den massiven Einsatz von Spritzmitteln nicht existieren können. Die Chemieindustrie verdient sich seit Jahrzehnten dumm und dämlich, macht die kranken Sorten ›gesund‹ und steigert die Erträge. Für die konventionellen Obstbauern hat das seit den Fünfzigerjahren prima funktioniert. Sie konnten sich auf die Früchte und ihre Einnahmen konzentrieren, mit der Gesundheit ihrer Bäume mussten sie sich gar nicht befassen. 20- bis 30-mal im Jahr wurde gespritzt – und alles war gut.«

Der Obstanbau von heute, erzählte mir Bannier, sei komplett abhängig von der Spritzmittelindustrie. In keinem anderen Bereich der Landwirtschaft, kämen mehr Pestizide zum Einsatz.

»Würden Sie in einen konventionellen Apfel beißen?«, fragte ich.

»Mal probieren schon, aber täglich essen? Nein. Da sind mir zu viele Rückstände von allen möglichen Pestiziden drin«, antwortete er, ohne zu überlegen.

Seit den Achtzigerjahren, erklärte Bannier weiter, gibt es immer mehr Obstbauern, die auf Bioanbau setzen. Allerdings unterliegen auch die natürlich dem Druck der regionalen Vermarktungsketten. Sie sollen dieselben Apfelsorten liefern, an die der Handel die Kunden in den letzten Jahrzehnten gewöhnt hat. Frei von Schorfflecken muss die Ware sein und ebenfalls makellos aussehen. Das Problem ist nur, dass man bei den heutigen modernen Sorten die chemischen Spritzmittel nicht so einfach weglassen kann. Also sprühen die Bauern ersatzweise Kupfer und Schwefel auf Blätter und Früchte. Diese Behandlung hält erfolgreich Apfelschorf und andere Pilzkrankheiten ab und ist gesundheitlich unbedenklich, die verwendeten Stoffe schützen allerdings nur äußerlich vor dem Eindringen von Krankheiten. Mit jedem Regen werden sie wieder abgewaschen, und so bedeutet der biologische Anbau einen hohen Aufwand für die Bauern. Nach jedem Regenguss muss nachgespritzt werden. Außerdem gelangt auf diese Weise Kupfer in den Boden, was langfristig wiederum ein Problem für die Bodengesundheit ist.

»Wie machen Sie das denn hier auf Ihrer Plantage?«, fragte ich. »Was tun Sie gegen Pilzkrankheiten wie Mehltau und Schorf?«

»Nichts«, antwortete Bannier. »Denn wir wollen hier herausfinden, welche der alten Sorten sich für einen fungizidfreien Anbau eignen würden. Nur ohne den Einsatz irgendwelcher Mittel können wir sehen, welche Bäume resistent sind.«

Als einzige Pflegemaßnahme verpasst Bannier seinen Bäumen einen jährlichen Schnitt. Gemeinsam mit einigen Bioobstbauern hat er eine Züchtungsinitiative gegründet mit dem Ziel, für den heutigen Markt taugliche Apfelsorten zu züchten. Robust gegenüber Pilzkrankheiten sollen sie sein und ohne den Einsatz von Pflanzenschutzmitteln auskommen. Seine Hoffnung ist, dass der Druck auf die konventionellen Obstbauern weiterwächst.

»Alte, robuste Apfelsorten mit hohen Erträgen wie ich sie hier habe, kreuzen wir mit den modernen Sorten, so wie es die Züchter bis vor 80 Jahren auch praktiziert haben«, sagte er.

Natürlich wird seit Jahrzehnten Forschung zum Thema »resistente Apfelzucht« betrieben. Wissenschaftler weltweit suchen in Laboren nach einer Lösung, um industriellen Apfelanbau ohne chemische Keule zu ermöglichen. Vor einigen Jahren sah es sogar danach aus, als hätten Biologen einen Weg gefunden. Sie lokalisierten bei alten Apfelsorten ein Gen, das für die Schorfresistenz verantwortlich ist, und dieses Gen wurde dann durch Züchtung in moderne Sorten eingebracht. Der Topaz beispielsweise, ist ein auf diesem Weg entstandener Apfel. Die Krankheitsresistenz dieser manipulierten Sorte überzeugte die Bauern, und sie begannen intensiv, den Baum anzupflanzen. Nach kurzer Zeit aber zeigte sich ein Problem: Die Bäume waren schwächlich, die Äpfel wurden fleckig und der Apfelschorf tauchte erneut auf. Wieder blieb den Landwirten nur der Griff zur Spritze. Nun soll die Gentechnik in Zukunft der Heilsbringer sein. Um die Apfelbäume resistent zu kriegen, versuchen viele Wissenschaftler, die Genetik der Apfelsorten weiter zu verändern. Bannier aber hält diesen Weg für verkehrt:

»Das Schorf-Resistenz-Gen ist in meinen Augen eher ein Misserfolg, weil man gleichzeitig die traditionellen Methoden der Züchtung über Bord geworfen und jetzt einen Züchtungsfortschritt verpasst hat«, sagte er ein wenig bitter.

Wir seufzten. Die Welt ist kompliziert und es gibt keine einfachen Lösungen. Für meinen kleinen Drei-Minuten-Beitrag im *Morgenmagazin* waren diese agrarwirtschaftlichen Verwicklungen definitiv zu komplex. Ich entschied, mich für den Film auf die Ernte und die Lagerung von Äpfeln zu konzentrieren. Mit einem Erntesack bewaffnet, stieg jeder von uns auf eine lange Leiter. Beim Pflücken, das war schnell klar, legte der Apfelmeister großen Wert auf Sorgfalt.

»Ein Apfel ist dann reif«, erklärte Bannier, »wenn Sie ihn leicht nach oben biegen und er sich dann sofort vom Baum löst. Müssen Sie erst an einem Apfel ziehen, um ihn zu ernten, lassen Sie ihn bitte hängen.« Aha. Gaaaaanz vorsichtig und streng nach Anweisung, legte ich die gepflückten Früchte in den Sack. Mit Argusaugen achtete der Chef darauf, dass ich keines der Exemplare unbedacht oder lieblos behandelte. »Sachte, sachte«, warnte er und ich kam mir ein bisschen vor, als würden wir mit rohen Eiern hantieren. Doch seine Sorge hatte einen Grund: Wirft man Äpfel zu salopp in einen Korb, werden sie nach wenigen Tagen an den Schlagstellen faulig. Sauber und mit Vorsicht geerntet hingegen, sind sie viele Monate haltbar. Zumindest, wenn man einen Kühlraum hat. Die ideale Lagertemperatur liegt bei drei bis fünf Grad, und es darf nicht zu trocken sein. *Bloß – wer hat schon einen Kühlraum,* dachte ich mir.

»Ein kühler Keller oder ein Kühlschrank gehen auch«, erklärte Bannier. »Allerdings sollte man dann die Äpfel in Papiertüten lagern, um sie vor dem Austrocknen zu schützen.«

Obstschalen, so lernte ich an diesem Tag, sind kompletter Unsinn. Äpfel reifen nach der Ernte weiter. Solange sie am Baum hängen, werden sie mit allen nötigen Nährstoffen versorgt. Einmal geerntet aber, müssen sie allein weiterreifen. Dazu stoßen sie Ethylen aus, ein Reifegas. Und dieses Gas treibt andere Früchte, wie zum Beispiel Bananen, Orangen oder Kiwis zur Reifung an. Liegt das Obst nun hübsch angerichtet in einer Schale nebeneinander, verderben die exotischen Früchte schneller. Kühl gelagert, wird dieser »Atmungsprozess« der Äpfel weitestgehend heruntergefahren, sie reifen nur sehr langsam und stoßen kaum noch Ethylen aus. Dann halten sie ewig und machen kein anderes Obst kaputt.

Ich fragte Bannier, ob er, angesichts seiner überwältigenden Sortenvielfalt, einen Lieblingsapfel nennen könne. »Von denen, die jetzt gerade reif sind – Ribston Pepping! Der ist der Beste!«, antwortete er, ohne zu zögern.

Den Baum hatten wir schnell gefunden, ich schnappte mir einen der Äpfel und biss hinein. Und wirklich – was für eine Geschmacksexplosion! Dass ein simpler Apfel so saftig und süß sein konnte, hätte ich mir im Traum nicht ausdenken können. »Schade, dass ich den nicht bei mir zu Hause habe«, dachte ich und erzählte Bannier von dem alten Apfelbaum, der in meinem Garten stand.

»Schicken Sie mir mal ein paar Ihrer Äpfel, wenn sie reif sind«, bot er an, und Neugier blitzte in seinen Augen auf. »Aber mindestens fünf, und nur in Papier oder Stroh eingepackt, bitte, nix mit Plastik. Dann schaue ich mal, ob ich die Sorte kenne.«

»Au ja«, dachte ich. »Das mache ich.« Wer weiß, vielleicht hatte ich ja eine richtige Rarität bei mir zu Hause?

Eine kurze Weile pflückten wir noch, der Kameramann hatte seine wahre Freude an Großeinstellungen verschiedener Früchte und verlor sich in den Gängen zwischen den Obstbäumen. Manchmal, wenn wir die Pflicht bereits im Kasten haben, drehen die Kamerakollegen am Ende eines Drehtages die Kür. Ein gutes Zeichen, denn dann weiß ich, dass ich sie für mein Thema habe begeistern können.

Just nachdem wir mit der Ernte durch waren, fielen die ersten Tropfen vom Himmel. Die Kollegen schnappten sich eiligst Kamera und Tontasche, und wir retteten uns in den Verkaufsraum. Während es draußen pladderte, ging Bannier eine Treppe hinauf und kam mit mehreren Aktenordnern wieder hinunter. Nicht ohne Stolz öffnete er sie und zeigte uns sein Archiv aus Kernen von verschiedenen Apfelsorten. In mühevoller Kleinarbeit hatte der Apfelliebhaber über Jahrzehnte die Früchte von über 1 000 Apfelsorten fotografiert, beschrieben und ihre Samen katalogisiert. Eine Tätigkeit, für die der vielbeschäftigte Pomologe nur in den Wintermonaten Zeit fand. *Wahnsinn*, dachte ich. *Der Mann lebt wirklich für seine Äpfel.*

»Wissen Sie eigentlich, dass ich auch mal Journalist war?«, fragte mich Bannier und heftete eine Klarsichtfolienseite mit Apfelkernen vorsichtig zurück in den Ordner.

Nein, wusste ich nicht. Als junger Kerl, erzählte er mir, hatte er eine Reporterlaufbahn angestrebt. Mit Mitte 20 begann er für die Umweltredaktion einer Lokalzeitung zu schreiben und wollte mit seinen Umweltreportagen aufrütteln. Aber der Job frustrierte ihn über die Jahre, er führte zu sehr ein »Schreibtischleben« und war weit weg von der Natur, für die er sich mit dem Schreiben einsetzte. Er hatte nie das Gefühl, wirklich etwas verändern oder aktiv verbessern zu können. »Ich fand das extrem unbefriedigend«, sagte er. Irgendwann hängte Bannier den Job an den Nagel, pachtete mehrere Obstwiesen bei Bielefeld und war prompt

Besitzer einiger Dutzend historischer Apfelsorten. Es überraschte ihn, dass es kaum Fachleute gab, die seine alten Sorten identifizieren konnten, und ihm wurde klar, dass dieses alte Wissen unwiederbringlich verloren zu gehen drohte. Er hatte seine Aufgabe gefunden! Und begann quer durch Deutschland zu fahren, immer auf der Suche nach einer eventuell am Wegesrand stehenden oder in einer Kleingartenanlage versteckten unbekannten Apfelsorte. Das waren die Anfänge seines Obst-Arboretums. Aus dieser Sammelleidenschaft wurde Lebenszweck. Mich beeindruckte Banniers Geschichte. Der Mann hatte ja auch recht. Wir Journalisten kratzen oft nur an der Oberfläche. Ich auch. Heute, hier, mit diesem Beitrag. »Zu kompliziert für drei Minuten«, hatte ich entschieden. *Trage ich mit meinem Beruf wirklich dazu bei, die Welt ein kleines bisschen besser zu machen?*, fragte ich mich und war mir nicht sicher. Das Lebenswerk von Hans-Joachim Bannier, diese großartige Sammlung historischer Apfelbäume, würde bleiben, auch wenn er diese Welt schon längst verlassen hatte. Sein Erbe erschien mir in diesem Moment erheblich bedeutender und relevanter als all das, was ich meiner Nachwelt zu bieten hatte. Denn was war das schon? Ein paar lustige Filmchen und ein Staudenbeet.

»Mamaaaaaa!«

Ich schrecke auf. Hoppla. Einige Augenblicke brauche ich, damit meine Gedanken ins Hier und Jetzt zurückkehren können. Ich habe gar nicht bemerkt, wie die Zeit vergangen ist. Noch immer sitze ich auf meinem alten Apfelbaum.

»Mamaaaaaa!«

Mein Sohn, streng genommen ja auch eine relevante Hinterlassenschaft an die Nachwelt, sucht nach mir.

»Wo bist du?«, brüllt er vom Balkon aus durch den Garten. Ich strecke mich und denke ein Sekündchen darüber nach, einfach hier oben auf dem Baum sitzen zu bleiben. Aber nee. Mein Hintern kribbelt bereits unangenehm, ein Ast pikt mir in den

Oberschenkel und lange kann ich es hier sowieso nicht mehr aushalten. Ich strecke mich ein bisschen und rufe:

»Ich bin hiiieer!«

Leicht verschlafen kommt mein zehnjähriger Filius die Treppe in den Garten hinunter. Vor dem Apfelbaum bleibt er stehen.

»Wo?«, fragt er und guckt sich suchend um.

Ich muss lachen, denn ich bin eigentlich direkt vor seiner Nase und trotzdem unsichtbar.

»Na hier«, sage ich und beginne hinunterzuklettern. »Im Apfelbaum.«

Mein Sohn bückt sich unter dem Blätterwald der Äste hindurch, stellt sich neben den Stamm und beobachtet, wie ich mich langsam und umständlich den knorrigen Seitenast hinunterhangele. Dieses Kind ist genauso stoisch wie unser Mähroboter. Die Tatsache, dass seine Mutter morgens um halb sieben von einem Apfelbaum hinunterklettert, beeindruckt ihn nicht sonderlich.

»Machst du mir Cornflakes zum Frühstück?«, fragt er und guckt mich freundlich an.

»Ja, Kind«, nicke ich, »Moment noch.«

Ich zerre den Bademantel zurecht, gehe in den Gartenschuppen und krame nach einer alten, kleinen Holzkiste. Stroh hab ich auch noch irgendwo …

Fündig geworden, nehme ich fünf Äpfel vom Baum. Alle mit gleichem Reifegrad. Gaaaanz vorsichtig lege ich das Obst in die Kiste und trage sie ins Haus.

Nach dem Frühstück radeln die Kinder in die Schule und ich mit dem Paket zur Post. Manchmal muss man die Dinge einfach machen. Sofort. Dann kommt auch nichts dazwischen. Ob Herr Bannier sich wohl noch an mich erinnert?

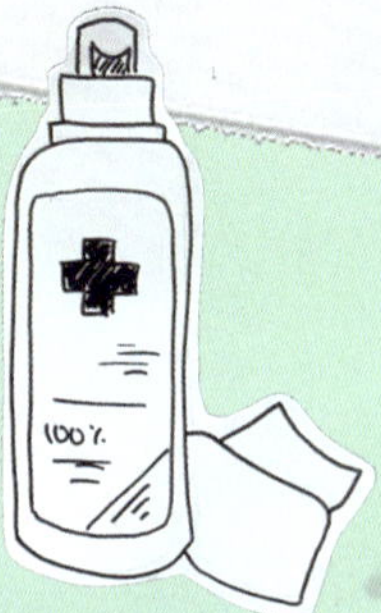

Die
Sibirische Lärche

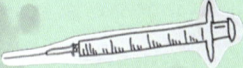

Mein Sohn geht niemals barfuß. Er trägt Socken und Schuhe. Immer. Auch im Haus. Am Abend setzt er sich auf die Bettkante, stellt seine Füße akkurat nebeneinander, schlüpft aus den Hausschuhen und dreht sich um 90 Grad. Dann legt er sich ab. Wenn das Kind schläft, schleiche ich in sein Zimmer und ziehe ihm die Socken von den Füßen. Am Morgen dreht es sich die 90 Grad zurück, angelt mit den Zehen nach seinen Hausschuhen und marschiert schnurstracks zum Schrank, um sich ein frisches Sockenknäuel zu holen. Niemals, unter keinen Umständen, berühren die blanken Füße meines Sohnes den Holzfußboden. Wenn meine Tochter ihren kleinen Bruder piesacken will, schmeißt sie seine Hausschuhe in den Flur. Dann gibt's Geschrei. Ohne Schuhe kann er sein Bett nicht verlassen. Nur auf Socken geht er nicht, das wäre zu riskant. Sind Socken und Schuhe an Ort und Stelle, beginnt mein Sohn seinen Tag. Er geht ins Bad, spielt Lego oder isst Müsli. Nackig, in Unterhose oder vollständig bekleidet – egal. Anziehsachen oberhalb der Fußknöchel sind dem Kind schnurz.

Die Psychologin sagt, das Problem würde sich auswachsen. Aber ich habe meine Zweifel. Mein Sohn weiß nicht, wie es sich anfühlt, barfuß zu sein. Sand unter den Füßen spüren, am Strand entlangrennen, kurz aus dem Bett aufstehen, um sich ein Wasser zu holen, über einen frischen Rasen springen – all diese Dinge finden in seinem Leben nicht statt. Seit Jahren schon nicht mehr. Schuld daran ist die Sibirische Lärche.

»Auf keinen Fall kommt mir hier ein Tropenholz in den Garten«, verfügte ich damals, als wir entschieden, die Treppenstufen am Hinterausgang mit Holzbohlen zu belegen. Mein Mann nickte, recherchierte einige Tage im Internet und zimmerte am Ende wetterfeste Holzbohlen aus Russland auf unsere Treppe. Sibirische Lärche ist ein allgemein anerkannter Gartenwerkstoff, um etwa Terrassenböden zu belegen oder Sichtschutzzäune zu zimmern. In der ersten Saison war ich schwer begeistert, das Holz leuchtete sattbraun in den Garten hinein und manchmal lief ich die Treppenstufen nur hinunter, um sie beim Hinaufgehen erneut bewundern zu können. Mein Sohn war fünf, hüpfte unbefangen durch den pladdernden Rasensprenger und ballerte barfuß seinen Ball in meine Beete. Eines Tages, er war auf dem Weg ins Haus, hörte ich ihn jaulen.

»Ssssplidder!!!«, schrie er. Ich kam angerannt und untersuchte die Fußsohle. In der Tat steckte ein Splitter in der kleinen Ferse, der musste raus, keine Frage. Ich drückte und zog, weichte den Fuß in Seifenlauge ein, popelte mit Pinzette und Nadel – nichts half. Dem russischen Biest war mit gängigen Hausmitteln nicht beizukommen. Mein Mann schließlich brachte den Knaben zur Kinderarztpraxis, dort fackelte man nicht lange, schnitt einen Ritz in die Ferse und spülte den Splitter mit ein bisschen Blut im Abfluss hinunter. Das Kind habe herzzerreißend geweint, erzählte man mir später. »Na, so schlimm wird's schon nicht gewesen sein«, dachte ich im Stillen. Einige Wochen nach diesem Vorfall, hörte unser Sohn auf, barfuß zu laufen.

Angststörungen sind weit verbreitet. Ohne Angst wäre die Menschheit längst von Bären gefressen, im Ozean abgesoffen oder von irgendwelchen Felsen gestürzt. Es gäbe keinen Fortschritt, kein Wachstum, kein Leben. Kinder entwickeln etwa ab dem sechsten Lebensjahr sogenannte Objektängste, das heißt sie fürchten sich vor konkreten Gefahren wie Dunkelheit, Hunden oder Einbrechern. Ob diese Ängste real sind oder angelernt, spielt keine Rolle. Aus der Angstforschung weiß man mittlerweile aber auch, dass Kinder sich in ihren Ängsten den Eltern anpassen. Mit Blick auf die Evolution macht das durchaus Sinn. Umgekehrt aber sollten Eltern versuchen, ihren Kindern Ängste zu nehmen, indem sie sie darin bestärken, ein Risiko einzugehen.

»Zieh die Schuhe doch aus, die haben Teppichboden im Wohnzimmer«, bat ich stets meinem Sohn, wenn wir unsere Freunde besuchten.

»Versuch mal die Flipflops ohne Socken anzuziehen«, ermunterte ich das Kind im Sommerurlaub am Strand.

»Nu komm, spring mal wieder durch den Rasensprenger«, flehte ich einen Sommer lang.

Über die Jahre aber nahm meine Geduld ab, das Verständnis für diese ausufernde Marotte schwand, der Tonfall wurde strenger.

»Meine Güte! So langsam reicht's aber! Dieses Seelchen!«, schimpfte ich zunehmend häufiger und versteckte die Hausschuhe meines Sohnes im obersten Fach des Schuhschranks.

»Lass ihn«, sagte stets mein Mann.

Seit diesem Sommer schimpfe ich nicht mehr. Es war einer der ersten sonnig warmen Tage, fröhlich pfeifend trug ich den Biomüll auf den Kompost und blieb auf dem Rückweg ins Haus mit der Ferse an der Sibirischen Lärche hängen.

»Spliiiitter«, schrie ich und die Familie kam angerannt. Kein Hausmittel half, keine Pinzette, kein Rumgestochere mit einer desinfizierten Nadel, keine Zugsalbe. Der Hausarzt schickte mich zum Dermatologen, der Dermatologe verwies mich zum niedergelassenen Chirurgen.

»So«, sagte dieser nüchtern. »Sie haben jetzt die Wahl: Entweder ich hole das Teil *ohne* Betäubung aus Ihrem Fuß, das wird seehr schmerzhaft …«

Ich schüttelte energisch den Kopf.

»Oder aber ich hole das Teil *mit* Betäubung aus ihrem Fuß. Eine Spritze an der Ferse allerdings, ist ebenfalls seehr schmerzhaft.« Er grinste schelmisch (Chirurgen schneiden gern), und ich entschied mich für Variante zwei. Abgesehen von der Geburt meiner Kinder habe ich niemals so laut in der Öffentlichkeit gebrüllt wie damals in der Arztpraxis dieses Schlächters. Er spülte den Splitter mit ein bisschen Blut im Abfluss hinunter. Ich humpelte nach Hause und verdonnerte meinen Mann, das Holz der verfluchten Treppe durch Cumaru, Teak, Bangkirai oder Beton zu ersetzen.

Wir alle lieben unsere Kinder. Unser größter Wunsch ist, dass sie glücklich sind, dass sie gesund bleiben. Solange sie klein sind, passen wir auf sie auf, entscheiden für sie, urteilen für sie. »Na, so schlimm wird es schon nicht gewesen sein«, sagen wir, stellen den Zwerg wieder auf die Füße und klopfen seinen Windelhintern ab. Meistens haben wir recht mit unserer Einschätzung. Aber manchmal liegen wir auch kolossal daneben.

Die Rumänen

Sie starb in der Woche, in der sie eigentlich die Tomaten nach draußen gepflanzt hätte. Wie immer hatte meine Großmutter im Februar mit der Aussaat begonnen und ihre »Rumänen« auf der Fensterbank vorgezogen. Im März hatte sie die stärksten Pflanzen pikiert und ihnen, als sie im April einen kräftigen Wachstumsschub bekamen, an einem kleinen Stöckchen Halt gegeben. Jetzt, Mitte Mai, drohten die strammen Pflänzchen ihre viel zu klein geratenen Plastiktöpfe zu sprengen, und sie waren bereit für ihren Platz im Gemüsebeet vor dem Haus – aber meine Großmutter war nicht mehr da, um sie einzupflanzen.

Ich fuhr zur Beerdigung mit dickem Bauch und leerem Kopf. Ich war im neunten Monat schwanger, die vergangenen Wochen und Monate waren turbulent gewesen und ich hatte meine Großmutter viel zu selten angerufen. »Aaaaach, ist das schön, dass du dich meldest, Sabinchen«, sagte sie stets, wenn ich es dann doch mal geschafft hatte, und das schlechte Gewissen in mir löste sich erst auf, wenn wir lange und ausgiebig miteinander geplauscht hatten.

Dieses Schuldgefühl den Großeltern gegenüber begleitet mich durch mein gesamtes Erwachsenenleben. Solange wir klein sind, verlangen wir viel von diesen Menschen: Wir saugen sie aus, wir fordern Aufmerksamkeit, wir nehmen sie für selbstverständlich. Während wir durch ihre langmütige Zuwendung vom Kind zum Teenager zum jungen Erwachsenen reifen, werden sie alt neben uns. Doch das bleibt unbemerkt für junge, selbstzentrierte Herzen. Hungrig erobern wir die Welt, sind tagein, tagaus mit allzu wichtigen Dingen beschäftigt und reden uns sonntags ein, wir seien zu erschöpft, um den längst überfälligen Anruf bei Oma oder Opa noch zu tätigen. »Morgen«, denken wir. Wenn wir überhaupt daran denken. Und dann plötzlich sind sie tot. Und mit aller Macht bricht die Erinnerung über uns herein, all die wunderbaren, liebevollen Erlebnisse aus Kindheitstagen tauchen vor unserem inneren Auge auf. Eine Oma, die nie geschimpft hat, die uns Stricken beibrachte und Spielsachen mit uns einkaufen ging. Und wir stehen auf dem Friedhof mit Kummer im Herzen und dem nagenden Gefühl, diese wichtige Chance im Leben verpasst zu haben. Die Chance etwas zurückzugeben. Ein kleines bisschen nur von der Liebe und Geduld, die sie so endlos für uns parat hatten. Ach, Oma.

Meine Großmutter war eine leidenschaftliche Gärtnerin. Und hätte ich meine Liebe für dieses Thema früher entdeckt, hätte sie sicher gern ihr profundes Wissens mit mir geteilt. Rasen, edle Gehölze oder ausgefallener Schnickschnack allerdings waren nicht ihre Sache. Nein. Dafür war sie viel zu bodenständig. Sie beschränkte sich auf zwei Sorten Blumen. Ab Mitte Mai tauchten ihre rund 50 Rosenstöcke das Grundstück in ein Blütenmeer, und im Spätsommer leuchtete ihr Phlox die ganze Straße hinunter. Den weitaus größeren Teil ihrer Aufmerksamkeit widmete meine Oma ihrem Gemüsegarten. Fast die Hälfte ihres Grundstücks nahm der ein, und in der Mitte eines jeden Beetes, neben den Kohlrabi, Zwiebeln und Salatköpfen, standen die Tomaten aus ihrer alten Heimat. Die waren, das weiß ich sicher, meiner Großmutter von allen Gewächsen die liebsten. Ohne sie war die Saison nutzlos. Ab Mitte Juli rankten die dunkelgrünen Pflanzen an gewundenen Metallstäben mannshoch in den Himmel, und wenn sich im August ihre tennisballgroßen Früchte knallrot verfärbten, dann wischte meine Oma ihre erdverkrusteten Finger an der Schürze ab, prüfte vorsichtig, ob die Tomaten auch wirklich weich genug waren und holte die Ernte ein. Ihre riesigen Fleischtomaten waren zuckersüß und saftig. Am ehesten vielleicht vergleichbar mit den hierzulande gängigen Ochsenherzen. Aber auch nur fast. Die großmütterlichen »Rumänen« waren noch intensiver im Geschmack. Oma hatte sich das Saatgut Jahrzehnte vorher über Verwandte organisiert und jedes Jahr im Spätsommer extrahierte sie aus den reifsten Früchten die Samen und verwahrte diese, sorgsam in Zeitungspapier gewickelt, im Keller. Wer in dieser Jahreszeit zu Besuch kam, der verließ das Grundstück nicht nur mit ordentlich Streuselkuchen im Bauch, sondern auch mit einem Sack saftiger Fleischtomaten unterm Arm.

»Nimm mit, Kind«, sagte sie immer und kam mit einer alten Plastiktüte aus der Sommerküche gelaufen, »solche kannst du nirgends kaufen. Die bekommst du nur bei mirrr.« Meine Großmutter rollte beim Sprechen in unverkennbarer Weise das R, und manchmal, nicht oft, begegnen mir Menschen, die das in gleicher Weise tun. Dann taucht sie vor meinem inneren Auge auf. Stämmig, die Statur fast ein wenig viereckig, hatte sie die braunen Locken stets zu einem strengen Dutt am Hinterkopf gezwirbelt. Und egal wie hart der Wind dieser Frau ins Gesicht wehte, sie ließ sich nicht unterkriegen, war zäh wie ein Teppich-Phlox. Meine Großmutter war Siebenbürger Sächsin, sie stammte aus Schaas, einem kleinen Dorf in Rumänien. Und ihre Tomaten waren nicht bloß schmackhaftes Gemüse, nein, diese Fleischtomaten waren ein Stück Heimat. Eine Erinnerung an ein Leben, das unwiederbringlich verloren gegangen war. 800 Jahre lang lebten die Siebenbürger Sachsen als deutschsprachige Minderheit im Zentrum des heutigen Rumäniens. Der Begriff »Sachsen« verwies nicht etwa auf ihre Herkunft, sondern war vielmehr eine gängige Bezeichnung für Siedler aus dem Westen. Bis 1919 gehörte Siebenbürgen zu Ungarn, dann entschieden die Sachsen aus verschiedenen Gründen, sich Rumänien anzugliedern. Sie waren protestantisch, sprachen zu Hause ihren harten sächsischen Dialekt, in den Schulen wurde auf Deutsch unterrichtet. Die Sachsen unterschieden sich sozial von den Rumänen, die zwar in Siebenbürgen seit dem 18. Jahrhundert in der Überzahl waren, aber dennoch deutlich weniger Rechte hatten. Die sächsische Minderheit bildete in der Region die Oberschicht und verfügte über den größten Landbesitz, in den Städten Hermannstadt und Kronstadt hatten sich über die Jahre wohlhabende Handwerks- und Kaufmannsstände entwickelt. Der sächsische Volksstamm war durch Konfession, das vielfältige Vereinswesen und die eigene Sprache gegen rumänische und ungarische Zuwanderer abgeschottet. Ebenso gegen Roma, die bis heute überall in Siebenbürgen angesiedelt sind. »Man lebte friedlich nebeneinander«, erklärte mir meine Großmutter einmal, als wir über die alten Zeiten sprachen, »aber nicht unbedingt miteinander.«

Ob sich denn ein sächsisches Mädchen in einen rumänischen Jungen hätte verlieben dürfen, fragte ich sie, als ich noch eine Teenagerin war. Meine Großmutter lachte nur, schüttelte dann aber energisch den Kopf.

»Nein, Kind, solche Dinge sind nicht passiert. Da wurde man ja aus der Gemeinschaft ausgestoßen. Das durfte nicht sein.«

Natürlich bereitet mir diese Form der »Abgrenzung« aus heutiger Sicht ziemliches Unbehagen. Andererseits aber lebten, bis der Zweite Weltkrieg diese Welt auseinanderriss, in Siebenbürgen die diversen Volksgruppen jahrhundertelang friedlich nebeneinander. Und das, obwohl sie verschiedenen Religionen und Ständen angehörten, ja sogar unterschiedliche Sprachen sprachen. Der Zusammenhalt innerhalb der einzelnen Gruppen, so stelle ich mir das vor, muss ein sehr besonderer gewesen sein.

Vor ein paar Jahren bin ich mal in Siebenbürgen gewesen. Ich war neugierig auf die alte Heimat meiner Großeltern, über deren Verlust sie ihr ganzes Leben nicht hinweggekommen waren. Rumänien ist seit 2007 Mitglied der Europäischen Union, Hermannstadt, die »Hauptstadt Siebenbürgens«, wurde im gleichen Jahr zur Kulturhauptstadt Europas ernannt, und in den Wanderkatalogen, die ich regelmäßig aus dem Briefkasten fische, werden »Transsilvanien und die Karpaten« als großartiges Reiseziel angepriesen. Und ja, es ist wirklich schön dort. Eichen- und

Buchenwald so weit das Auge reicht, und eine in Europa wohl einzigartige Vielfalt an Insekten und Vögeln. Auch Säugetiere wie Luchs, Hirsch, Wolf und Braunbär können Besuchern zwischendurch begegnen. Natur pur! Und doch, außerhalb der Städte kam ich mir ein bisschen vor wie in einer Zeitmaschine – um 100 Jahre zurückversetzt. Mit dem Mietwagen fuhr ich über die hügelige Landschaft und hinter jeder Kurve tauchte am Horizont ein neuer Kirchturm, eine neue Burg auf. Viele von ihnen machten einen verlassenen Eindruck. Autos begegneten mir nicht allzu viele, dafür umso mehr einspännige Pferdewagen mit weißhaarigen Männern als Kutscher und Ziegen oder Schweinen auf der Ladefläche. Durch das Dorf meiner Großeltern führt eine Hauptstraße, links und rechts, so als wäre viel Verkehr nicht zu erwarten, stehen die Häuser nah an die Straße gebaut. Vor einigen von ihnen saßen ältere Frauen mit Kopftuch, Rock und Schürze. Genau das gleiche Outfit trug auch meine Großmutter, wenn sie sich in ihrem Gemüsebeet zu schaffen machte oder in der Sommerküche mit den Töpfen klapperte. Die Frauen waren Rumäninnen. Sachsen leben keine mehr im Ort. Das Dorf wirkt, als wäre es mit dem Krieg in eine Art Schockstarre gefallen, aus der es bis heute nicht erwacht ist. Mich faszinieren solche Orte. Aber ich habe auch vollstes Verständnis für Menschen aus Regionen wie diesen, die sich aufmachen in Richtung Westen in der Hoffnung auf ein Leben, das ihnen und ihren Kindern eine bessere Zukunft verspricht. Arbeit in der Gegend dürfte für junge Menschen schwer zu finden sein. Da ist einfach nichts. Die Rumänen sind orthodox, sie haben ihr eigenes Gotteshaus, und so steht die protestantische Kirche, in der meine Großeltern einst geheiratet haben, verlassen in der Mitte des Dorfes und erinnert an andere Zeiten. Sie ist baufällig und seit Jahren versandet das Geld, das ehemalige Dorfbewohner schicken, um sie zu restaurieren, in irgendwelchen dubiosen Kanälen. Korruption ist in Rumänien ein allumfassendes Problem. Nur einmal im Jahr findet ein Gottesdienst in der Kirche statt. Im August, wenn das »große« Schaaser

Treffen ist, machen sich die, die noch leben, auf den Weg in die alte Heimat. Die meisten der immer weniger werdenden Gemeindemitglieder reisen aus Deutschland an, ebenso der Pfarrer. Dieses Treffen der sächsischen Dorfgemeinschaft ist ein wehmütig erwarteter Höhepunkt eines jeden Jahres. Gemeinsames Erinnern ist so viel bedeutender als eines allein.

Meine Großmutter war die einzige Tochter einer angesehenen Bauernfamilie, hatte vier ältere Brüder und beschreibt in einem Brief, den wir in ihrem Nachlass fanden, ihre Kindheit als behütet und glücklich. In die Kunst ein Gemüsebeet anzulegen, wurde sie bereits als kleines Mädchen eingeführt, und natürlich wuchsen da neben den Fleischtomaten auch Möhren, Zwiebeln, Zucchini und Gurken in Reih und Glied. Die Tomaten aber waren in der sächsischen Küche am vielseitigsten einsetzbar: Im Sommer gab es Fettbrot mit dick geschnittenen Tomatenscheiben obenauf, und für den Winter kochten die Frauen viele Stunden das rote Mark ein, mit Zucker oder gar Marmelade. Palukes mit Tomatensauce, der typische siebenbürgische Maisbrei, gehörte zu den Lieblingsspeisen meiner Oma.

Sie war 19, als sie dem begehrtesten Junggesellen des Dorfes ihr Jawort gab. Johann Platz aus der Obergasse. Er war zehn Jahre älter, nannte gutes, fruchtbares Land sein Eigen, und wenn dieser Mann seine laute, dröhnende Stimme erhob, dann blieb einem die Widerrede im Halse stecken. Als Kind war ich stets ein wenig ängstlich, wenn ich ihn traf, er war von beeindruckender Statur und lief selbst in hohem Alter noch mit aufrechtem donnerndem Gang. Bis zu seinem Tod wuchsen ihm dicke, dunkle Locken auf dem Kopf und nur ganz wenig Grau zog sich an seinen Schläfen entlang. Auf dem Hochzeitsfoto meiner Großeltern stehen die beiden in weißem, üppig besticktem Kirchenpelz aus Schaffell nebeneinander, haben seltsam hohe Blumenkränze auf dem Kopf, und während er stolz von oben auf sie hinunterschaut, blickt meine Oma ernst in die Kamera. So, als wäre sie eigentlich noch gar nicht recht bereit für die Ehe. Das war im Februar 1941. Im Juni des gleichen Jahres zog Rumänien an der Seite der Deutschen gegen Russland in den Krieg, der rumänische Machthaber Antonescu war ein enger Verbündeter Hitlers. Auch die jungen Männer aus Siebenbürgen waren in der Pflicht und mussten, bis dahin vom Kriegsgewitter weitestgehend unberührt, Frauen und Felder verlassen, um für die rumänische Armee an der Ostfront ihren Dienst zu tun. Den Sachsen ging es beim rumänischen Militär meist nicht gut. Benachteiligung und Diskriminierung gehörten zur Tagesordnung und im Vergleich zu den deutschen Truppen war das rumänische Militär schlecht ausgestattet. Einige »Volksdeutsche« verließen darum schon Anfang der Vierzigerjahre illegal ihre rumänischen Einheiten und machten sich auf den Weg, um sich reichsdeutschen Verbänden anzuschließen. Siebenbürgen war zwar geografisch weit abgelegen, dennoch hatte der Nationalsozialismus einen Teil der sächsischen Bevölkerung fanatisiert. Oder sagen wir, zumindest beeindruckt.

Es ist schon einige Jahre her, da zog ich einmal die Kiste mit alten Fotos aus der Eichenschrankwand meiner Eltern. Niemand von uns aus der Familie hat sich jemals die Mühe gemacht, die unzähligen Fotografien in Alben einzusortieren. Stattdessen schlummern die Jahrzehnte unserer Familienchronik durcheinandergewürfelt in dieser alten Pappschachtel. Immer wieder mal habe ich mir vorgenommen, Ordnung in das Chaos zu bringen, aber mittlerweile bin ich der Ansicht, dass die Kiste genau so bleiben sollte, wie sie ist. Jede Reise mit ihr in die Vergangenheit fühlt sich anders an, je nachdem in welcher Reihenfolge und von wem die Bilder beim letzten Mal zurückgelegt wurden. Während ich durch die Fotos stöberte, stieß ich auf einige Portraitaufnahmen meines Großvaters. Auf den meisten trägt er entweder Tracht oder die Uniform der rumänischen Infanterie. Auf einem Bild aber, er sitzt kerzengerade und schaut direkt in die Kamera, ist auf seinem Kopf leicht schief die Schirmmütze der Waffen-SS arrangiert. In der Mützenmitte, deutlich zu erkennen, thront der Totenkopf unter dem silbernen Parteiadler. Das Foto wurde im Juni 1943 aufgenommen, kurz nachdem er vom rumänischen ins deutsche Militär gewechselt war.

Die Deutschen hatten im Winter 42/43 in Stalingrad immense Verluste erlitten. Im Mai 1943 schlossen Hitler und Antonescu darum ein Abkommen: 20 000 »frische« Soldaten sollte der rumänische Machthaber dem deutschen Heer zur Verfügung stellen, rekrutiert aus den Volksdeutschen. Mit hohem Druck begann die NS-Organisation »Deutsche Volksgruppe in Rumänien« nun offiziell damit, die sächsischen Männer für die deutschen Truppen zu mustern. Selbst beim rumänischen Militär bereits Ausgemusterte wurden für die NS-Truppen verpflichtet. Und weil diese Musterungen nichtreichsdeutsche Staatsbürger betraf, mussten die Rekrutierten zur Waffen-SS und durften nicht zur Wehrmacht.

Ging mein Großvater damals freiwillig zur Musterung in das Büro des NS-Ortsverbandes, weil er dem sozialen Druck in seiner rumänischen Einheit und dem durch die Nazis nicht mehr standhalten konnte? Schien ihm vielleicht das besser ausgestattete Heer der Deutschen schlicht das kleinere Übel? Oder war er, so wie viele Siebenbürger Sachsen in jener Zeit, tatsächlich überzeugt von der Ideologie der Nazis? Ich weiß es nicht. Er hat nie über den Krieg gesprochen. Fakt ist: Mein Großvater war einer von über 50 000 volksdeutschen Männern, die 1943 die rumänische Uniform gegen die mit dem Totenkopf tauschten.

»Nicht ungewöhnlich«, erzählt mir im Zuge der Recherche für diese Geschichte Harald Roth, Historiker und Direktor des Deutschen Kulturforums östliches Europa. »Die rumänischen Behörden haben den Männern, die nicht in die deutschen Verbände eintreten wollten, keinerlei Unterstützung gewährt. Es gab Fälle, wo Sachsen im rumänischen Militär verbleiben wollten. Aber sie wurden vielfach von den rumänischen Amtsstellen weggeschickt. Die haben zu denen gesagt: ›Du bist Deutscher, geh rüber zum

NS-Rekrutierungsbüro.« Es gab nur sehr wenige, die es geschafft haben dem auszuweichen, der Druck war zu groß.«

Seit ich das Foto entdeckt habe, frage ich mich manches Mal, ob mein Großvater wusste, welche Sonderaufgaben die SS auf reichsdeutschen Boden zu erledigen hatte.

»Unwahrscheinlich«, sagt Roth, »die Sachsen wussten bei der Rekrutierung gar nicht, wo sie landen würden. Das waren nicht die gleichen SS-Truppen, die in den ersten Kriegsjahren die Verbrechen begangen hatten. Was nicht heißt, dass sie nicht in verbrecherische Kriegshandlungen geraten konnten. Die meisten der Sachsen allerdings, die 1943 in den Krieg mussten, waren das dringend gebrauchte Kanonenfutter für die Front.«

In der Tat verloren Tausende sächsische Männer an der Ostfront ihr Leben, die Verluste waren enorm. Mein Großvater überlebte, mit einem Granatsplitter im Kopf. Ein Jahr nachdem er sich die Totenkopfmütze aufgesetzt hatte, er war gerade auf Genesungsurlaub in der Heimat, schlossen sich die rumänischen Truppen den Alliierten an. Dieser Seitenwechsel Rumäniens hatte für die volksdeutsche Bevölkerung gravierende Folgen. Die Männer wurden schon kurz nach der Kehrtwende zur Zwangsarbeit abgeholt. Meine Oma beschreibt diese Tage in ihrem Brief so:

Am 23. August drehte Rumänien um, da sie sahen, dass Deutschland den Krieg verliert. Am Morgen des 24. August kam ein Polizist und sagte zum Vater, er gebe ihm Zeit bis Mittag, um fortzufahren, wenn nicht, müsse er sich im Rathaus melden. Also haben wir hin und her überlegt, was das Beste sei. Es waren noch zwei Männer auf Urlaub und alle entschieden sich, daheimzubleiben und sich zu melden, denn in Ungarn war doch die Front. Da wären sie sowieso nicht durchgekommen.

Mein Großvater kam erst in ein rumänisches Internierungslager und wurde dann nach Russland in ein Arbeitslager deportiert. Ein knappes halbes Jahr später, am 15. Januar 1945, waren die

Frauen an der Reihe. Sie alle mussten sich auf dem Schulplatz einfinden und was folgte, war die grausame Trennung von den Kindern.

Die Mutter wurde von den Kleinen weggerissen, ganz gleich wie viele Kinder da waren. Wenn das Kleinste über ein Jahr war, musste die Mutter mit, die Frauen und Mädchen von 18 bis 30 Jahre alt und die Männer, die noch zu Hause waren von 18 bis 45 Jahre alt.

Im Dorf zurück blieben die Alten mit den Kleinen. Mein Vater war damals drei, meine Tante ein Jahr alt. Acht lange Jahre sollte es dauern, bis sie ihre Eltern wiedersahen.

In unterschiedlichen russischen Lagern wurden meine Großeltern dem Dienst am kommunistischen Wiederaufbau verpflichtet. Wo genau er untergebracht war, weiß ich nicht, aber die Frauen halfen erst beim Aufbau einer zerbombten Fabrik und schufteten dann in einer Kohlengrube in Dnipropetrowsk in der heutigen Ukraine.

Einmal mussten wir heißen Teer in Eimern tragen. Immer zu zweit, denn es waren große Eimer, sehr schwer, mit einem Stecken haben wir sie getragen.

Es muss einen Kommunikationsweg zwischen den Lagern gegeben haben, denn meine Großeltern wussten während ihrer Gefangenschaft stets vage, wie es um den jeweils anderen stand. So wurde meinem Opa irgendwann zugetragen, dass es nicht gut aussah für seine Frau. Ihre Kräfte ließen nach, die Ungewissheit um ihre Kinder zermürbte sie, und Essen gab es für die Gefangenen zum Leben zu wenig und zum Sterben zu viel.

Wir bekamen Krautsuppe, da waren Blätter drin, die ganz schwarz waren und geschälte Gerste in einem Blechteller, wo alles ganz blau wurde. Doch wir aßen alles auf.

Nach knapp zwei Jahren Arbeitslager wog meine Oma, der kleine zähe Teppich-Phlox, noch 35 Kilo. Zu schwach zum Arbeiten, wurde sie zur ärztlichen Untersuchung geschickt.

Da sagte der eine: »Nach Hause«. Ich war so froh, dass ich es gar nicht beschreiben kann. Und die anderen, die zurückbleiben mussten, taten mir sehr leid.

An ihrem 25. Geburtstag stieg meine Großmutter in den Zug, der sie in die Heimat bringen sollte. Doch er donnerte in Richtung Westen und ließ Rumänien tief im Osten hinter sich. Erst in Frankfurt (Oder) kam er zum Stehen. Hier endete die Kriegsgefangenschaft meiner Großmutter. Sie stieg aus dem Waggon und betrat zum ersten Mal in ihrem Leben das Land, dessen Sprache sie sprach und für das ihr Mann in den Krieg gezogen war.

Wie durch ein Wunder blieb auch mein Großvater am Leben. Ein halbes Jahr nach seiner Frau wurde auch er aus der Gefangenschaft entlassen, auch sein Zug brachte ihn nach Frankfurt (Oder). Dort trafen sie sich wieder. Beide waren am Leben, aber ihr Grund und Boden in Siebenbürgen war längst enteignet, in ihrem Haus lebten jetzt andere, und die Heimat, wie sie sie ihr Leben lang gekannt hatten, gab es nicht mehr. Die kommunistische Parteiführung in Rumänien kannte Ende der Vierzigerjahre gegenüber den volksdeutschen Sachsen kein Pardon. Wer noch »dort unten« war, der wollte raus. Meine Großeltern hatten ihre Kinder in Rumänien, aber keine Zukunft.

Wir alle haben Eltern, Großeltern oder andere Verwandte, denen ein ähnliches Schicksal widerfahren ist. Jeder von uns hat in seiner Familie von Vertreibung, Vergewaltigung, Mord, Folter und Verlust gehört. Und jede dieser Geschichten ist einzig in ihrem Schrecken. Die Geschichte von uns Platzens ist diese. Ich mag mir gar nicht vorstellen, wie es sich für meine kleine Oma angefühlt haben muss, ihre Kinder in der fernen Heimat zu wissen, sie jahrelang nicht wiedersehen zu können und jeden Tag die Ungewissheit zu ertragen, ob sie sie überhaupt jemals wieder in die Arme schließen wird.

Über Umwege gelangten die beiden ins bayrische Dachau, fanden als ungelernte Kräfte Arbeit bei BMW und bauten Anfang der Fünfzigerjahre ein Haus. Erst 1953 kamen, mit Unterstützung durch das Rote Kreuz, die zwei Kinder nach Deutschland. Mein Vater war elf Jahre alt, als er seine Eltern wiedersah. Er kannte sie nur von Fotos, sie blieben ihm ein Leben lang fremd. Und wie einige Jahre zuvor seine Eltern, verlor auch er seine Heimat.

Nachdem wir Oma beerdigt hatten und der Leichenschmaus überstanden war, gingen wir in ihren Garten. Die Rosenstöcke explodierten vor lauter dicken rot-grünen Knospen, und die ersten Reihen Kopfsalat, Rettich und Zuckererbsen machten mit beeindruckender Größe auf sich aufmerksam. Die kleinen Töpfe mit den Tomatenpflanzen standen auf einem Tablett neben der Tür, die in den Keller führte. Um sie abzuhärten, hatte Großmutter sie jeden Morgen hinaus und am Abend wieder ins Haus geräumt. Sie waren durstig. Tomaten brauchen viel Wasser, selbst, wenn sie noch klein sind. Ich war im neunten Monat schwanger, die vergangenen Wochen und Monate waren turbulent gewesen. Wir tranken einen Tee in Omas Garten, ich blickte mich noch einmal um und nahm Abschied von diesem Haus, in das ich viel zu selten zu Besuch gekommen war. Die Tomaten ließ ich stehen. Einer der dümmsten Fehler meines Lebens.

Das Moor

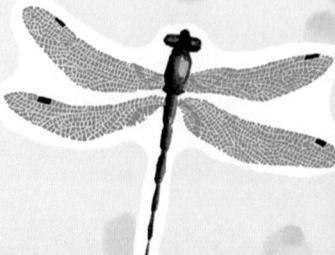

Als ich anfing zu gärtnern, fand ich mich wahnsinnig ökologisch. Denn mal ehrlich, gibt es ein umweltfreundlicheres Hobby?

Wir Gartenmenschen gehen hinters Haus, auf den Balkon oder in unseren Schrebergarten, stülpen die alten Rosenhandschuhe über und sprühen Seifenlauge und Milch gegen Läuse. Wir pflanzen insektenfreundliche Stauden, bauen unser eigenes Gemüse an, gedüngt wird ausschließlich mit Bio-Hornspänen und Rinderpellets, auf dem Komposthaufen landet neben Gartenabfall natürlich auch der Biomüll aus dem Haus, und samstags radeln wir zum Markt und kaufen Demeter-Fleisch und Ökokäse. Die Äpfel pflücken wir frisch vom Baum, Plastik im Garten (und Haus) versuchen wir zu vermeiden, wir haben den Zyklus der Jahreszeiten verstanden, unser geliebtes Hobby lehrt uns Demut vor dem Leben, und sowieso wissen wir natürlich besser als jeder Nichtgärtnernde, dass es unsere Natur zu schützen gilt und es allerhöchste Eisenbahn ist, sie vor dem Untergang zu retten. Wir sind grün. Wir sind nachhaltig. Wir sind stolz. Unser Hobby ist, ohne jeden Zweifel, die sinnhafteste Freizeitbeschäftigung, die man in dieser kaputten Welt nur haben kann.

Ehrlich? Dann gehen Sie mal nach draußen und drehen den Sack Erde um, den Sie letzte Woche im Gartencenter gekauft haben. Oben links, das Kleingedruckte. Na? Gefunden? Ich brauche mittlerweile meine Brille, um sie zu entziffern, so klein steht da diese Zahl geschrieben: »95 % Hochmoortorf«. Manchmal auch nur 90 %. Oder, wenn es ganz gut läuft, 85 %. Weniger nie.

18 verschiedene Erden hat mein heimisches Gartencenter im Angebot, davon sind zwei Sorten torffrei. Man sagte mir, die torffreien Sorten seien nicht allzu nachgefragt. Die Kunden wünschten nun mal Torf, also sollen sie ihn bekommen. »Mein Sohn isst auch lieber ein Überraschungsei als einen Apfel. Aber wenn es nun mal nur Äpfel gibt, dann greift er mit Freuden zu«, hab ich geantwortet. Der Verkäufer zuckte bloß mit den Schultern.

Als TV-Journalistin bemühe ich mich um Objektivität. Ich versuche zu sagen, was ist, und das möglichst neutral. Ich bemühe mich, ein Thema von allen Seiten zu beleuchten. »Audiatur et altera pars«, man höre auch die andere Seite. Jaaa, ich weiß. Natürlich ist bereits die Themenauswahl subjektiv. Ich sag ja auch nur, dass ich mich bemühe, nicht, dass es immer klappt. Ich möchte nicht beeinflussen, ich möchte informieren. Selber denken macht schlau. Das können die Zuschauer schon. Jetzt aber schreibe ich dieses Buch. Ganz privat, hier an meinem kleinen Schreibtisch sitzend. Und selten war ich mir so sicher wie in diesem Moment. Darum wage ich mich heute ausnahmsweise mal aus der Deckung und sage:

»Kaufen Sie keine torfhaltige Erde! Unter keinen Umständen. Bitte. Wer torfhaltige Erde kauft, schadet der Umwelt. Wer torfhaltig gärtnert, tritt die gesamte Nachhaltigkeitsphilosophie unseres Hobbys mit Füßen.«

Echt, denken Sie jetzt. *So schlimm? Ja*, sage ich Ihnen, *so schlimm*. Wusste ich auch nicht. Bis ich anfing, zum Thema Moore zu recherchieren und eine idealistische Gruppe Frauen und Männer traf, die zu retten versucht, was noch zu retten ist.

Beginnen wir diese Geschichte doch mal ganz harmlos. Im Zug zum Beispiel, an einem Morgen im September, auf dem Weg nach Niedersachsen.

»'Tschuldigung. Ist hier noch frei?« Nein? Ja? Vielleicht?
Also antworten könnten die Leute ja wenigstens.
Mit meinem Rollkoffer eierte ich durch das 2.-Klasse-Abteil

der Deutschen Bahn und nirgends gab es einen Platz für Frau Platz. Die Teilstrecke von Berlin-Südkreuz bis Hannover Hbf war offensichtlich vollständig ausgebucht. Ich hatte einen Zug später genommen als geplant und drum, wie so oft, keine Sitzplatzreservierung. Ein Käse. Diverse Bahnpassagiere versuchten, es sich auf den Gängen bequem zu machen, hockten sich auf ihre Koffer, auf den Boden, oder lehnten an den knarzenden Wänden. Kaum war eine einigermaßen bequeme Stellung gefunden, nestelte man sich die Kopfhörer in die Ohren und starrte wie unter Hypnose aufs Telefon. Mist. Ich war deutlich zu platt für stundenlanges Stehen.

Du siehst aus wie der Tod auf Latschen, murmelte ich zu mir selbst, während ich den Koffer in Richtung Speisewagen hinter mir herzerrte und dabei zu vermeiden suchte, mein eigenes Spiegelbild in den Plexiglasscheiben der Abteiltrennungen zu erblicken. Was für eine Schnapsidee, mitten in der Nacht »Stadt, Land, Fluss« zu spielen! Eigentlich waren sich alle einig gewesen, dass es an der Zeit war, die Runde aufzulösen. Und dann? Hielt plötzlich jeder von uns einen Stift in der Hand und kritzelte emsig »bekannte Biersorten mit G« oder »plausible Mordmethoden mit R« aufs Papier. Was soll ich sagen? Jaa, auch Alkohol war im Spiel (»Einer geht noch!«), und als mich am Morgen der Wecker deutlich zu früh aus den Federn schmiss, kam ich mir vor wie der Walnussbaum in Nachbars Garten – steinalt und hohl. Eigentlich sollte ich es mittlerweile besser wissen. Zu wenig Schlaf rächt sich. Leider. Andererseits, man muss die Feste feiern wie sie … Eben.

Die Tür zum Bordbistro schob sich lautlos vor mir zur Seite und ich ließ den Blick über die Tische wandern. Irgendwo ein Plätzchen frei für Frau Plätzchen? Ein winzig kleines nur? Alles besetzt. War ja klar. Der Zug rollte seit zehn Minuten, die routiniertesten Bahnfahrer hatten hier längst ihren Platz ergattert. Gedanklich lehnte ich mich bereits an die Wand neben der Klotüre, da schaute an einem der Tische neben dem Ausschank ein Mann von seiner Kaffeetasse hoch. Freundlich nickte er mir zu.

»Kommen Sie, ich rutsche«, rief er und drückte sich ein Stück weiter in Richtung Fensterscheibe. Erleichtert stellte ich den Koffer ab, setzte mich neben ihn und sortierte meine Beine unter den Tisch. »Danke!« Dieser Rücken brauchte dringend eine Lehne. Die Anspannung wich, ich schloss einen Moment lang die Augen und spürte nichts weiter als das monotone Rattern des Zuges. Einatmen. Ausatmen.

»Sie sind die Frau Platz, Sie arbeiten für das *Morgenmagazin*«, stellte der Herr neben mir mit einem Hauch Aufregung in der Stimme fest.

»Oha, ein *moma*-Zuschauer«, sagte ich, öffnete die Augen und schaute den Mann neugierig an. Gleich fühlte ich mich nicht mehr ganz so schlapp. Er war in etwa so alt wie ich, trug ein buntes Jackett, eine auffallend große Hornbrille und grinste freundlich von einer Backe bis zur anderen.

»Ich lach mich immer kaputt über Ihre Filme«, sagte er. »Ihre Yoga-Serie vor ein paar Jahren hat mir super gut gefallen. Aber auch die Gartensachen, die Sie machen – toll.« Wow. Was für ein Kompliment. Und so unverhofft. Der Tag nahm langsam Fahrt auf. Ich spürte ein angenehmes Kribbeln in der Nackengegend.

»Das freut mich jetzt aber«, sagte ich und wandte mich dem Herren ein wenig mehr zu. *Erzählen Sie ruhig weiter. Bitte.*

»Da sitze ich hier und plötzlich kommt die Frau Platz vom ZDF zur Tür herein. Zufälle gibt's.« Das wohlige Kribbeln breitete sich vom Nacken in Richtung Rücken aus.

»Danke, danke«, antwortete ich und bemühte mich um die hier gebotene Professionalität: »Es ist immer gut und wichtig für uns Journalisten, direktes Feedback für unsere Arbeit gespiegelt zu bekommen.«

Soll ich ihn fragen, ob er mein letztes Stück zum Thema Heckenrückschnitt gesehen hat? Das war der Knaller.

»Der Knaller neulich«, hob mein Sitznachbar an, »war ja die Sommerreise von Benjamin.«

Oh.

»Verstehen Sie mich nicht falsch, ich finde Ihre Filme prima, Frau Platz. Echt. Aber den Benjamin find ich noch ein bisschen besser.« Unschuldiges Lächeln durch die Brillengläser.

»Äh. Ja. Klar.« Ich nickte und schluckte.

»Das stimmt, der ist wirklich gut, unser Benjamin. Und seine Sommerreise war absolut sehenswert, seh ich genauso.«

Wo war der noch mal hingefahren?

Benjamin Stöwe ist unser Wettermoderator. Einmal im Jahr macht er eine Deutschlandtour und nimmt die Zuschauer mit an die entlegensten Plätze. Der Mann ist gut. Keine Frage. Fantastisch sogar, ehrlicherweise. Im deutschen Fernsehen findet sich kein zweiter Wetterfrosch, der ablandigen Wind, Bannerwolken und Kaltluftstau derart souverän in einem Satz zusammenfassen kann.

Trotzdem. Mein Film über den Heckenrückschitt ...

»Ich gucke jeden Morgen *moma*«, fuhr der Mann sichtlich bester Laune fort. »Gute Sendung.«

»Danke, wir geben uns Mühe.« Ich musste lächeln. Selbst angesichts unzähliger Alternativangebote wie Amazon Prime, Netflix, Sky und diverser Mediatheken schauen überraschend viele Menschen nach wie vor klassisch analoges Fernsehen. Auch am Morgen. Aus der Auslesung der Einschaltquoten wissen wir: Etwa vier Millionen Deutsche beginnen mit dem *Morgenmagazin* ihren Tag. Wie andere die Zeitung aufschlagen oder das Radio anknipsen, schalten unsere Zuschauer den Fernseher an. Nachrichten, Wetter, Politik, Sport, Service. Wer eine halbe Stunde dranbleibt, geht ziemlich informiert in den Tag. Seit fast 20 Jahren bin ich Reporterin dieser Sendung. Dass ich persönlich unsere Arbeit toll und wichtig finde, ist jetzt nicht sonderlich überraschend. Aber dass viele Menschen da draußen das genauso sehen, das freut mich. Jedes Mal aufs Neue.

Mein netter Mitfahrer war Schneidermeister, lebte in Frankfurt und stellte sich als ein Riesenfan unserer Sendung heraus! Im vergangenen Winter hatte er für sein Idol Benjamin sogar einen

Adventpullover kreiert. Mit 24 Bommeln dran! Wir klönten über Schnittmuster und den Niedergang der deutschen Textilindustrie und witzelten über die neueste Folge von *Shopping Queen*. Meine Müdigkeit war längst verflogen.

Sehr geehrte Fahrgäste, in wenigen Minuten erreichen wir Hannover Hauptbahnhof. Der Ausstieg ist in Fahrtrichtung links.

»Oh«, sagte ich und begann meine Sachen auf dem Tischchen vor mir zusammenzuraffen, »hier muss ich aussteigen.«

»Ach, das war jetzt aber schön, dass ich Sie mal live und in Farbe kennenlernen konnte«, sagte der Schneidermeister und strahlte freundlich. »Jetzt habe ich Sie gar nicht gefragt, was Ihr nächstes Projekt ist.«

»Hier in Hannover, meinen Sie?«, antwortete ich und legte einen gespielt geheimnisvollen Ton in meine Stimme. »Ich bin auf dem Weg ins Moor.«

»Ach«, sagte er und guckte neugierig. »Da bin ich ja mal gespannt. Und wann kommt das dann im Fernsehen?«

»Nächste Woche.« Ich warf die Jacke über den Arm und zog den Henkel aus meinem Rollkoffer. »Also, nicht vergessen – *moma* gucken.«

»Auf gar keinen Fall!«, rief er mir fröhlich hinterher. »Ach und eins noch, Frau Platz.«

Ein letztes Mal drehte ich mich zu ihm um.

»Ihr Bericht zum Thema Heckenrückschnitt neulich – herrlich!«

Vor dem Bahnhofsgebäude in Hannover wartete bereits das Auto mit meinen beiden Kollegen. Wir machten einander bekannt – *Tachchen, Tachchen* – und nachdem ich hinten im Wagen Platz genommen hatte, fingerte der Kameramann vorn auf dem Beifahrersitz am Navigationsgerät.

»Wo genau geht's noch mal hin?«

»Diepholzer Moorniederung, in der Nähe von Osnabrück«, antwortete ich und organisierte meine Beine irgendwie unter den

Vordersitz. Meine Kollegen und ich kannten uns nicht. Die beiden Männer waren aus dem Studio Niedersachsen, ein erfahrener Kameramann und sein junger Assistent. Ich hatte unsere Reise so geplant, dass wir die etwa 120 Kilometer bis zum Drehort gemeinsam im Wagen zurücklegen konnten. Man lernt sich kennen, stimmt sich auf die bevorstehende Zeit ein. Aus drei Fremden wird ein Team. Lautlos zeigte uns das Navi an, dass es die sinnvollste Strecke ausbaldowert hatte, und der Assistent am Steuer fädelte sich routiniert in den hannoverschen Mittagsverkehr ein.

»So«, sagte der Kamerakollege nach einigen Minuten und drehte sich zu mir um, »auf der Dispo stand nur ›Moor‹. Was genau ist dein Plan?«

»Okay«, begann ich, »hat einer von euch beiden einen Garten?«

Der Assi schüttelte den Kopf, aber der Kameramann nickte und sagte: »Einen ganz kleinen, immerhin.«

»Gut«, gab ich zurück, »dann kaufst du bestimmt ab und an Erde für deine Pflanzen, richtig?« Der Kollege bejahte.

»Ich auch«, fuhr ich fort. »Jeder Hobbygärtner tut das, selbst wenn er einen Komposthaufen hat. Manchmal braucht man Erde einfach, zum Beispiel für Neuaussaat, den Rhododendron, die Hortensien, was auch immer. Und bestimmt ist dir im Pflanzenmarkt oder im Gartencenter schon mal torffreie Erde begegnet, oder?«

»Hm, ja«, der Kameramann überlegte, »kann sein. Weiß ich jetzt auf Anhieb nicht so genau.«

»Achte mal drauf, torffreie Erde gibt es in vielen Gartengeschäften. Allerdings meist keine große Auswahl und teuer ist sie obendrein. Wie dem auch sei. In unserem Film soll es darum gehen, warum man diese Erde trotz des hohen Preises kaufen sollte. Oder andersherum: warum man eben *keine* torfhaltige Erde kaufen darf.«

»Aha«, sagte der Kollege und drehte sich noch ein bisschen mehr zu mir ein, damit er den Hals nicht allzu sehr überstrecken musste, »dann lass mal hören.«

Alles hatte vor ein paar Wochen mit einem Telefonat beim BUND begonnen, dem Bund für Umwelt und Naturschutz

Deutschland. Ich hatte da angerufen, weil ich verstehen wollte, was es mit der torffreien Erde auf sich hat. Uns Hobbygärtnern wird permanent erzählt, dass torfhaltige Erde schlecht für die Umwelt sei, und ich fragte mich: »Warum eigentlich?« Die Pressestelle stellte mich durch zu Nicola Uhde, einer Moorschutzexpertin beim BUND.

»Stellen Sie sich vor, Sie haben einen landwirtschaftlichen Betrieb, Sie produzieren Gurken«, erklärte sie mir. »Sie hätten für Ihre Gurken am liebsten ein Substrat, eine Erde, die wie eine weiße Fläche ist. Feuchtigkeit sollte sie gut speichern können, dann haben Sie es mit der Bewässerung von Ihrem Gemüse leichter. Aber mehr nicht. Alle Nährstoffe, also alles an Dünger und Stärkungsmitteln zum Wachsen, geben Sie lieber selbst als Gurkenproduzentin gezielt hinzu. Damit die Gurke genau so wird, wie Sie sie haben wollen. Damit Sie die Kontrolle behalten. Das ist einfach und damit kostengünstig. Worauf also würden Sie Ihre Gurken gerne pflanzen?«

»Hm«, antwortete ich, »Kompost kann es nicht sein, der ist beileibe keine weiße Fläche, da sind ja ganz viele Nährstoffe und Mikroorganismen drin, die den Wuchs beeinflussen.«

»Na ja, Kompost ginge, ist aber aufwendig und macht die Anzucht teuer. Nein, der Gartenbau will so günstig wie möglich produzieren und nutzt darum leider vielfach ein anderes Substrat.«

»Torf?«, riet ich.

»Genau«, sagte Frau Uhde. »Die allermeisten Gemüse und Zierpflanzen, die wir kaufen, die in irgendeinem Gewächshaus in Europa kultiviert wurden, wachsen auf Torf oder werden auf Torf angezogen.«

»Und um an den Torf zu kommen, werden Moore trockengelegt?«

»Moore bestehen zu einem großen Teil aus Torf. Er ist über viele Jahrtausende aus abgestorbenen Torfmoosen entstanden. Und für den Erwerbsgartenbau, also zum Beispiel einen Gurkenproduzenten, werden Moore trockengelegt und der Torf abgebaggert. Das Moor wird dadurch als einzigartiger Lebensraum und wichtiger Klimaschützer zerstört. Dies passiert hier in Deutschland, aber auch immer mehr im Baltikum und in Russland, wo es noch viele ursprüngliche Moore gibt.«

Nicola Uhde machte eine kleine Pause und gab mir damit Zeit, das Gesagte zu verarbeiten.

»Torf enthält abgesehen von seiner Fähigkeit, Wasser zu speichern, keinerlei Nährstoffe und kaum Mikroorganismen, die Einfluss auf das Wachstum der Pflanzen haben können. Und genau weil Torf diese Eigenschaften besitzt, ist er so begehrt. In Deutschland werden jedes Jahr etwa zehn Millionen Kubikmeter Torf verbraucht. Einen Großteil davon nutzt der professionelle Gartenbau, um etwa Gemüse und Zierpflanzen zu ziehen. Aber rund ein Viertel dieses Torfes wird im privaten Gartenbedarf verkauft. Denken Sie nur mal an die vielen Tausend Säcke Erde, die Hobbygärtnerinnen und Hobbygärtner für ihre Beete nach Hause schleppen. Fast alle enthalten einen hohen Anteil Torf. Ein Wahnsinn ist das«, erklärte Nicola Uhde.

»Und Torf künstlich herstellen kann man nicht?«, fragte ich.

»Nein. Aber wir können an Alternativen arbeiten und wir brauchen dringend mehr Forschung. Wir Menschen können sogar zum Mond fliegen. Da sollte es wohl machbar sein, Gemüse und andere Pflanzen ohne Torf und ohne Raubbau an der Natur anzubauen.« Nicola Uhde klang ziemlich energisch.

»Hm«, fasste der Kameramann zusammen. »Torf wird also von der Industrie und den privaten Hobbygärtnern benutzt, um Gemüse anzubauen oder Pflanzen darin zu kultivieren?«

»So ist es«, antwortete ich.

»Das heißt, die Erde in einem Basilikumtopf, den ich zum Beispiel beim Aldi kaufe, kommt aus einem Moor?«, fragte der Assistent.

»Na ja, sie besteht aus dem Torf, der aus einem Hochmoor kommt«, antwortete ich.

Der Kameramann vorn auf dem Beifahrersitz nickte nachdenklich. »Aber«, sagte er, »so ganz habe ich das ehrlich gesagt noch nicht begriffen. Was also ist nun so schlimm daran, dass man Moore trockenlegt und den Torf sticht? Wozu braucht der Mensch Moore, bitte schön? Das sind doch in erster Linie eklige Sümpfe, mit irre vielen Mücken drin, oder nicht?«

»Oder Moorleichen«, fiel der Assistent ein und wir lachten.

»Laut Definition ist ein Moor kein Sumpf«, sagte ich und zog meine Unterlagen aus der Tasche. »Ich habe mir dazu eine ganze Menge ausgedruckt. Hier …« Auf meinem Schoß durchsuchte ich die Papiere und fischte schließlich ein DIN-A4-Blatt aus einer blauen Klarsichtfolie.

»Also, was genau ist ein Moor? Klären wir doch das erst mal«, sagte ich und schaute auf meine Notizen.

»Hochmoore sind Feuchtgebiete, die über Millionen von Jahren entstanden sind und die nur an Orten existieren, die eine Wassersättigung von etwa 95 Prozent aufweisen. Gebiete also, die durch Grundwasser und regelmäßige Niederschläge nass gehalten werden. ›Das Moor muss nass!‹ heißt es ja auch immer so schön. Ist diese Feuchtigkeit ausreichend und dauerhaft vorhanden, sorgt das spezielle Mikroklima dafür, dass auf der Mooroberfläche außergewöhnliche Pflanzen und Moose wachsen. Bekannte Moorpflanzen zum Beispiel sind der Sonnentau und die Moosbeere, aber auch der blaue Sumpfstern, Blutwurz, der Gagelstrauch oder die feuchte Glockenheide und natürlich die verschiedenen kleinen Torfmoose.«

Ich ließ meine Notizen sinken, trank einen Schluck Wasser und schaute von einem Kollegen zum anderen.

»Also geht es jetzt um Pflanzenschutz, oder wie?«, fragte der Assistent, während er weiter den Blick nach vorn auf die Landstraße richtete.

»Nein«, sagte ich, »der Erhalt von Flora und Fauna ist ausnahmsweise mal nicht das vordergründige Thema. Nein, wenn man sich über Gartenerde und Torf Gedanken macht, dann geht es um etwas anderes.«

»Ah, okay. Und zwar?«

»Also«, sagte ich, »dafür müssen wir einen kleinen Bogen spannen. Ein Moor ist also permanent nass. Und diese dauernde Feuchtigkeit sorgt dafür, dass mehr Pflanzenmaterial produziert als abgebaut wird. Die Moorpflanzen werden nicht zersetzt, sondern lagern sich in den tieferen Schichten ab. Sie sinken praktisch nach unten und werden dort zu fester Materie. Und dieses abgestorbene, wenig zersetzte Material nennt man Torf.«

Der Kameramann überlegte.

»Warum zersetzt es sich nicht?«, fragte er. »Hat das was mit dem Sauerstoff in einem Moor zu tun?«

»Genau!«, antwortete ich. »Anders als beispielsweise in einem Wald oder auf einem Komposthaufen, verrottet das Material in einem Moor durch den Sauerstoffmangel nicht. Stattdessen werden die abgestorbenen Pflanzen, also Blätter, Moose, Beeren und so weiter im Boden eingeschlossen und konserviert. Sie sinken ab, verdichten sich und werden zu fossilem Torf. Wenn ich versuche, mir diesen Prozess vorzustellen, dann muss ich immer an Venedig denken. Die Stelen, auf denen die jahrhundertealten Paläste im Canal Grande gebaut sind, verrotten schließlich auch nicht. Oder selbst in Berlin – die berühmte Museumsinsel steht auf Zehntausenden Pfählen im feuchten Grund der Spree.«

»Ja, na klar«, sagte der Assistent am Steuer, »die Paläste und Gebäude stehen seit so langer Zeit, weil ihre Holzstelen permanent mit Wasser bedeckt sind.«

Ich nickte. »Jawoll. Und genauso ist es auch mit dem Torf im Moor. Auch hier dringt kein Sauerstoff in die unteren Schichten. Pro Jahr baut ein Moor auf diesem Weg etwa einen Millimeter Torf auf.«

»Wow! Wenn ich also einen Meter Torf absteche, um zum Beispiel Erde für mein Gemüsebeet zu gewinnen«, überlegten die beiden, »dann ist der Torf in der untersten Schicht 1 000 Jahre alt?«

»Richtig! Ziemlich beeindruckend, oder?«, antwortete ich. »Nun muss man aber wissen: Torf wurde schon im Mittelalter gestochen. Damals natürlich nicht für den Gartenbau, sondern als Brennmaterial. Bis etwa 1850 war Torf neben Holz der wichtigste Energielieferant der Bevölkerung. Lange Zeit kamen die Menschen damit über den Winter. Erst mit dem industrialisierten Abbau von Steinkohle, die einen deutlich höheren Brennwert hat, verlor der Torf seine Bedeutung. Zeitgleich allerdings begannen Bauern ihre Landwirtschaft auf Anbauprodukte umzustellen, die trockene Böden erforderten.«

Ich durchsuchte meinen Zettelstapel, um einen bestimmten Ausdruck zu finden.

»Landwirte und Bauern begannen Buchweizen, Roggen und später Mais anzubauen«, las ich vor. »Damit änderte sich die Agrarwirtschaft in Mitteleuropa, die Bauern benötigten zunehmend trockene Böden als Weidefläche für ihr Vieh und für den Getreideanbau. Wer auf seinem Land Moorflächen hatte, begann diese zu entwässern, um sie nutzbar zu machen. Vor allem nach dem Zweiten Weltkrieg legten viele Bauern ihre Moore trocken, damit jeder Quadratmeter, wenn möglich, bewirtschaftet werden konnte. Sowohl die BRD als auch die DDR förderten die Entwässerung von Mooren. Etwa 13 Prozent aller Landflächen in Mecklenburg-Vorpommern zum Beispiel sind trockengelegte Moorflächen. Stellt euch das mal vor! Und auch hier in Niedersachsen gab es noch bis in die Fünfziger- und Sechzigerjahre unglaublich viele Moore.«

»Na ja«, warf der Assistent ein, »aber auch Landwirte sind Unternehmer und müssen ihre Familie ernähren.«

»Ja klar«, antwortete ich, »aber so kommt es, dass heute etwa 90 Prozent aller Moorflächen in Deutschland entwässert und teilweise abgetorft sind.«

»Wow!«, der Kameramann blickte nachdenklich seinen Kollegen an. »War mir gar nicht so klar. Aber wenn ich so überlege … In meiner Kindheit gab es noch Moore. Ich bin in der

Nähe von Oldenburg aufgewachsen, jetzt wüsste ich eigentlich nicht mehr, wo noch eins ist. Du etwa?«

Der Assi schüttelte den Kopf. Er war höchstens Mitte 20, er kannte Moore wahrscheinlich, wenn überhaupt, nur von den *Drei Fragezeichen* als Hörspiel.

»Ja«, antwortete ich, »das ist leider so. Es gibt schon noch Moore in Deutschland, aber eben wenige. Und seit etwa 15 Jahren weiß man, dass mit dem Trockenlegen der Moore, neben dem Sterben von Flora und Fauna, eben ein anderes, deutlich drastischeres Problem einhergeht.«

»Ach ja genau, da waren wir«, sagte der Kameramann und drehte sich erneut zu mir um. »Welches denn nun?«

»Sobald Sauerstoff an die tieferen Schichten eines Moores kommt, baut es sich ab und gibt CO_2 frei. Das ist, wie wir wissen, ein Treibhausgas. Legt man ein Moor also trocken, wird der Kohlenstoff, der jahrtausendelang im Torf eingesperrt war, als CO_2 in die Atmosphäre abgegeben. Das sind unfassbare Mengen CO_2, die maßgeblich zur Verschärfung des Treibhauseffektes beitragen!«

»Ehrlich? Wieso?«

»Na, ein entwässertes Moor pupst sozusagen jeden Tag das CO_2 in die Luft, das es vorher Tausende Jahre lang festgehalten hat. Es löst sich langsam aber stetig auf. Man schätzt mittlerweile, dass etwa fünf Prozent aller anthropogenen, also durch den Menschen verursachten, CO_2-Emissionen auf trockengelegte Moore zurückgehen. Das ist eine unfassbar hohe Zahl! Entwässerte Moore sorgen also für eine Beschleunigung des weltweiten Klimawandels. Und zwar in hohem Maße. Und dabei ist es egal, ob man das Moor abtorft oder eben ›nur‹ trockenlegt. Beim Abtorfen wird das CO_2 lediglich noch schneller in die Atmosphäre entlassen.«

Die beiden Kollegen vorne im Wagen wurden ganz still. Diese Informationsbombe mussten sie erst mal verarbeiten.

»Das heißt«, sagte der Assistent nach einer Weile schlußfolgernd, »wenn wir unsere Moore nicht abtorfen und trockenlegen würden, hätten wir ein deutlich geringeres CO_2-Problem?«

»Du hast es erfasst!«, antwortete ich. »Weltweit sind etwa drei Prozent aller Landflächen Moore. Und diese drei Prozent speichern doppelt so viel CO_2 wie alle Wald- und Forstflächen zusammen.«

»Das bedeutet aber auch«, der Kameramann schaute mich ungläubig an, »dass es zwar gut und wichtig ist, dass wir damit aufhören, unsere Wälder abzuholzen, aber genauso entscheidend wäre es, unsere Moore zu schützen? Weil die entwässerten Moore noch viel mehr CO_2 ausstoßen?«

»Genau! Die Welt hätte eine deutlich realistischere Chance, das Klimaziel von 1,5 Grad einzuhalten, wenn es den CO_2-Ausstoß durch trockengelegte Moore nicht gäbe.«

Wumms.

»Das kann ich ja kaum glauben!«, sagte der Kameramann und schaute rüber zu seinem fahrenden Kollegen. »Wusstest du das?«

Der schüttelte den Kopf.

»Kann man denn die Moore nicht einfach wieder nass machen, damit sie das CO_2 erneut binden?«

»Das Wiedervernässen von Mooren ist in der Tat ein Riesenthema«, nickte ich, »aber fast alle Hektar Moorfläche sind in privater Hand, Landwirte betreiben seit Generationen ihre Grünland- und Ackerflächen darauf. Man kann nicht einfach hingehen und sagen: ›Schmeißt eure Kühe von der Weide, mäht das Getreide ab und vernässt stattdessen euer Land.‹ Und die zunehmende Trockenheit macht das obendrein schwierig.«

»Man müsste den Bauern einen Ausgleich zahlen.«

»Klar. Daran wird auf politischer Ebene gearbeitet. Aber diese Prozesse dauern. Stand heute ist es für Bauern einträglicher, ihr Land zu bewirtschaften, als es zu vernässen. Also betreibt man die Vernässung immerhin auf Flächen, die den Kommunen oder Landkreisen gehören. Und mittlerweile gibt es auch erste Versuche, Landwirtschaft auf bereits wiedervernässten Flächen zu betreiben. Paludikultur nennt man das. Was die Torfabstecherei anbelangt, hilft das allerdings nicht. In Deutschland wird zwar kaum noch gestochen, dafür aber anderswo in Europa umso mehr. Vor allem im Baltikum. Für das Klima ist das eine unaussprechliche Katastrophe. Und deshalb, und damit sind wir wieder da, wo wir angefangen haben, sollten Hobbygärtner keine torfhaltige Erde oder torfhaltige Produkte kaufen!«

»Oh Mann«, der Assistent trommelte leicht auf dem Lenkrad herum und schüttelte frustriert den Kopf. »Wie hat der alte Humboldt gesagt? ›Alles hängt mit allem zusammen.‹«

»Allerdings«, gab ich ihm recht. Wir schwiegen eine Weile und sahen am Fenster die flache Landschaft Niedersachsens an uns vorbeifliegen. Es war wie so oft im Leben: Es gab keine einfachen Lösungen.

»Unsere Erde ist so wunderschön«, sagte der junge Assistent schließlich und blickte stur konzentriert auf die Straße, »und irgendwie machen wir sie doch so zuverlässig kaputt, nicht wahr?«

Ich schluckte. Als ich jung war, gab es das Waldsterben, Tschernobyl flog in die Luft, das Aussterben seltener Tierarten nahm Fahrt auf. Alles schlimm, ohne Frage. Und doch. Wir haben Zewa-wisch-und-weg-Tücher benutzt, ohne uns schuldig zu fühlen, wir sind als Rucksacktouristen um die ganze Welt gereist, wir haben Fleisch gegessen, ohne dafür gemaßregelt zu werden, der Klimawandel waberte als ferne Prophezeiung durch die Medien, noch ganz weit weg. Die junge Generation von heute hat all diese Themen direkt vor der Nase. Jeden Tag. Und mehr und mehr begreifen sie – es ist zwei Minuten vor zwölf. Welcher halbwegs reflektierte junge Mensch sieht noch einer sorglosen Zukunft entgegen? Wir hinterlassen unseren Kindern ein schreckliches Erbe, und meine Generation trägt erheblichen Anteil daran.

Eine ganze lange Weile hing jeder von uns stumm seinen Gedanken nach, schließlich unterbrach der Kameramann die Stille.

»Was genau machen wir denn nun in Diepholz?«, fragte er.

»Wir treffen eine Gruppe Freiwilliger, die dabei helfen, ein Moor nass zu halten«, antwortete ich. »Entkusseln nennt sich das.«

Am nächsten Morgen saßen wir drei in aller Frühe wieder im Wagen. Vor mehr als einer Stunde war die Sonne aufgegangen, doch der trübe Dunst der Nacht hatte sich noch nicht vollständig verzogen. Im Gegenteil, es wurde grauer, so schien mir. Es war sieben Uhr, und hinterm Steuer schimpfte der Kameraassistent wie ein Rohrspatz.

»Scheiße! Wenn das so weitergeht, kann ich nicht bis ganz nach vorne fahren. Dann müssen wir aussteigen und den Rest der Strecke zu Fuß gehen.«

Der Kollege fuhr so achtsam wie möglich und doch rumpelte er in jedes zweite Schlagloch, und hinten im Wagen rumpelte ich gemeinsam mit dem technischen Equipment mit. Egal. Das Bett im Hotelzimmer war erfreulich bequem gewesen, ich hatte geschlafen wie ein Stein und war, ungeachtet der frühen Morgenstunde, voller Elan. Recherchieren über ein Thema ist gut und schön, aber der spannendere Teil meines Reporterjobs findet nicht am Schreibtisch statt. Wir hatten die Landstraße längst verlassen und schlichen im Schneckentempo auf einem Weg voran, der, wie ich annahm, ausnahmslos für schwere Forstfahrzeuge angelegt worden war. Links und rechts sah das Gelände aus, als hätte sein bäuerlicher Besitzer vergessen, es zu bestellen. Unsere Augen haben vergessen, wie unkultivierte Landflächen aussehen. Kniehoch stand das vertrocknete Gras und bildete eine braune zottelige Fläche. Das ungekämmte Gelände, auf dem wir fuhren, stand unter Naturschutz, und ohne Ausnahmegenehmigung hätten wir es nicht betreten, geschweige denn befahren dürfen. Dumm nur, dass niemand daran gedacht hatte, dass das unwegsame Gelände für einen Wagen ohne Allradantrieb eventuell zum Problem werden könnte. Mit zusammengekniffenen Augen starrte der Kameramann auf dem Beifahrersitz aus dem Fenster und versuchte im Nebeldunst etwas zu erkennen.

»Da vorne … Das sind sie doch, oder?« Er zeigte auf eine kleine Gruppe Menschen, die neben zwei VW-Bussen vor ein paar hohen Bäumen standen. Je näher wir kamen, umso mehr schälten sich aus den schemenhaften Umrissen vollständige Gesichter. Einige von ihnen hatten wir gestern Nachmittag bereits kennengelernt, andere sahen wir zum ersten Mal. Die Leute standen entspannt beieinander, manche hüpften von einem Fuß auf den anderen, um sich ein bisschen aufzuwärmen. Andere holten aus den offen stehenden Heckklappen der Fahrzeuge das Arbeitsgerät für den Tag. Große Astscheren und Sägen. Langsam näherten wir uns und parkten den Wagen einige Meter von der Gruppe entfernt.

»Moin, moin.« Jan Köhl kam uns entgegen. Er war der einzige der etwa 20 Leute, der für den bevorstehenden Tag bezahlt werden würde. Köhl war Mitarbeiter des »Bergwaldprojekts«, einem Verein, der sich dem Schutz von Wald- und Kulturlandschaften verschrieben hat. Alle anderen, die sich an diesem Morgen auf der Lichtung für den Arbeitstag fertig machten, waren ehrenamtliche Helferinnen und Helfer.

»Guten Morgen«, grüßten wir zurück. »Unser Wagen hat's tatsächlich geschafft.«

Köhl grinste. »Na ja, wenn man einen Film über's Moor machen will, dann sollte man nicht davon ausgehen, dass der Dreh neben einem Parkplatz stattfindet.«

Wir lachten und begleiteten Jan hinüber zu den anderen. Eine bunt gemischte Truppe hatte sich da zu dieser frühen Stunde eingefunden. Eine Lehrerin, zwei Architekten, einige junge Studenten, ein Heizungsmonteur, zwei Freundinnen mittleren Alters, ein selbstständiger Malermeister, eine FSJlerin vom NABU. Diese Menschen kamen aus dem gesamten Bundesgebiet, waren in Diepholz in einer jugendherbergsähnlichen Sammelunterkunft untergebracht, und das Einzige, was sie einte, war das Bedürfnis, etwas Sinnvolles mit ihrer freien Zeit anzustellen. Die Gruppe hatte bereits ihren dritten Einsatztag, sie kannten sich also, lachten und witzelten entspannt miteinander. Ein sympathischer, freundlicher Haufen Idealisten. Mein Team und ich waren am Vorabend kurz in der Unterkunft der Gruppe vorbeigefahren, um uns vorzustellen. Immerhin hatten diese Leute sich freiwillig für ein Moor-Renaturierungsprojekt gemeldet und nicht für die Teilnahme an einem Film für das *ZDF Morgenmagazin*. Glücklicherweise hatte niemand etwas gegen unseren Dreh einzuwenden. Im Gegenteil, sie alle waren froh, dass wir gekommen waren, um das wichtige Thema Moore ein bisschen bekannter zu machen.

Jan begann zu erklären, wie der bevorstehende Tag ablaufen würde.

»So, ihr Lieben«, sagte er, »wir müssen ein gutes Stück zu Fuß gehen, das Moor liegt ziemlich tief da hinten im Wald. Darum nehmt bitte eure Rucksäcke mit der Verpflegung gleich mit, und achtet darauf, dass ihr genug zum Trinken dabei habt. Die Arbeit ist schweißtreibend, wie ihr wisst.«

Oha, dachte ich ohne rechte Ahnung, was uns erwarten würde. Die anderen dagegen nickten routiniert, packten ihr Werkzeug und schulterten die Rucksäcke mit dem Proviant. Der Assistent lief eilig zum Wagen zurück und tauschte noch schnell seine Turnschuhe gegen Gummistiefel ein. Mein Kamerakollege und ich waren bereits wetterfest ausgestattet, schnappten uns die Technik und folgten den anderen. Im Gänsemarsch stiefelten wir durch das hohe Gras zwischen den dunstbehangenen Bäumen des niedersächsischen Birken-Kiefernwaldes, und obwohl es erst September war, drang der kühle Dunst bald durch unsere Regenkleidung, sodass ich den Reißverschluss meiner Jacke bis ganz nach oben zuzog.

Schon nach kurzer Zeit verfiel die gesamte Gruppe in andächtiges Schweigen. Wir alle waren ganz gefangen von der verwunschenen Mystik dieser morgendlichen Stimmung. Begleitet vom unnachahmlichen Ruf eines Kiebitzes, bahnten wir uns den Weg, drückten Farne, Gräser und Waldgeißbart sanft zur Seite, um etwaige Spinnweben darin nicht zu zerstören. Wie kleine weiße Hängematten hingen die Netze zwischen den Blättern und in den Ästen der Bäume, und im diffusen Sonnenlicht glitzerten die Tautropfen darin als seien sie wertvolle Diamanten. Tief hinein in das Naturschutzgebiet führte unser Weg, und nach etwas mehr als einem Kilometer tauchte eine große Lichtung vor unseren Augen auf. Grauer Nebel waberte über das gesamte Gelände und beim ersten Hinsehen hätte man vermuten können, es handele sich um eine braune abgemähte Heuwiese. Doch – vor uns lag das Rehdener Geestmoor.

»Legt mal eure Sachen hier ab. Ich würde sagen, wir beginnen vorne und arbeiten uns dann langsam vor.« Jan und einige andere begannen eine Art Pausenplatz zu errichten, stellten Thermoskannen auf und rückten einige Baumstämme als Sitzmöglichkeit zurecht. Der Rest der Gruppe streifte sich Arbeitshandschuhe über und marschierte in Richtung unteres Ende der Moorfläche. Meine beiden Kollegen hatten bereits unseren Marsch fleißig gefilmt; der Kameramann setzte ab und ruhte sich kurz aus.

Ich nutzte die Zeit, um das Moor genauer zu betrachten. Die Fläche war etwa vier Hektar groß und an drei Seiten von hohen weiß glänzenden Birken eingekesselt. Auf dem Moor selbst wuchs auf den ersten Blick nur struppiges Pfeifengras, erst beim zweiten Hinsehen bemerkte ich das zartgrüne Moos, das zwischen den kugeligen braunen Gräsern hervorlugte. Ich ging an den Rand der Fläche, beugte mich hinunter und drückte mit der Hand auf die Oberfläche. Sofort gab der weiche Boden nach und Wasser quoll zwischen meinen Fingern hervor. Wie ein riesiges, wabbeliges Wasserbett lag diese rechteckige Moorfläche vor mir. Vorsichtig gingen die Ersten der Gruppe hinein. Etwa knöcheltief sanken sie mit ihren Gummistiefeln ein und machten sich sogleich an die Arbeit.

»Guck mal hier«, sagte Jan zu mir und zeigte auf einige kleine rote Beeren, die im Moos steckten. »Das sind Moosbeeren. Unsere Großeltern sind noch ins Moor gegangen, um diese Beeren zu pflücken. Damals gab es sie reichlich, aber heute sind die eine absolute Rarität.«

Ich steckte mir die Moosbeere in den Mund und fühlte mich prompt ein bisschen schuldig. Immerhin sind diese Pflanzen vom Aussterben bedroht.

»Es sind aber auch viele Tierarten heimisch in Mooren, oder?«, fragte ich Jan. »Ja, richtig«, nickte er. »Viele mittlerweile *bedrohte* Tierarten. Libellen wie die Torf-Mosaikjungfer zum Beispiel oder die kleine Moosjungfer. Aber auch seltene Vogelarten wie die Kornweihe, der Wachtelkönig und Kraniche bauen ihre Nester in Mooren. Durch das Wiedervernässen bekommen auch all diese Tiere wieder ihren ursprünglichen Lebensraum.«

»Was hältst du davon, wenn wir die Drohne steigen lassen?«, schlug der Kameramann vor, und wenige Minuten später kreiste mit leisem Propellersurren eine fliegende Kamera über der Szenerie. Jan hatte eine große Säge für mich eingepackt und unter seiner Anleitung begann auch ich mit der Arbeit.

»Komm«, rief ich ihn herüber zu mir, nachdem der Kameramann die Drohne zum Landen gebracht hatte und für ein Interview einsatzbereit war. »Erkläre mir mal kurz, was wir hier eigentlich machen.«

»Wie du siehst«, sagte Jan und machte dabei eine ausladende Bewegung über die Moorlandschaft, »wachsen hier überall auf dieser Fläche kleine Birken. Die haben sich selbst ausgesät. In einem gesunden Moor wäre das gar nicht möglich, der Untergrund wäre viel zu nass und würde eine Keimung unterbinden. Weil aber dieses Moor durch den geringen Niederschlag der letzten Jahre schon recht trocken ist, siedeln sich mehr und mehr Birken an. Um das Moor zur erhalten, müssen wir die dringend rausnehmen, denn Birken werden riesig.«

»Und dieses Rausnehmen von Birkenbäumen nennt man Entkusselung?«, hakte ich nach.

»Genauso ist es«, antwortete Jan. »Es geht darum, die sogenannte Sukzession, also die Verwaldung dieser Freifläche zu vermeiden.«

»Aber warum?«, fragte ich. »Warum dürfen die Bäume nicht im Moor wachsen?«

»Weil die Verdunstung durch die Blätter dem Moor noch mehr Feuchtigkeit entzieht, sodass es noch weiter austrocknet. Und das geht nicht, denn das Moor …«

»… muss nass!«, fiel ich ihm ins Wort. Jan lachte.

»Genau.«

So simpel diese Tätigkeit klang, so anstrengend war sie. Birken wurzeln tief, selbst noch relativ kleine Bäume lassen sich nicht ohne Weiteres aus der Erde bringen. Mit Spaten und Grabegabeln kommt man in einem Moor nicht weit, dafür ist der Untergrund viel zu klitschig und feucht. Zwar sanken wir nicht komplett ein, aber unsere Gummistiefel standen doch deutlich bis über die Fußknöchel im schlammigen Boden.

»Wir befinden uns jetzt also«, fragte der Kameraassistent, »auf Torf, der Tausende Jahre alt ist?«

»Ganz genau.« Jan nickte. »Dieses Moor hier ist erst per Hand abgetorft worden und später dann industriell. Dieses Abtorfen endete Mitte der Neunziger, und seitdem finden hier verschiedene Renaturierungsmaßnahmen statt. Das Moor gehört seit Jahrzehnten dem Land Niedersachsen, aber der Birkenwald drum herum und die zunehmende Trockenheit durch den Klimawandel machen ihm zu schaffen. Mit dieser Arbeit hier wollen wir versuchen, das Moor vor dem Austrocknen zu retten. Denn nur so bleibt der Torf, und damit der Kohlenstoff, im Boden.«

Die anderen Freiwilligen waren längst mit Feuereifer am Werk. Enthusiastisch sägten und schnibbelten sie, als würde sich die Zukunft der Welt auf diesem Stückchen Moorfläche entscheiden. Und in gewisser Weise war das ja tatsächlich so.

Ich machte mit, stürzte mich auf jedes Birkenbaby und sägte platt, was sich mir in den Weg stellte. Innerhalb von nur zwei Stunden hatten wir unzählige Bäume abgeschnitten oder mit der Astschere von ihren Wurzeln getrennt. Die weißrindigen Baumreste bildeten einen beeindruckenden Komposthaufen am Rande des Moores.

»Boah«, sagte ich erschöpft zu der Mitstreiterin links neben mir, »und das macht ihr eine ganze Woche lang?«

»Ja«, antwortete sie außer Atem, »du musst mit deinen Kräften ein bisschen haushalten. Sonst schaffst du das nicht lange. Wir sind ja hier auch kein Wettbewerb. Jeder macht, so gut er kann.«

Die Frau war etwa Anfang 60 und Sachbearbeiterin bei einem Automobilzulieferer in Süddeutschland. Für die Arbeit beim Bergwaldprojekt, erzählte sie mir, hatte sie eigens Urlaub genommen.

»Das ist doch fantastisch hier«, sagte sie, »wir sind eine tolle Gruppe, wir sind den ganzen Tag draußen, wir tun etwas Sinnvolles. Ich kann mir keine bessere Freizeitgestaltung vorstellen.«

»Habt ihr alle Urlaub genommen für die Woche hier im Moor?«, fragte ich in die Runde. Sie nickten.

»Es wird allerhöchste Eisenbahn«, erklärte mir ein Lehrer aus Kiel. »Wir müssen endlich handeln, wir können nicht mehr so weitermachen wie bisher. Wenn jeder mithilft, dann hat unsere Erde eine Chance.«

Diese 20 Naturfreunde beeindruckten mich. Die Arbeit war mehr als schweißtreibend, sie war, milde ausgedrückt, schrecklich. Sie alle hätten nach Mallorca fliegen, sich an einen Badesee oder in den eigenen Garten setzen können. Aber das taten sie nicht. Nein, sie waren hier und standen knietief im Wasser, um Bäume abzusägen. Umringt von einem Birkenwald. Ich stellte mir vor, wie spätestens im Frühling die nächste Ladung Pollen auf dieser Moorfläche Platz nehmen würde, um sich von Neuem auszusäen.

»Ja, die Gefahr besteht«, gab Jan mir recht, »aber dann stehen wir eben nächstes Jahr wieder hier. Jedes noch existierende Moor muss gerettet werden, auch wenn man sich manchmal vorkommt, als würde man gegen Windmühlen kämpfen.«

Bis zum späten Nachmittag filmten wir die Gruppe bei ihrer Arbeit, und ich half mit, die Bäume abzusägen. Mein Kamerakollege verlor sich verzückt in Nahaufnahmen von fleischfressenden Pflanzen, und wer eine Pause brauchte, setzte sich hin und stärkte sich mit einem belegten Brot, einem Schluck Suppe oder einem Kaffee. Kein Luxusurlaub, fürwahr. Aber niemand in dieser Gruppe schien den Liegestuhl oder den Cocktail am Strand auch nur ansatzweise zu vermissen.

»Im Grunde«, sagte eine junge Frau zu mir, während wir uns bei ein paar Keksen und Kaffee stärkten, »ist das doch ein systemisches Problem. Die Politik tut nicht genug, um die Moore zu schützen, und wir paar Naturfreunde richten kaum was aus. Wenn torfhaltige Erde drei Mal so viel kosten würde, sähe die Welt ganz schnell anders aus.«

Der Tag ging bereits seinem Ende entgegen, bis zur Hälfte etwa hatten wir das Moor entkusselt, und längst war besprochen, dass die Gruppe ein weiteres Mal würde zurückkehren müssen, da passierte es. Ich zerrte gerade mit vollem Einsatz an einem Birkenstamm, da gab von einer Sekunde auf die andere der Boden unter meinen Füßen nach. Komplett. Innerhalb weniger Augenblicke war ich bis zur Hüfte in schmoddrig nassen Schlamm verschwunden, Tendenz sinkend. Ich schrie wie am Spieß und jeder Witz über Moorleichen schien mir in diesem Moment absolut nicht mehr lustig. Heldenhaft schmiss der Kameramann seine Ausrüstung beiseite und reichte mir seine rettende Hand. Er zog mit aller Kraft, und nachdem ein weiterer Mitstreiter der Gruppe ihm (und damit mir) zu Hilfe geeilt war, fischten die beiden Männer mich ins Trockene.

»Danke«, sagte ich noch etwas lädiert und schaute an meinen komplett nassen Hosenbeinen hinunter. »Schade nur, dass du das jetzt nicht gefilmt hast.«

Der Kamerakollege grinste.

»Okay«, sagte er, »wenn es dir lieber ist, lasse ich dich das nächste Mal eiskalt absaufen.« Wir lachten. Ich wäre wahrscheinlich nicht tiefer abgesunken als bis zum Bauchnabel, und doch – ein bisschen unheimlich war es mir auf einmal, dieses Moor. Nach dieser Episode war der Drehtag weitestgehend gelaufen. Die Hose war durchnässt und mit ihr das Funkteil meines Mikrofons. Aber wir hatten ohnehin genug gedreht, ließen ein letztes Mal die Drohne abheben und packten zusammen. Mit einem aufrichtigen Dank nahmen wir Abschied von Jan und den anderen.

Am Wagen angekommen, war ich froh, trockene Wechselklamotten dabeizuhaben, und wir machten uns auf den Weg zum Bahnhof nach Osnabrück. Von dort ging es für mich zurück nach Berlin. Vorsichtig, jedes allzu abenteuerliche Schlagloch vermeidend, navigierte der Kameraassistent aus dem Naturschutzgebiet. Wir bogen auf die Landstraße ein und nach etwa einem Kilometer tauchte an der linken Straßenseite das Schild eines kleinen Gartencenters auf.

»Halt doch mal kurz an, bitte«, bat ich und stieg aus dem Auto. Vor dem Geschäft waren links und rechts neben der Tür Säcke mit Erde aufgestapelt. Ich nahm eine der 20-Liter-Tüten und drehte sie um: »93 % Hochmoortorf« stand darauf. Der Verkäufer kam aus der Tür und fragte freundlich: »Kann ich Ihnen behilflich sein?«

»Ja«, antwortete ich, »woher kommt die Erde, die Sie hier haben?«

Er strahlte mich an. »Oh, da sind wir stolz drauf. Die ist nicht auf langen Wegen hierher transportiert worden. Nein, nein. Diese Erde wird von einer Firma ganz in der Nähe produziert. Die stechen den Torf noch selbst, das ist echte Qualitätsware.«

Kleiner Tipp:
Mehr und mehr Gartencenter haben mittlerweile torffreie Erde im Sortiment. Der BUND und der NABU bieten auf ihren Webseiten Einkaufsführer für torffreie Erden an. Und wenn Sie dennoch nicht fündig werden, mischen Sie das Substrat einfach selbst. Das ist ein bisschen aufwendig, schützt aber unsere Moore vor dem weiteren Abtorfen und ist darum unbedingt zu empfehlen. Mischen Sie Rindenkompost, Laubhumus und Rinderdungpellets. Wenn vorhanden, können Sie auch Nadelstreu und Holzspäne einfügen. All diese Rohstoffe fördern das Wurzelwachstum, haben einen niedrigen pH-Wert und sind zum Beispiel für sauer liebende Rhododendren eine wahre Gartenkur.

Zum
Geburtstag

Im Laufe unseres Zusammenlebens hat mein Mann mir das ein oder andere sinnvolle Geburtstagsgeschenk gemacht. Zum Beispiel vor einigen Jahren einen Häcksler für den Gehölzschnitt. Meine Freundinnen waren entsetzt, fanden das ausgesprochen unromantisch, einige gar »abtörnend«. Ich nicht. Ich liebe diesen Häcksler und auch mein Sohn ist ein großer Fan. Mehrmals im Jahr schreddern wir den halben Garten durch unseren tapfer schnurrenden Gartenfreund und haben jede Menge Spaß dabei.

Ebenfalls richtig Laune macht uns das Geburtstagsgeschenk des Folgejahres. Eine Siebtrommel für den Kompost. Mein Mann ist Ingenieur, der denkt logisch. Alles was der Häcksler im Herbst kurz und klein raspelt, wird im kommenden Frühjahr durch diese Trommel geschmissen. Ganz großes Kino! Hinten raus kommt das Grobe, unten raus das Feine. Und schon kannse kommen, die nächste Saison.

Auch eine Linkshänder-Gartenschere war mal in einem Jahr dabei, und einen akkubetriebenen Rasenmäher für den Vorgarten habe ich auch schon auspacken dürfen. Kurzum, hätten wir keinen Garten, hätte der Mann längst ein Problem. Wie gesagt, mit der Romantik hapert's, Diamantohrringe im Sektglas oder derartiger Schnickschnack ist nicht zu erwarten.

In diesem Jahr aber lag etwas vollkommen anderes auf dem Gabentisch. Ein Buch. Eine Glossen- und Kolumnensammlung von Harald Martenstein. Dazu muss man wissen – ich liebe Harald Martenstein. Seit mehr als zehn Jahren lese ich regelmäßig seine Kolumne in der *ZEIT*, lache mich schlapp und bin nicht immer, aber oft seiner Meinung. Ja, ich weiß, der Mann wird so manches Mal als alter Chauvi beschrieben, die deutsche Genderforschung findet ihn, milde ausgedrückt, schwierig, und in der Tat gehen auch ab und an ein wenig die Pferde mit ihm durch. Einmal zum Beispiel hat er in einer seiner Kolumnen ziemlich explizit erklärt, wie viele Nacktschnecken auf ein Schaschlikspieß passen. Das fanden nicht alle witzig. Ich schon. Ich hasse Nacktschnecken.

Nicht nur das Buch bekam ich geschenkt. Nein, in ihm steckte ein Umschlag. Mein Mann hatte ein Schreibseminar ausbaldowert – bei eben meinem Glossengott Martenstein!

Ich fand das großartig, auch, wenn es nichts mit Gärtnern zu tun hatte.

Mein Mann schenkte das Seminar, weil er wusste, dass ich ein Buch schreiben wollte. Dieses Geschenk war seine Art mir zu zeigen, dass er mich in diesem Vorhaben unterstützen würde. Ein Buch zu schreiben ist nicht weniger aufwendig, als einen Garten zu bestellen. Es macht unerwartet viel Mühe, Rückschläge und Selbstzweifel sollte man dringend mit einplanen, und Aussicht auf Erfolg? Steht in den Sternen. Darum danke ich meinem Mann ganz besonders dafür, dass er erst jahrelang die eine Leidenschaft mit Geschenken flankierte und nun die nächste.

Wie zu erwarten war, sollten alle Teilnehmer vor Seminarbeginn eine Glosse einreichen. Die unten stehende ist meine. Ich habe sie für Martenstein, für meinen Mann, aber vor allem für dieses Buchprojekt geschrieben. Denn ohne das Buch hätte ich im Leben kein Schreibseminar besucht. Darum gehört sie unbedingt hierher:

Keine Zeit, bitte!

Mein Mann hat *DIE ZEIT* abonniert. Regelmäßig gibt es deswegen Streit. Ich weiß – *DIE ZEIT* ist ein großartiges Wochenblatt, ein Betonpfosten der deutschen Medienlandschaft, und nur die fähigsten Printjournalisten dürfen in ihr veröffentlichen. Trotzdem. Bei uns kommt niemand dazu, das Blatt zu lesen, ich ersticke in Altpapier. Jeden Donnerstag landet die noch original gefaltete, mindestens zwei Kilo schwere Zeitung der Vorwoche in der Papiertonne. Die nächste ist ja bereits vom Zeitungsboten in unseren Briefkasten gestopft worden. So eine Woche geht wahnsinnig schnell vorbei. Nun, ich gebe zu, nicht *jede* Ausgabe landet unangetastet im Müll. Wenn ich im Frühling beispielsweise meine Sämereien ins Gewächshaus stelle, lege ich *ZEIT*-Zeitungspapier unter. Und erst neulich haben wir eine beachtliche Menge des Papiers verbraucht, um einen Pappmaschee-Zeppelin, den mein Sohn für die Schule anfertigen musste, zu basteln. Vergessen Sie die *Landlust* oder die *Bild am Sonntag*. Die taugen nicht. Für Pappmaschee gibt's nichts Besseres, als das Großformat der linksliberalen *ZEIT*.

»Kündige endlich dieses Abo!«, herrsche ich regelmäßig meinen Mann an und werfe ihm den neuesten Packen Altpapier vor die Füße. »Das lese ich noch«, antwortet er, aber wir beide wissen, dass das nicht stimmt. *DIE ZEIT* interessiert ihn nämlich nicht die Bohne. Mein Mann ist Wissenschaftler, er denkt viel, kein Mensch versteht, was genau. Auf intellektuelle Ergüsse anderer, selbst wenn es allseits anerkannte Printkoryphäen sind, hat er nur begrenzt Lust. »Selber denken macht schlau«, sagt er immer. Der einzige Abend in der Woche, an dem er seinem Hirn eine Auszeit gönnt, ist der Donnerstag. Dann schaltet er unsere Heimsauna an, geht an den Briefkasten und fischt aus dem zusammengefalteten Wochenblatt das *Magazin* heraus. Unsere Sauna ist eineinhalb Quadratmeter groß und wird durch eine winzige Lampe beleuchtet. Tief über diese Funzel gebeugt, das *Magazin* nur wenige Zentimeter vom Gesicht entfernt, hockt dann mein Zwei-Meter-Mann bei 85 Grad und löst das Schachrätsel. Meistens braucht er dafür keine zehn Minuten, also blättert er noch nach vorne und gönnt sich die Kolumne von Harald Martenstein. Der Rest des *Magazins* ist ihm schnuppe, wenn er die Sauna verlässt, schmeißt er es acht-los auf den Boden. Zu all den anderen Magazinen der vergan-genen Wochen und Monate.

Die Schachrätsel sind mir zu hoch, aber auf den Martenstein hätte ich schon ab und an mal Lust. Durch die Saunahitze und die Schweißtropfen meines Mannes aber, sind die Magazine in der Regel unleserlich geworden. Ich müsste mir also eine neue Ausgabe der *ZEIT* kaufen, um an die Beilage zu kommen. Pfff, so weit kommt's noch.

Die
beste Gärtnerin

Gabriella Pape hat 27 Jahre lang in England gelebt, im Londoner Kew Gardens Gartenkultur studiert, auf der Insel und hierzulande fantastische Gärten entworfen und obendrein eine Reihe sehr erfolgreicher Bücher geschrieben. Ein Printkollege bezeichnete sie einmal als »beste Gärtnerin Deutschlands«, und wann immer ich dieser Frau begegne – ab und an kommt das vor, zum Beispiel war ich als Journalistin auf der zehnjährigen Jubiläumsfeier ihrer Gartenakademie in Berlin-Dahlem eingeladen – bin ich voller Ehrfurcht und Bewunderung. In meinem Buch, das wusste ich von Beginn an, musste Gabriella Pape unbedingt einen Platz haben. Denn mich, und hoffentlich auch meine Leserinnen und Leser, interessiert brennend, wie diese lebende Gartenikone tickt. Wer ist diese Frau, die bei den Briten alles erreicht hat, was es braucht, um aufgenommen zu werden in den Olymp der weltweit herausragenden Gartengestalter? Von der Queen per Handschlag geadelt, gewann die gebürtige Hamburgerin Gold in Hampton Court Palace und Silber in Chelsea, ihre gärtnerischen Entwürfe wurden von den bekanntesten Persönlichkeiten Englands angefragt. Pape war bei den Briten in etwa so erfolgreich wie Karl Lagerfeld bei den Franzosen. Entspannt und wohlhabend hätte sie sich auf ihrem englischen Landsitz in den Cotswolds mit Mitte 40 zur Ruhe setzen können. Sie hätte den Blick über ihren (sicherlich) perfekt arrangierten Garten schweifen lassen, bei aufkommender Langeweile ein paar Stauden teilen und bei Sonnenuntergang gemütlich Gin Tonic trinken können. Hat sie aber nicht. Ganz und gar nicht. Stattdessen traf Pape im Jahr

2008 die Entscheidung, ihr Leben noch einmal komplett auf den Kopf zu stellen. Sie brach ihre Zelte in England ab und zog nach Berlin. Ausgerechnet Berlin! Auf dem Gelände einer ehemaligen Gartenlehranstalt in Dahlem, deren alte, marode Gewächshäuser seit Jahrzehnten leer standen, heruntergekommen waren und mit denen niemand so recht etwas anzufangen wusste, wollte Pape einen Ort schaffen, der die hiesige Gartenkultur aus der Spießerecke holen sollte. Welch eine verwegene, fast anmaßende Idee. Hat Pape damals wirklich geglaubt, dass unsere ewig klamme, ordinäre Hauptstadt, deren Bewohner ihre Pflanzen, Zwiebeln und Gartenutensilien größtenteils aus dem nächstgelegenen Baumarkt beziehen, dankbar die Arme ausbreiten würde, um sie zu begrüßen? Ja, hat sie! Kopfüber warf sich Pape gemeinsam mit ihrer Partnerin Isabelle Van Groeningen in das Abenteuer einer Berliner Unternehmensgründung und gab selbst dann nicht auf, als ihnen Behörden und Banken einen Knüppel nach dem anderen zwischen die Beine schmissen.

Qualität kommt von Qual. Am Ende behielt Pape recht: Wir Berliner waren reif für ihre Königliche Gartenakademie, und heute ist »Die Königliche«, wie sie oft liebevoll abgekürzt wird, eine Verkaufsgärtnerei, die ihresgleichen sucht. Auf 10 000 Quadratmetern laden die elf wunderschön restaurierten Gewächshäuser, durch ein riesiges Mittelschiff miteinander verbunden, Besucher auch bei schlechtem Wetter zum Flanieren und gemütlichem Kaffeetrinken ein. Oft schon stöberte ich zwischen den Pflanztischen im Außengelände nach exotischen und heimischen Stauden, fand wunderschöne Rosen und Gehölze. Saatgut, Zwiebeln, edles Gartenmobiliar, hach, es ist ein Spaß. Und ich vermute, so wie mir geht es vielen Besuchern. Wohl kaum einer verlässt das Gelände ohne einen Neuerwerb. Und doch ist »Die Königliche« so viel mehr als reine Verkaufsfläche – sie ist eine Verbeugung vor jedem Gärtner und jeder Gärtnerin. Ein Ort, an dem alles zusammenkommt, was Gartenkultur ausmacht: Design, Planung, Umsetzung, Pflanzen, Wissen – und Menschen.

Gabriella Pape hat diesen wunderschönen Ort geschaffen, und an einem kühlen Novembermorgen bin ich mit ihr verabredet. Leicht nervös steige ich aus meinem Wagen, immerhin flankiert mich bei Interviews normalerweise ein Kamerateam. Heute bin ich allein, nur mit einem funzligen Diktiergerät ausgestattet. Ich betrete das Gelände und laufe an den Pflanztischen vorbei bis zu der alten Backstein-Remise, in der ein Teil der Büros untergebracht ist. Es kommt nicht oft vor, dass ich Frauen gerade in die Augen schauen kann, aber Gabriella Pape ist wie ich deutlich über 1,80 Meter groß. Wir entscheiden mit Blick auf die coronabedingt eingebaute Plexiglasscheibe, die auf ihrem Schreibtisch steht, nach draußen zu gehen. Jede von uns schlingt die Beine in eine warme Decke und gemeinsam nehmen wir auf einer Bank Platz. Pape legt sich das Diktiergerät in den Schoß und ich schicke ein Stoßgebet gen Himmel, dass das Ding funktionieren möge.

Eins, zwei, drei – Test. Los geht's.

Frau Pape, beginnen wir doch mal mit den Anfängen Ihrer Karriere. Wie alt waren Sie, als Sie wussten, dass Sie Gärtnerin werden wollten?

(Sie grübelt.) Ich war ungefähr acht Jahre alt, denke ich. Aber eigentlich krabbelte ich schon immer im Garten herum, habe meinem Vater die Sachen aus den Beeten gerissen und in den Buddelkasten gepflanzt. Wenn meine Mutter meine Brüder und mich bestrafen wollte, schickte sie uns in den Garten. Die Jungs waren nach einer Stunde weg, mich musste man dagegen im Dunkeln unter irgendeinem Busch suchen.

Was haben Ihre Eltern dazu gesagt, als Sie mit 15 Jahren die Schule verließen, um eine Ausbildung zur Gärtnerin zu absolvieren?

Die fanden, das sei ja eine süße Idee, aber ich möge bitte nach der Ausbildung etwas Vernünftiges machen. *(Pape lacht, sie hat ein tiefes, sehr angenehmes Lachen.)* Die haben nicht daran geglaubt, dass ich das wirklich durchziehen würde. Aber ich habe ja dann das Fachabitur nachgeholt, um in München an der Hochschule

Weihenstephan Landwirtschaftsarchitektur zu studieren. Ich wartete auf den Studienplatz und entschied, in der Zwischenzeit für ein Jahr nach England zu gehen, um an einem sehr berühmten College biologisch-dynamische Landwirtschaft zu studieren. Kaum war ich auf der Insel angekommen, rief meine Mutter mich an und erzählte, dass die Benachrichtigung aus München gekommen sei. Ich hatte den Studienplatz. Aber da war es zu spät, ich wollte in England bleiben, zumindest für das eine Jahr. Am Ende wurden dann 27 Jahre daraus.

Nach dem Jahr am College bewarben Sie sich in Kew Gardens für ein Studium der Gartenkultur (Horticulture). *Kew ist der größte und bekannteste botanische Garten der Welt. Wie kommt man mit einem deutschen Fachabitur an so einen Studienplatz?*

Die nahmen damals einen Ausländer pro Semester. Meine Ausbildung war gut genug, sodass ich es bis zu einem Vorstellungsgespräch schaffte. Da drüben zählen diese *Interviews* eine Menge. Und obwohl ich nicht gut Englisch sprach, haben sie mich genommen.

Warum?

Ich glaube, es war mein Witz. Und auch der Mut. Ich musste einen Vortrag halten, den ich natürlich auswendig gelernt hatte. Bis dahin klappte das mit dem Englisch ganz gut, aber dann stellten sie mir viele Fragen, die ich alle nicht beantworten konnte. Fünf Mal schon hatte ich *I don't know* gesagt. 14 Männer saßen da vor mir. Alles Weltkapazitäten, Experten in ihrem Fach, Etymologie, Pathologie und so weiter. Ich war so nervös, ich wusste gar nichts mehr. Professor Cuttler, damals ein Experte von Weltruhm zum Thema Bodenkunde, stellte mir eine Frage zum Thema *Trace Elements* (Spurenelemente). Ich hatte noch nie in meinem Leben davon gehört und habe geantwortet: *Well, we don't have them in Germany.* Da lagen diese ganzen hohen Herren unterm Tisch vor Lachen.

(Pape streicht sich die Haare aus der Stirn und wir amüsieren uns gemeinsam über diese kleine Episode.)

Viel im Leben ist eben auch Glück. Mit diesem Gag wurde ich mein ganzes Studium lang verarscht, alle Professoren haben mich stets gefragt: »Und, habt ihr das auch in Deutschland?«

Was, würden Sie sagen, hat Ihnen mehr gebracht: die Lehre in Deutschland oder das Studium in England?

Kann ich so gar nicht sagen. Die Lehre in Deutschland war wichtig, weil ich dadurch viel praktisches Wissen hatte. Ich weiß zum Beispiel, wie lange es dauert, einen riesigen Baum in die Erde zu kriegen. Da kann mir niemand was erzählen. Aber in Kew habe ich natürlich umfassender gelernt. Wir hatten manchmal Vorlesungen von acht Uhr am Abend bis Mitternacht, tagsüber arbeiteten wir im Garten. Das war ein bezahltes Stipendium und dafür mussten wir was leisten. Ich hatte nebenbei einen Gemüsegarten zu pflegen, der musste immer tipptopp aussehen. Und jeden Montag gab es einen Pflanzentest, man sollte 100 Pflanzen aus einem Genre erkennen. Also zum Beispiel Rosen oder Rhododendren, dafür musste man aber mindestens 300 im Kopf haben. Wahnsinn! Aber durch Kew hatten wir auch Zugang in die ganze Welt. Die Studenten sind begehrt, ich zum Beispiel war für drei Monate im Botanischen Garten in Chile. Irre war auch, dass man an alle Informationen kam. Immerhin haben die dort das größte Herbarium der Welt.

Wie viele Studenten waren Sie?

16. 15 Engländer und ein Ausländer. Der war ich. Drei Jahre lang.

Die anderen 15, haben die Sie offen aufgenommen?

Oh ja, das war wundervoll. Gleich am ersten Tag im Flur hat ein Kommilitone mich herzlich begrüßt und zu mir gesagt: *Don't worry.*

Monatelang allerdings habe ich mit Kopfhörern im Bett gelegen und Vokabeln gepaukt. Es war ein Albtraum, plötzlich in so ein hochkarätiges Studium zu kommen, ohne dass man die Sprache ausreichend spricht. Später dann habe ich viele Begriffe auf Deutsch gar nicht gekannt, weil ich sie nur auf Englisch gelernt hatte.

Wussten Sie immer, dass Sie sich selbstständig machen würden?
Eigentlich ja. Nach dem Studium habe ich zwar erst mal bei einer Londoner Park-Behörde angefangen, aber nach zwei Wochen habe ich gekündigt. Mir war klar, ich mache das besser allein.

Ist doch toll, wenn man als sehr junger Mensch schon genau weiß, wohin es gehen soll.
Unbedingt! Man fühlte sich aber nach Kew auch ein bisschen speziell. Ohne Arroganz, aber ich wusste, ich bin was wert. Schon bei der Vorstellung für den Job bei dieser Behörde traf ich andere Gärtner und wir unterhielten uns. Als ich den anderen sagte, dass ich aus Kew Gardens komme, antworteten die: »Na, dann können wir ja alle einpacken.« Und so war es auch, ich habe den Job bekommen, obwohl ich ihn eigentlich gar nicht wollte. Dieser Marktwert, den ich hatte, war eine vollkommen neue Erfahrung für mich, und mir war schnell klar, da kann ich was draus machen.

Wie ging es dann weiter?
Am Anfang habe ich Bäume für ältere Damen geschnitten. Schon während des Studiums hatte ich ja einige Jobs und bei vielen Kundinnen Gin Tonics getrunken, und so wurde ich weitergereicht. Und da mein Fokus immer auf der Gestaltung lag, suchte ich mir ein Architekturbüro, das tolle Sachen machte. Dort habe ich angeklopft. Weil die aber niemanden brauchten, habe ich meine Dienste gratis angeboten. Diese Hartnäckigkeit fand der Chef so verrückt, dass er mich eingestellt hat. Und sehr

schnell habe ich viele Aufträge reingeholt und dann natürlich auch Geld verdient.

Ich war immer sehr umtriebig, Akquise macht mir Spaß. Keine Haustürgeschäfte natürlich, aber sich bekannt machen, durch die Gegend fahren, Tipps geben, die Leute beraten, und dann sind die ganz aus dem Häuschen – das macht mir Spaß.

Was können denn die Engländer im Garten besser als wir Deutschen?

(Pape antwortet, ohne zu zögern.) Geduld. Ohne Frage. Der Engländer gibt per se zwei Drittel der Kosten und der Vorbereitung für das Loch und den Schutz des Baumes, zum Beispiel gegen Wildverbiss, aus. Hier in Deutschland kauft man einen fetten Baum und ist ganz überrascht, dass man dann für das Loch auch noch mal Geld ausgeben muss. Dabei wächst der kleine Baum viel besser. Das ist wie bei Kindern. Du kannst kleine Kinder besser verpflanzen als ältere Menschen, das ist bei Bäumen nicht anders.

Was können denn die Deutschen besser als die Engländer?

Gute Frage. *(Sie lacht laut und überlegt dann eine ganze Weile.)* Sie sind sehr diszipliniert. Das ist ja auch etwas, was ein Garten braucht. Aber ich glaube, wir verändern uns auch gerade. Wir kommen wieder zurück zu einer gewissen Natürlichkeit. Es muss nicht mehr alles mit der Spritzpistole plattgemacht werden, und es muss auch nicht mehr überall Rasen sein.

Angrenzend an das Gelände der Gartenarbeitsschule hat die TU Berlin vor einigen Jahren einen Rosengarten eröffnet. Dort steht die Bank, auf die wir uns gesetzt haben. Pape schaut sich während des Gesprächs um. Die Rosen gefallen ihr nicht. Einige welke Blüten hängen noch an den dünnen Stängelchen. Um uns herum arbeiten zwei Gärtnerinnen der Universität.

Nicht leicht für die Leute hier. Manchmal wollen Rosen einfach nicht sein. Da hilft oft auch die beste Pflege nicht. Egal, wo waren wir? *(Sie wendet sich wieder mir zu.)*

Bleiben wir gedanklich noch mal kurz in England. Wie war es, der Queen die Hand zu schütteln?

Erschreckend.

Erschreckend? Wieso?

Na ja, sie ist auf der Chelsea Flower Show an mir vorbeigegangen, und wir hatten alle schon ordentlich einen im Tee. Stundenlang hatten wir auf sie gewartet, Prinz Charles und Camilla waren schon durch und dann endlich kam sie. Und ging an unserem Stand vorbei. Da war ich natürlich ziemlich enttäuscht, aber dann passierte etwas Seltenes: Sie drehte sich um, kam zurück und reichte mir die Hand. Dann fragte sie: *Could you tell me something about your garden?* Zum ersten Mal in meinem Leben war ich komplett sprachlos. Ich stammelte nur: *No. But she can,* und zeigte auf Isabelle. Izzy hat dann ganz fröhlich erzählt und erklärt und ich stand nur vollkommen wortlos daneben.

(Sie amüsiert sich herrlich über sich selbst. Ich mag das. Diese Frau weiß genau wer sie ist, nimmt sich aber nicht allzu wichtig.)

Sie trafen dann die Entscheidung, nach Deutschland zurückzukehren. Warum nach Berlin und nicht nach Hamburg?

Der Hamburger gibt das Geld, das er hat, nicht so gerne aus. Und der Berliner gibt das Geld, das er nicht hat, sehr gerne aus. *(Sie lacht laut.)*

Berlin war immer klar. Berlin war das Scharnier, diese Stadt hat den Charme.

Kannten Sie die Stadt denn überhaupt?

Na ja, schon ein bisschen. Ich hatte über die Jahre ein paar Aufträge in Berlin. Ich bin immer dahin gefahren, wo die Aufträge waren. Mal in England, mal in Deutschland. In diesem Job muss man wendig sein, man kann sich nicht ausruhen. Die Berliner waren, und sind es immer noch, sehr dankbar. Sie sagten mir: »Danke, dass Sie das hier in dieser Stadt gemacht haben und nicht in Städten, wo die Menschen mehr Kohle haben.« Das höre ich oft. Ich wollte da sein, wo ich auch was verändern kann. In Hamburg hätte ich die Elbchaussee hoch und runter gestalten können, aber das war ja nicht mein Ziel. Ich wollte ja was an der Kultur verändern und dafür muss man bei den Menschen beginnen, die das Unkraut persönlich aus der Erde zupfen. Man muss die Basis verändern.

War immer klar, dass Isabelle Sie begleiten würde?

Nee, Isabelle konnte das überhaupt nicht verstehen. Wir waren gut etabliert in England, sie ist Gartenhistorikerin, hatte gut zu tun. Ich habe viele Aufträge gehabt. Aber mir war klar, dass ich mehr wollte. Ich dachte irgendwann: »Die Engländer können Garten viel besser als wir, denen müssen wir nichts mehr beibringen. Das müssen wir auch in Deutschland schaffen.«

Als Gabriella Pape 2008 nach Berlin kam, war Thilo Sarrazin der Bausenator. Der konnte den Ideen der beiden Frauen aus England herzlich wenig abgewinnen. Und auch die deutschen Banken machten Pape das Leben schwer. Keine einzige Bank wollte Pape einen Kredit geben. Ich frage sie, woher die Power kam, sich trotz aller Widerstände nicht kleinkriegen zu lassen.

Keine Ahnung, ich weiß es bis heute nicht. Ich wäre ja zwischenzeitlich fast in der Klapsmühle gelandet, so schlimm war das. Irgendwann haben selbst meine Eltern, meine Freunde und auch viele wichtige Menschen aus der Stadt mir geraten, es zu lassen. Aber mein ganzes Geld hatte ich schon in die Statik gesteckt, die Architektenpläne standen bereits.

Richtig sauer bin ich auf diese eine Bank hier in Berlin. Das ist echt der letzte Schrotthaufen. Die haben 35 000 Euro genommen, um meinen Kreditantrag zu bearbeiten. Nur um mir nach einer Woche zu sagen, dass ich den Kredit nicht bekomme. Das Geld habe ich nie wieder gesehen. Eine Schweinerei war das. Erst haben die Banker alle gesagt: »Wer soll denn hierherkommen, hier draußen in Dahlem?« Und als ich mit allem fertig war, sind sie wiedergekommen und haben gesagt: »Na ja, kein Wunder, dass Sie Erfolg haben, bei der Lage.« Heute würde mir jede Bank in Deutschland Geld geben, aber damals bekam ich von keiner einzigen auch nur einen Pfennig.

Pape nickt bitter, presst ein wenig die Lippen zusammen und streicht sich die Haare aus dem Gesicht. Eine Geste, die sie mit gewisser Regelmäßigkeit wiederholt. Sofort fallen ihr die vollen Haare wieder ins Gesicht. Ich muss darüber schmunzeln. In Sachen störrische Haare sind wir Schwestern im Geiste.

Was war Ihnen bei der Gründung der GA besonders wichtig?

Die Gartenschule. Der professionelle Gärtner wird nie gut, wenn der Amateur nicht weiß, was er verlangen kann. Der Kunde muss mehr erwarten. Das können die in England besser, da muss ein Gärtner erst mal zeigen, was er kann, bevor er Hand anlegen darf. Hierzulande war der Kunde immer Opfer.

(An der Gartenakademie können Hobbygärtner die verschiedensten Gartenkurse belegen. Rosenrückschnitt, Bodenpflege, Anlegen eines Staudenbeets und so weiter. Die Dozenten sind entweder Gabriella Pape oder Isabelle Van Groeningen selbst oder aber erfahrene Gartenspezialisten.)

Wir wollten, dass der Amateur wissend ist, ich wollte den Menschen das Wissen vermitteln, damit sie sich wehren können. Garten kann jeder! Es geht darum, den Menschen zu sagen, dass Wissen im Garten auch Macht ist.

Wann war Ihnen klar, dass Ihr Konzept aufgeht?

Das hat lange gedauert. Ich habe in den ersten Monaten die Kunden gezählt. Jeden einzelnen. Es hat sieben Jahre gedauert, bis ich begreifen konnte, dass das meins ist, dass das hier funktioniert hat. Es ist wie beim Gärtnern. Es gibt gute Jahre, schlechte Jahre. Es wird einem nichts geschenkt. Wir hatten mal ein Jahr, da kam ganz spät noch mal Frost. Innerhalb einer Nacht hatte ich für 250 000 Euro kompostreife Pflanzen auf der Fläche. Wumms. Da zahlt keine Versicherung. Die sagten, ich solle zurückschneiden und die Pflanzen nächstes Jahr verkaufen. Bloß, wo sollte ich die Pflanzen lagern? Das sind alles solche Sachen, die einem beibringen, vorsichtig zu sein.

Ihr Tipp für junge Unternehmer?
Man muss sich selbst treu bleiben, seiner Intuition vertrauen. Ich hatte immer das Gefühl, Garten wird irgendwann ganz groß rauskommen. Dieser Kreislauf von guten und schlechten Zeiten, Frühling, Sommer, Herbst und Winter – das ist verlässlich. Aber man muss auch Wissen haben, also gut recherchieren. Ach ja, und klein anfangen, nicht zu schnell wachsen, realistisch bleiben.

Wir stehen auf, schlagen die Decken zusammen und gehen in eines der Gewächshäuser, in dem das Café untergebracht ist. Das Café ist heute geschlossen, nur die beiden Barista-Chefs sind da. Pape und ich sind ziemlich durchgefroren, sie bestellt für uns beide einen Kaffee. Ich habe mir meine Fragen auf mehrere DIN-A4-Seiten geschrieben. Nachdem ich Pape nun so ausgiebig zu England und der Gründung ihrer Gartenakademie befragt habe, werde ich ein wenig persönlicher.

Wie sind Sie als Chefin?
Heute unangenehm. *(Sie grinst. Anscheinend gab es mit den beiden Jungs vom Café am Morgen eine kleine Auseinandersetzung. Ich kann mir vorstellen, dass sie auch streng sein kann.)* Aber grundsätzlich gilt: Wir ziehen hier alle an einem Strang.

(Als einer ihrer Mitarbeiter uns den dampfenden Kaffee bringt, albert Pape ziemlich unverkrampft mit ihm rum. Allzu schlimm kann die Auseinandersetzung nicht gewesen sein, denke ich.)

Wenn Sie einen Tag jemand anders sein könnten, wer wären Sie?
Gute Frage. *(Sie überlegt, aber nur kurz.)*
Angela Merkel. Ich würd gern verstehen, wie sie tickt. Wie hält die das aus? All die Männer um sie rum, die alle auf ihren Posten springen wollen.

Ihr liebster Spruch?

Der Garten hat die Aufgabe, die Seele durch das Jahr zu tragen.

Ach, das ist aber schön. Von wem ist der?

Von mir.

Hat der Erfolg Sie überrascht?

Ja, sehr. Aber auch gefreut. Ich finde das toll, weil es zeigt, dass mein Weg der richtige war. Unsere Ein-Euro-Idee zum Beispiel ist ja verlacht worden von alteingesessenen Landschaftsarchitekten. Die wollten gar keine Kunden haben, die eventuell nicht das Geld für einen klassischen Architektenentwurf zur Verfügung haben.

(Zum Verständnis: Im Design-Center der GA können Kunden ihren Garten gestalten lassen. Pro Quadratmeter Garten kostet ein Entwurf einen Euro. Das ist revolutionär günstig, dafür muss die Kundschaft allerdings auch einen Teil der Arbeit selbst übernehmen, zum Beispiel das Aufmaß oder eine Auflistung aller Lieblingsblumen. Das Ein-Euro-pro-Quadratmeter-Konzept findet bei den Berlinern großen Anklang, und mittlerweile hat das Design-Center eine lange Warteliste.)

Drei Gärten die man auf einer Englandreise unbedingt besuchen sollte?

(Pape antwortet wie aus der Pistole geschossen.)

Great Dixter, Hidcote, Rousham.

Was halten Sie von rein weißen Gärten?

Gar nichts.

Glauben Sie an den berühmten grünen Daumen?

Sagen wir so: Ja, es gibt ihn. Aber man darf auch nicht gleich aufgeben. Nur weil einem mal zwei Palmen eingehen, heißt das ja nicht, dass man kein Händchen für Pflanzen hat. Es gibt Leute mit und ohne Interesse. Das macht viel aus.

Gärtnerin oder Gärtnernde? Wie wichtig ist Ihnen gendergerechtes Sprechen?

Also, mir persönlich ist das egal, aber meine Patentochter würde mich dafür am liebsten umbringen. Ich ertappe mich mittlerweile dabei, wie ich ab und zu schreibe, ich bin die »Landschaftsarchitektin«.

Lesen Gartenikonen wie Sie Bücher von Gartenikonen?

Ja. Unbedingt. Ich lese gerade von Robin Lane Fox das neueste Buch. Und das neue von Dan Pearson habe ich bestellt. Die Bücher von Vita Sackville-West habe ich alle gelesen und auch die von Christopher Lloyd.

In deutscher Sprache gefallen mir die Bücher von Viktoria von dem Bussche sehr gut, die schreibt wunderbar über ihre Erlebnisse.

(An dieser Stelle frage ich mich, ob Pape irgendwann auch mein Buch lesen wird, entscheide aber, die Frage lieber für mich zu behalten. Nu wollen wir mal nicht übermütig werden, das Buch ist ja schließlich noch gar nicht fertig …)

Wenn Sie irgendwo eingeladen sind, verschenken Sie eine Pflanze?

Selten. Es sei denn ich weiß, dass der Mensch, bei dem ich eingeladen bin, genau diese Pflanze mag. Über das Thema Geschenkpflanzen habe ich auch in meinem Buch *Gebrauchsanweisung fürs Gärtnern* geschrieben, und das hat jetzt aber zur Folge, dass mir niemals jemand Blumen schenkt.

Ach, Schnittblumen würden Sie nehmen?

Na klar, Schnittblumen gehen. Aber nicht von der Tankstelle, wenn es geht. *(Sie lacht laut.)*

Gabriella Pape spricht nur ungern über ihre Kundschaft und sie nennt niemals Namen. Grundsätzlich aber, erzählt sie mir, werden die Kunden immer jünger und legen mittlerweile großen Wert auf naturnahe Gärten.

Gerade diese junge Klientel will richtig Garten. Wiesen und Vielfalt. Ich finde das toll. Allerdings gibt es eine kleine, feine

Linie zwischen naturnah und Verwahrlosung. Das ist mir wichtig. Je wilder, umso gekonnter muss es gepflegt werden. Nichts ist schwieriger als eine Naturwiese.

(In der Tat, seufze ich und denke an meinen Vorgarten.)

Wir gestalten Gärten nicht mehr *für* den Menschen, der in ihm lebt, sondern *mit* ihm. Und zwar für alle. Also auch für die Natur, für die Flora, für die Fauna. Es geht nicht mehr darum, wie die Hausherrin mit Stöckelschuhen vom Auto bis ins Haus kommt. Carport, Betonflächen, große Wasserbecken – all diese Luxusprodukte verschwinden. Heute bauen wir eher einen Teich mit Fröschen drin.

Was würden Sie heute nicht mehr tun, was Sie früher gemacht haben?

Ich baue heute viel ökologischer. Weniger Bodenaustausch, viel weniger Bewässerungsanlagen und so weiter. Und ich plane deutlich mehr Budget für die Pflege ein. Repräsentativ müssen die Gärten nicht mehr sein, sondern naturnah gestaltet.

Wie sehen unsere Gärten in zehn Jahren aus? Pflanzen wir dann Palmen da draußen?

Nee, Palmen nicht. Aber unsere Gärten werden trocken sein. Darum bin ich ein großer Vertreter von nicht einheimischen Pflanzen. Weil die Einheimischen ökologisch nicht langlebig genug sind. Die Engländer befassen sich schon seit Jahrzehnten damit, schauen in anderen Ländern, welche Pflanzen dort funktionieren, und importieren sie auf die Insel. Man muss eine neue, gute Balance bekommen. Vor allem geht es ums Durchblühen, damit viele Insekten was davon haben. Insekten und Kleintiere sind, das hat Humboldt ja schon immer gesagt, anpassungsfähig. Die Meise zum Beispiel hat 15 Jahre gebraucht, um die Moniermotte für sich zu entdecken. Oder auch den Zünsler. Jetzt endlich fressen die Vögel diese Eindringlinge. Sie sind also in der Lage, sich anzupassen. Wir müssen jetzt schauen, was zusammenleben kann, dann bin ich zuversichtlich, dass wir das hinkriegen.

Zum Beispiel empfehle ich Präriestauden. Nun kann man fragen: Passt die hierher? Ja, sage ich. Denn immerhin blüht sie deutlich länger als heimische Stauden, und das bedeutet gutes Futter für die Insekten. Und besser Präriestauden als gar keine Stauden.

Gabriella Pape und ich sitzen jetzt schon seit fast zwei Stunden zusammen. Wir sind allein in ihrem großen Gewächshaus. Montags ist die Gartenakademie geschlossen. Ich habe noch so viele Fragen auf meinem Zettel … Ich kann diese Frau schließlich nicht interviewen, ohne ihr ein paar handfeste Tipps für die nächste Gartensaison zu entlocken. Pape sitzt mir gegenüber. Sie ist vollkommen entspannt, nimmt sich alle Zeit der Welt. Ihr Telefon klingelt. Sie lässt es liegen.

Ein paar Tipps für uns Hobbygärtner brauche ich noch, okay?
Na klar, machen Sie.

Also, Frau Papes liebste Rose ist …
Generous Gardener.
(Kletterrose, zartrosa, öfter blühend, gefüllt.)

Größte Umweltsauerei im Garten?
Glyphosat. Das geht gar nicht. Unkraut kann man einfach lassen, Moos ist doch toll. Uns stören immer Sachen, bei denen wir einfach lernen müssen, dass sie uns nicht stören sollten. So einfach ist das. Man muss lernen, die Ecken, die es zulassen, schön zu machen im Garten, und die Ecken so zu lassen, wie sie sind, bei denen man weiß, dass es ohnehin vergebene Liebesmüh ist.

Was ist schwerer zu gestalten, ein großer Garten oder ein kleiner?
Ein kleiner.

Schlimmster Gestaltungsfehler?
Zu viel Stein.

Was können Sie im Garten nicht leiden?
Zu viel Rasen.

Rittersporn klappt bei mir nie, was mache ich falsch?
Klappt bei mir auch nicht. In England nicht, hier auch nicht. Ich verkaufe ihn hier bei uns in der Gartenakademie, aber bei mir persönlich will er nicht sein.

Was tun gegen Nacktschnecken?
Durchschneiden. *(Sie lacht herzlich laut.)* Ich weiß, erst sind immer alle entsetzt, wenn ich das sage, aber nach ein paar Jahren machen sie es alle.

(Ich bin nicht entsetzt, ich mache das genauso. Und Harald Martenstein erst, mit seinen Schaschlikspießen ...)

Drei Tipps zur erfolgreichen Bepflanzung eines Staudenbeets, bitte.
Kleine Grüppchen, Rhythmus am Rand, damit Ruhe reinkommt, und die Zwiebeln in den Hintergrund oder in die Mitte, weil die zuerst kommen.

Was geht immer im Garten?
Frauenmantel.

Was darf keinesfalls fehlen?
Mohn.

Welche Pflanze gehört unbedingt auf jeden Balkon?
Gaura *(Prachtkerze)*.

Welche drei Geräte sind ein Must-have?
Jätfinger, Gartenschere, Grabegabel.

Welche zwei Pflanzen passen partout nicht zusammen?
Keine Ahnung.

Häcksler oder Siebtrommel?
Häcksler.

Drei Regeln für einen guten Kompost?
Nicht in den tiefsten Schatten, alles gut zerschneiden, keine großen Stücke, sonst dauert das zu lange. Alles mischen. Laub, Rasen, Äste. Aus dem Garten kann alles rauf.

Rosen zurückschneiden im Herbst oder im Frühjahr?
Im Frühjahr, wenn die Forsythien blühen.

Rasen im Herbst noch mal düngen oder nicht?
Unbedingt.

Vertikutieren oder belüften?
Keins von beidem. Besser regelmäßig harken.

Die drei besten Schattenstauden?
Cimicifuga racemosa *(Trauben-Silberkerze)*, Hosta *(Funkien)*, Geranium macrorrhizum *(Balkan-Storchschnabel)*.

Drei favorisierte Sonnenstauden?
Echinacea *(Sonnenhut)*, Astern, Katzenminze.

Schönstes Gehölz im Herbst?
Ginkgo und Acer palmatum *(Fächerahorn)*.

Rindenmulch können Sie nicht leiden, warum?
Weil der alles umbringt. Die Rinde ist der Schutz des Baumes, da sind ganz viele Tannine drin, die den Baum vor Eindringlingen, zum Beispiel Würmern, schützen. Diese Schutzhaut ist so chemisch wie kein anderer Teil des Baumes. Menschen, die in Rindenmulchfabriken arbeiten, tragen alle eine Gasmaske, weil diese aufsteigenden Gase toxisch sind. Und dieses giftige Zeug

werfe ich dann unter meine Stauden und Büsche? Nachts sind Pflanzen sehr empfindlich und alle Gase, die von unten hochkommen, dringen ein. Ratzfatz bekommen meine Rosen damit Sternrußtau. Die Rinde gehört an den Baum, aber nicht ins Beet.

Ihr persönlicher Frühlingsbote?
Schneeglöckchen.

Welche Zimmerpflanze bringt Sie über den Winter?
Mich bringt keine Zimmerpflanze über den Winter.

Mögen Sie Zimmerpflanzen überhaupt ein bisschen?
Ich habe angefangen, ihnen ein wenig Zuneigung zu geben, aber nicht wirklich viel.

Ein komplett unsinniges Gartengerät?
Oh, fast alle. *(Sie überlegt.)* Also auf jeden Fall ein hoher Zwiebelstecher. So'n Ding, wo man drauftreten soll, das dann die Erde rausholt, und wo man sich am Ende trotzdem bücken muss. Ach ja, und Laubbläser. Pures Gift für Staudenbeete, weil man zu viel Oberboden wegbläst. Darf man nicht machen.

Drei Tipps zum ökologischen Gärtnern?
Stauden erst im Frühjahr runterschneiden. Laub immer in die Beete harken. Rosen mit Staudenbegleitern pflanzen, also keine Monokulturen setzen. Rosen brauchen die Nützlinge, die durch Unterpflanzung kommen.

Was tun Sie im Winter?
Ich lese Saatkataloge. Thompson & Morgan. Ach und den Rühlemann, ein echter Irrer. Der ist toll.

Die letzte Frage: Warum macht gärtnern glücklich?

Weil es das einzig Zuverlässige ist, was stets wiederkommt. Es gibt immer wieder Frühling, immer wieder Sommer, Herbst und Winter. Und hoffentlich bleibt das auch so.

Frau Pape, ich danke Ihnen für dieses Gespräch.

Herzlich gern. Machen Sie was draus. Und viel Erfolg mit Ihrem Buch, ich bin gespannt.

Na, und ich erst. Zurück im Wagen schmeiße ich die Tasche auf den Beifahrersitz, fingere das Diktiergerät aus meiner Jacke und schalte auf Play. Ich höre die Stimme von Gabriella Pape. Ein bisschen dumpf, aber verständlich. Alles da. Dem Himmel sei Dank.

Mein Garten
im Winter

Seit Tagen lässt sich die Sonne nicht blicken und so langsam aber sicher nehme ich das persönlich. Dieses Berliner Grau-in-Grau, durch das wir uns seit Jahren jeden Winter kämpfen müssen, geht mir ganz schön auf die Nerven. Wo ist er hin, der Schnee, der meine kleine Welt jedes Jahr verlässlich in eine herrlich glitzernde Märchenlandschaft verwandelte? Der Zigarettenkippen, überfüllte Mülleimer und das Kopfsteinpflaster unter sich begrub und es zumindest für einige Tage möglich machte, dass wir uns Schneeballschlachten lieferten und die Schrippen sonntagmorgens mit dem Schlitten holen konnten? Früher konnte ich es kaum abwarten, nach draußen zu kommen und das vom Schnee reflektierte Winterlicht auf meinem Gesicht zu spüren. Aber heute? Der geliebte weiße Spaß ist selten geworden in dieser Stadt und an so einem tristen Tag wie heute fällt es mir schwer mich aufzuraffen. Ich schaue aus dem Küchenfenster in den Garten, lege die Stirn an die kalte Scheibe und beobachte einen kurzen Moment fasziniert, welches Muster mein Atem auf das Fensterglas zeichnet. Jetzt im Januar sieht jede Tageszeit gleich aus. Draußen wabert der Dunst des Morgens, der sich, obwohl es schon später Vormittag ist, noch immer nicht verzogen hat. Tief hängt er in meiner rostbraun belaubten Hainbuchenhecke und taucht die trübe Winterwelt in grau-feuchten Nebel. Er hat keine Eile damit sich zu verziehen. Warum auch? Die Sonne macht ihm keinen Druck und der Garten hält Winterschlaf. Ich weiß, ich weiß. Mein Garten braucht seine Ruhephase, muss sich von den Strapazen der vergangenen Saison erholen, um im

Frühjahr mit voller Kraft zu mir zurückzukehren. Trotzdem – er fehlt mir.

Ich gieße mir einen Kaffee ein, ohne Zucker, ohne Milch. Seit ich vor einigen Jahren für das *Morgenmagazin* über die positiven Effekte des Intervallfastens berichtet habe, kommen vor ein Uhr weder Kohlenhydrate noch Fette in meinen Körper. Nur ungesüßter Kräutertee, Wasser und schwarzer Kaffee sind erlaubt. Noch immer finde ich es erstaunlich, wie eine Tasse schwarzen Kaffees mein morgendliches Hungergefühl auf wundersame Weise verschwinden lässt und mich locker bis zum Mittagessen bringt. So wie ich die aktuelle Forschung verstanden habe, sind die lebensverlängernden Effekte des Fastens mittlerweile eindeutig erwiesen. Dass viele Gärtner steinalt werden, ist ebenfalls unumstritten. Wie wäre es, wenn die Wissenschaft sich als Nächstes intervallfastende Gärtner und Gärtnerinnen vorknöpft? Anzunehmenderweise wären die Ergebnisse revolutionär!

Die Neoprengummistiefel ächzen, als ich meine mit selbst gestrickten Socken eingepackten Füße hineinzwänge. Knarrend schiebe ich die Tür des Wintergartens beiseite und kurz blitzt mir durch den Kopf, dass diese moderne, nach außen schiebbare Glasschiebetür erstens ziemlich unpraktisch ist und zweitens beileibe noch nicht alt genug, um jetzt schon so kaputte Töne von sich zu geben. Sei's drum. Ich atme die kühle Winterluft ein, drücke das Kreuz ein wenig mehr durch und spüre mit jedem Atemzug, wie meine übellaunige Grundhaltung aus mir entweicht. Der Blick schweift von links nach rechts. Ein kleines Ritual, dieser erste Blick jeden Morgen durch meinen Garten. Ich schaue von links nach rechts. Niemals andersherum. Ist alles noch so, wie es gestern war?

Sechs Stufen die Treppe hinunter sind es bis in den Garten, ein paar mehr Schritte bis zum Rasen. Auf dem Weg klaube ich einige Blätter Laub auf, blicke in Richtung Staudenbeet und muss an die Bildbände und Bücher über französische und englische Wintergärten denken, die mir in letzter Zeit vermehrt unterkommen.

Der Trend, einen Garten so zu gestalten, dass er auch im Winter farbenfroh daherkommt, nimmt kräftig Fahrt auf, habe ich den Eindruck. Der Botanische Garten im englischen Cambridge war in den Fünfzigerjahren angeblich der erste, in dem ganz bewusst Gehölze mit Winterschmuckwirkung angepflanzt wurden. In den Neunzigerjahren dann begannen Gartenarchitekten damit, auch Privatgärten so zu gestalten, dass diese in der blatt- und blütenlosen Winterzeit etliche Farbtupfer aufwiesen. Die Profis arbeiten seitdem viel mit rot-violetter Heide und Nadelhölzern, vor allem aber zieht die Struktur und Farbe verschiedener Gehölzrinden alle Blicke auf sich. *Cornus*-Arten in Gelb, Orange und diversen Rottönen, aber auch die Farbe Weiß spielen in winterlichen Gärten eine große Rolle. Hätte ich mehr Platz in meinem, würde ich ohne zu zögern eine Himalaja-Birke *(Betula utilis)* in den hinteren Bereich setzen. Ihr strahlendes Weiß und die aufrechte Wuchsform sind ein absolutes »Must-see«. Problem nur – Birken werden riesig. Und in einem Stadtgarten wie meinem hat ein 20 Meter hoher Laubbaum nichts zu suchen.

Damals bei der Pflanzplanung meines Gartens habe ich, unbedarft und wenig wissend, ohnehin keinen Gedanken an den Winter verschwendet und stattdessen das getan, was alle Amateure tun: Mein Augenmerk galt einzig der Zeit von März bis Oktober. Da sollte es blühen, bitte die ganze Saison über. Heute weiß ich es besser und würde sicher die ein oder andere Sichtachse, die sich im laublosen Winter ergibt, anders bedenken und sie zum Beispiel mit farbigem Gehölz hervorheben. Kann ich ja auch noch machen, aber nicht heute.

Und ein bisschen was hat er ja auch zu bieten, mein kleiner Freund. Um die Tür unseres Gartenhäuschens beispielsweise rankt eine alte lachsfarbene Kletterrose, und zum wahrscheinlich hundertsten Mal denke ich darüber nach, ob ich sie im nächsten Frühjahr rausnehmen sollte. Ich kann lachsfarbene Rosen nicht leiden. Die *Peach Melba* ist ein Erbstück. Die Vorbesitzer unseres Hauses müssen sie irgendwann gepflanzt haben. Diese Rose ist, abgesehen von den alten Apfelbäumen und den viel zu dicht stehenden Fichten im Hintergrund, so ziemlich das Einzige, was bleiben durfte. Der Garten war eine über 20 Jahre lang schwer vernachlässigte, vor sich hin krautende Fläche, als er und ich uns kennenlernten. Farne und Giersch hatten das Gelände weitestgehend untereinander aufgeteilt. Einzig diese Rose blühte, wenn auch spärlich, an einem der schattigsten Plätze des Gartens. Viel zu nah an die Hauswand gesetzt, kämpfte sie ums nackte Überleben und tat das, was Rambler- und Kletterrosen immer tun, wenn sie sich nicht wohlfühlen – sie bildete nur einen einzigen langen Trieb. Ich weiß noch wie ich, als wir uns an die Neugestaltung unseres Gartens machten, die Rose ausgrub, den Trieb abschnitt und das wurzelnackte, blattlose Etwas achtlos in irgendeine Ecke des Gartens warf. Wochen später, ich hatte die *Peach Melba* gedanklich längst kompostiert, fand ein Handwerker, der bei uns die Heizungsanlage erneuerte, die Rose während seiner Raucherpause im Garten. Er hob sie auf und sagte: »Wollnse die noch? Oder kann ick die mitnehm'?«

»Denken Sie, die wird noch mal was?«, fragte ich. »Na logo, die kommt wieda. Jebn Se ihr nen sonnigen Platz und ne Handvoll jute Erde. Nicht zu nah ans Haus ran, da muss Luft durch.« Der Mann kannte sich aus! Ich setzte die Rose neben die Tür unseres gerade neu gezimmerten Gartenhauses, gab eine kräftige Ladung Lehm in das Pflanzloch und dachte insgeheim: »Das wird sowieso nichts mehr mit der.« Aber wie so oft lag ich falsch. Den extremen Rückschnitt dankte mir das Röslein mit einem beeindruckenden Neuaustrieb. Fast schien es, als wollte sie sich bei mir dafür bedanken, dass sie weiterleben durfte. Bis heute gibt sie sich alle Mühe, damit ich sie mag. Keine meiner Kletterrosen ist so wuchsfreudig wie diese. Keine hat größere Blüten, und wie sich das gehört, schiebt sie nach dem ersten Durchlauf im Juni gleich die zweite Blüte hinterher.

Ich muss zugeben, jetzt im Winter hab ich sie sogar recht gern, bildet dieses Stiefkind doch die größten Hagebutten des ganzen

Gartens. Wie leuchtend rote Kugeln einer Lichterkette tanzen sie rund um die Tür des Gartenhauses. Feinstes Vogelfutter.

Nur im Winter ist mein Garten aufgeräumt. Alles ist an seinem Platz. Dieses Winterfestmachen fällt mir von Jahr zu Jahr schwerer. Mittlerweile warte ich damit bis Ende November. Erst wenn der Sommerjasmin *(Solanum jasminoides),* der bei uns in einem großen Topf vor dem Haus steht, komplett verblüht ist, und sich der nächtliche Frost partout nicht mehr ignorieren lässt, stelle ich mich dem Unausweichlichen und beginne Abschied zu nehmen von all den Dingen, die mir eine Saison lang jeden Tag zur Seite standen.

»Kannst du hier nicht was reinpflanzen, was im Winter draußen bleiben kann?«, fluchte mein Mann auch dieses Jahr wieder, als ich ihn bat, den Jasmin-Kübel mit mir in den Keller zu schleppen. Nein, kann ich nicht. Der Jasmin ist unkompliziert, das schätze ich. Im November wird er grob zurückgeschnitten, ein letztes Mal gegossen und dann in die hinterste Kellerecke geräumt. Bis Ende März harrt er dann dort geduldig im Dunklen aus und dankt mir die frostfreien Monate mit üppiger Blüte ab August. Mehr kann man nicht verlangen, und eine winterharte Kübelpflanze mit ähnlich unkomplizierten Eigenschaften ist mir bislang nicht untergekommen.

Alle anderen Terrakottakübel, Körbe und Staudenstützen habe ich grob gesäubert und ins Gartenhaus gekarrt, die Scheren mit WD-40 besprüht und mit der Stahlbürste blitzeblank geschrubbt. Selbst die Rosenhecke brachte ich im Dezember ein wenig in Form, damit sie nicht allzu liederlich aussieht über all die Monate, die ich sie blattlos von meinem Küchenfenster aus betrachten muss. Die Auflagen für die Gartenstühle verstaute ich in der eigens dafür gezimmerten Holzkiste, Spaten, Hacken und Rosenhandschuhe kamen an die schmiedeeisernen Haken daneben. Der Mähroboter, unser fünftes Familienmitglied, kam in den Waschkeller und liegt für die kommenden Monate wie ein umgedrehter Käfer auf dem Rücken.

Das Wasser ist längst abgestellt und die Schlauchtrommel hängt ebenso trost- wie nutzlos an der Hauswand. Ich habe vergessen die Gartenbrause abzunehmen, sehe ich gerade. Aber die tropft sowieso – es wird Zeit für eine neue. Kann bitte mal jemand eine langlebige Gartensprühpistole für Amateurgärtner erfinden? Wie oft schon habe ich bei Profis gedreht und deren wunderbares Gießwerkzeug bewundert. Aber für den Hobbybereich habe ich bislang kein Gerät finden können, das nicht nach viel zu kurzer Zeit die Grätsche macht. Jede von mir gekaufte Gartenbrause fängt nach wenigen Monaten an zu tropfen, gibt zu wenig Druck ab oder macht sich am Adapter selbstständig und verpasst mir eine unfreiwillige Dusche.

Auf dem Weg in den Vorgarten bleibt mein Blick an den Perlkörbchen hängen. Die habe ich, wie alle anderen Stauden auch, im Herbst nicht zurückgeschnitten. So hängen die alten Triebe ein wenig traurig über die Beetkante, und der leichte Frost auf den noch immer weißkugeligen Blüten macht es nicht besser, drückt er doch die Pflanze nur weiter in Richtung Boden. Ein winterlicher Anblick eben, aber manchmal, wenn die Sonne sich blicken lässt, wird ihr Licht in den silbergraubraunen, leicht pelzigen Blättern reflektiert. *Anaphalis triplinervis*. Was für ein beeindruckender Name! Ich kann ihn mir trotzdem nie merken. So geht es mir mit fast allen lateinischen Bezeichnungen in der Botanik. Während der Saison sind die Namen stets sehr präsent in meinem Kopf. Aber über den Winter vergesse ich die komplizierten Begriffe wieder, und im Frühling fange ich erneut damit an, sie mir einzuprägen. Ein ewiges Lernen. So ist das eben, wenn man spät mit etwas beginnt. Nichts bleibt mehr so ohne Weiteres haften, da oben im deklarativen Gedächtnis.

Wenn ich die alten Triebe des Perlkörbchens beiseite drücke, sehe ich das frische, samtige Grün der neuen Blätter. Sie haben keine Eile, bis zum Frühling ist es noch lange hin. Aber es lässt sich erahnen, wie spätestens im März diese jungen Triebe

Vollgas geben werden, um mit aller Kraft Höhe zu gewinnen. Eine wunderbare Staude. Die Blätter, länglich und schmal, fühlen sich flauschig an, wie Samt. Sie sind mehr grau als grün, und wenn im Spätsommer die Blüten wie kleine weiße Kugeln im Wind leicht hin und her wehen, lenkt kein tiefsatter Grünton von ihnen ab. Stattdessen gibt das gräulich schimmernde Blatt den Rahmen vor und lässt den weißen Blüten den Vortritt. Egal wo man sie im Garten einpflanzt, nie stehen Perlkörbchen verkehrt, und immer sieht diese Staude aus, als wäre sie genau für diesen einen Ort gemacht. Ich habe die *Anaphalis* erst vor zwei Jahren für mich entdeckt und gleich an mehreren Stellen in den Garten gepflanzt. Immer drei von ihnen habe ich gesetzt, viel zu dicht wahrscheinlich. Aber das ist mir egal. Ich mag keine Lücken im Beet. Lieber teile ich die Stauden nach einiger Zeit wieder.

Hinter den Perlkörbchen steht der Blumenhartriegel *Cornus kousa*, China Girl. Ein nicht ganz billiges Gehölz mit dem Versprechen, mindestens fünf Meter hoch zu werden. Noch sieht es nicht danach aus. Irgendwas passt ihm nicht, aber ich habe noch nicht herausgefunden, wo das Problem liegt. Die Chinesin braucht leicht sauren Boden. Aber weil ich keine torfhaltige Erde kaufe, ist das Großziehen solcher Exoten in meinem Garten nicht ganz einfach. Die Erde ist lehmhaltig, gut für die Rosen, aber schlecht für vieles andere. Fürs Erste gebe ich dem *Cornus* als Winterschutz ein paar Schaufeln Komposterde und bedecke den Stamm mit Laub. Allzu viel davon ist nicht mehr zu finden, die Bäume haben längst alles fallen lassen und ich habe längst alles zusammengerecht. Gemeinsam mit meiner Tochter. Die hat geschimpft, wie immer, wenn ich sie bitte, mir bei der Gartenarbeit zur Hand zu gehen, aber am Ende doch kräftig mitgeholfen. Der *Cornus kousa* hat im Mai seinen großen Auftritt. Wenn seine Hochblüten cremeweiß den Busch zu überdecken beginnen, verzeihe ich ihm jedes Jahr aufs Neue seine irgendwie kränklich aussehenden, an den Rändern eingedellten Blätter.

Der Rote Hartriegel *(Cornus sanguinea)* ist aus anderem Holz geschnitzt als sein chinesischer Kollege. Dem ist es schnurzpiepegal, ob ich ihn mit Laub zudecke und ihm gut zurede, der braucht kein Verwöhnprogramm. Ich habe einige Exemplare davon in unsere Mischhecke gepflanzt und mich eine Zeit lang über ihn geärgert. »Was für ein langweiliger Nichtsnutz«, dachte ich. Aber jetzt im Winter macht dieses Allerweltsgehölz das, was es im Sommer nicht vermag: Es zieht alle Blicke auf sich.

Bereits im April habe ich den weitestgehend unspektakulären *Cornus* kräftig zurückgeschnitten. Sehr zur Freude seiner Heckennachbarn Deutzie und Goldliguster, neigt doch der robuste *Cornus* dazu, sich breitzumachen. Ach, was schreib ich – platt macht er alles, was links und rechts neben ihm steht. Wie ein zu viel Platz einnehmender Sitznachbar in der Schule drängelt und drückt er so lange, bis auch wirklich jedes Gehölz neben ihm den Kampf aufgibt und weiteres Wachstum einstellt. Darum setze ich ihn jedes Jahr schon im Frühjahr auf Stock. Und mit dieser Radikalkur einher geht ein erfreulicher Effekt: Über den Sommer setzt ein kräftiger Neuaustrieb ein, der überraschend schnell an Höhe gewinnt und das eventuell in der Hecke entstandene Loch schnell in Vergessenheit geraten lässt. Die Rinde dieses jungen Neuaustriebs leuchtet jetzt im Winter in kräftigem Hellrot. Nur die einjährigen *Cornus*-Triebe haben diese intensive Farbe und sind in jedem Wintergarten ein absoluter Hingucker.

Wenn ich jetzt noch so schlau gewesen wäre, ein paar Christrosen im November zu setzen, wäre der Ausblick gar nicht mal so übel, denke ich, gehe in den Vorgarten und nehme das kleine Futterhaus von der Zaubernuss. Schon wieder leer. Jeden zweiten Tag fülle ich neue Körner ein, und obwohl die Meisen und Spatzen sich nur ausgesprochen selten blicken lassen, sind sie offensichtlich da und schlagen sich die Bäuche voll. Schön.

Die *Hamamelis mollis* hat jetzt im Januar ihre große Stunde. Ein Baum, der blüht, bevor er Laub austreibt. Wie eine Magnolie, ein Mandel- oder ein Judasbaum. Seit ich vor Jahren Vita Sackville-Wests Beschreibung der Zaubernuss gelesen habe, wusste ich, dass ich so einen Strauch in meinem Garten pflanzen werde.

Sie sind im Erscheinungsbild klar strukturiert, ohne störende Büschel von Grün; sie erlauben uns, das filigrane Astwerk zu studieren, und bieten dem Auge gleichzeitig die farbigen Blüten. Die Zaubernuss ist ein Strauch, den eigentlich jeder anpflanzen sollte, denn er besitzt vielerlei Vorzüge, und sollte er doch einen Fehler haben, so bleibt er mir noch zu entdecken.

Ganz bewusst habe ich die Zaubernuss an den Weg in Richtung Eingangstür gesetzt. So lassen sich die dunkelroten Blüten, aus denen gelbe, länglich geringelte Blütenblätter herausragen, im Vorbeigehen bewundern. Manchmal, auf dem Weg rein oder raus, nehme ich mir ein paar extra Augenblicke Zeit und schnuppere an den unaufgeblühten Knospen. Sie duften großartig in der kalten Winterluft, und ich bin jedes Jahr aufs Neue erstaunt darüber, wie wenig Aufmerksamkeit der Rest meiner Familie diesem Frühblüher widmet. Die *Hamamelis* steht seit Jahren an Ort und Stelle, erhellt verlässlich mehrere Wochen die finsterste Jahreszeit, und meine Mischpoke stiefelt tagein, tagaus daran vorbei, ohne sie zu bemerken. Was soll man dazu sagen?

Ich gebe die Hoffnung nicht auf, dass auch meine Liebsten irgendwann der Leidenschaft des Gärtnerns verfallen. Und bis dahin bin ich froh, dass sie von mir längst mit aller Macht Besitz ergriffen hat. Wie sonst sollte ich dieses Berliner Wintergrau den Rest meines Lebens ertragen?

Ich gehe zurück hinters Haus in Richtung Treppe, ein letztes Mal für heute schweift mein Blick von links nach rechts über mein kleines Paradies. Im Vorbeigehen schnappe ich mir die Tasse mit dem längst kalt gewordenen Kaffee und gehe hinein. Im Winter durch den Garten zu spazieren, ist wie joggen im Wald – hinterher fühlt man sich immer besser als vorher. Jetzt kann er kommen, der Rest dieses Tages.

Hortensien
in der Krise

MATHE

Alles war vorbereitet. Bis ins letzte Detail war die Reise nach England geplant. Den ganzen Winter lang hatte ich private Gartenbesitzer und Pressestellen gärtnerischer Sehenswürdigkeiten kontaktiert, hatte traumhafte Drehorte gefunden, viel Zeit grübelnd über der Landkarte von Großbritannien verbracht, Strecken ausbaldowert, Drehzeiten und Tage berechnet. Kamerakollege Lucas, mit dem ich zusammen fahren würde, stand in den Startlöchern. Mitte April, kurz vor der ersten Rosenblüte, sollte es losgehen. Eine Woche England und die schönsten Gärten der Insel. Was für ein aufregendes Abenteuer! Zurück in Berlin, würde ich daraus eine Frühjahrsserie für das *Morgenmagazin* schneiden. Es war alles vorbereitet. Und dann kam Corona.

»Alle Drehreisen werden abgesagt.« Mein Redaktionsleiter überbrachte mir die Nachricht auf dem Flur und beförderte dann die halbe Redaktion ins Homeoffice. Was bei einer aktuellen Nachrichtensendung wie dem *Morgenmagazin* beileibe kein ganz einfaches Unterfangen ist. Ich saß im Büro, starrte auf den Nachrichtenticker und sah die Meldungen zum Thema Lockdown und Homeschooling einlaufen. Erinnern Sie sich? #Wirbleibenzuhause lautete der Hashtag dieser ersten Tage, in der die Coronakrise erstmals Deutschland lahmlegte. Ich telefonierte mit Lucas und ließ ihn wissen, dass aus unserer Englandreise nichts werden würde. Wir waren traurig, klar. Aber natürlich hatten in diesen Tagen Millionen Menschen da draußen ganz andere Probleme.

Lucas arbeitet allein, ohne Assistent, er ist ein Videojournalist, so nennen wir das im Fachjargon. Das heißt, er kann drehen und

das Material hinterher auf seinem Computer zusammenschnei-
den. Ich weiß nicht mehr genau, wer von uns den Einfall hatte,
aber lange haben wir nicht gebraucht, bis uns die Idee kam, dass
wir statt der Englandreise eine Serie über das Zuhausebleiben
machen könnten. Das halbe Land ging ins Homeoffice, Schulen
wurden geschlossen, ebenso alle Geschäfte, Restaurants, Kneipen
und Spielplätze. Neben der Unsicherheit über die Ausbreitungs-
wege des Virus hatten wir uns alle plötzlich mit ganz praktischen
Fragen zu befassen: Wie genau funktioniert Homeschooling?
Wie vermeidet man Konflikte innerhalb der Familie? Gibt es
Tricks, damit einem nicht die Decke auf den Kopf fällt? Durfte
man noch Sport draußen treiben? Es waren viele Fragen, die
wir Journalisten in diesen ersten Tagen stellen mussten, und die
Zuschauer wollten Antworten.

Am Abend versammelte ich die Familie am Esstisch.

»Könntet ihr euch vorstellen, dass Lucas bei uns einzieht und
wir eine Woche für das *moma* vom Leben zu Hause berichten?«

Die Begeisterung meiner Truppe hielt sich in Grenzen.

»Wer ist Lucas?«, fragte mein Sohn.

»Aber nur, wenn wir nicht vor der Kamera irgendeinen Mist
machen müssen«, sagte meine Tochter.

»Wenn du hier komplett durcharbeitest, wer macht dann die
Schule mit den Kindern?«, überlegte mein Mann und kannte die
Antwort schon, bevor er den Satz beendet hatte.

»Geht klar«, schickte ich meinem Chef am Abend eine Text-
nachricht. Am nächsten Tag stand Kameramann Lucas mit seinem technischen Equipment, Wechselwäsche und einer Zahn-
bürste vor der Tür, und wir begannen mit den Dreharbeiten. Für
jeden Bericht setzten wir uns einen anderen Schwerpunkt. Schule,
Mediennutzung, Sport und Garten. Experten für das jeweilige
Schwerpunktthema zu finden, war leichter als gedacht, schließlich saßen genau wie wir auch die Wissenschaftlerinnen, Sport-
mediziner, Psychologinnen und Bildungsforscher zu Hause.
Die waren froh, dass jemand ihre Expertise einforderte. Wenn

auch »nur« per Video. Meine Familie machte wunderbar mit, und Lucas und ich waren, obwohl wir noch nie zuvor miteinander gearbeitet hatten, ein perfektes Team. Es wurden lange Tage für uns beide. Tagsüber drehten wir, führten per Computer Interviews mit Experten, filmten die Familie über den Matheaufgaben, waren mit der Kamera dabei, wenn es Streit gab, wenn mein Mann entnervt mit den Augen rollte oder meine Kinder wie die Blöden vor der Spielkonsole hockten. Im Keller schnitten wir bis spät in die Nacht aus dem Drehmaterial den jeweiligen Film für den nächsten Morgen. So funktioniert aktuelle Berichterstattung. Bloß, dass die normalerweise nicht in den eigenen Wänden stattfindet. Für unseren letzten Film hatte ich mir das Thema Garten aufgehoben. Natürlich. Es war Ende März, draußen gab es reichlich zu tun. Wir verbrachten den Vormittag zwischen den ersten Frühlingsboten in meinem Staudenbeet, ich erklärte vor laufender Kamera, wie man am besten Kartoffeln setzte, welches Gemüse bereits ins Freie konnte, interviewte per Computer Gerald Piekarski und gab ein paar Töne zum Thema Rasenpflege zum Besten. Lucas ließ die Drohne über unserem Garten kreisen und mich für die Anfangssequenz mindestens 15-mal aus dem Gartenhaus stiefeln. Entweder das Licht stimmte nicht oder aber, und das war deutlich öfter der Fall, ich verhaspelte mich. Mein persönlicher Akku war langsam aber sicher aufgebraucht, ich war erschöpft. Für den späten Nachmittag hatte ich noch ein Videointerview mit Andreas Pellens, einem Hortensienproduzenten aus Nordrhein-Westfalen, organisiert. Dies würde mein letztes Interview für unsere Serie sein.

Einige Monate vor dem Corona-Lockdown hatte ich Andreas Pellens auf einer Gartenmesse kennengelernt. In seinem Betrieb in Geldern, in der Nähe von Aachen, produziert Pellens in der vierten Generation Hortensien, und als ich ihn im Januar auf der Messe traf, arrangierte der gelernte Gärtner auf dem Stand gerade seine neueste Kreation. Erstmalig im Programm stellte Pellens seine Trios aus. Trios, das sind dreifarbige Hortensien, die in einem Topf kultiviert wurden. Blau, weiß und rosa. Diese bunte Blütenpracht ist vielleicht nicht jedermanns Sache, aber wer es farbenfroh mag, der holt sich mit so einem Töpfchen gleich mal eine Portion gute Laune auf den Balkon oder in den Garten. Die Verkäufe auf der Messe liefen gut, Pellens hatte volle Auftragsbücher und blickte ausgesprochen optimistisch in die kommende Saison.

Knapp zwei Monate später sah die Welt anders aus. Lucas arrangierte Licht und Kamera in meinem Esszimmer, und ich klickte am Computer auf den Link, der mich per Video mit Herrn Pellens verbinden würde. Vom Optimismus des frohen Rheinländers war nichts mehr übrig. Bei den Baumärkten und Pflanzencentern, Pellens größten Kunden, herrschte in dieser ersten Lockdown-Phase riesige Unsicherheit. Dementsprechend handelten sie.

»Die Baumärkte stornieren die Ware«, erzählte er mir und versuchte erfolglos, seine Tränen zurückzuhalten. »Erst heute Morgen habe ich einen Auftrag in Höhe von 80 000 Euro verloren.«

In Pellens Gewächshäusern standen knapp 100 000 Pflanzen. Die blühten *jetzt*. Wenn er sie nicht in den nächsten zwei Wochen ausliefern konnte, war seine Ware reif für den Kompost. Ein Jahr harte Arbeit wäre umsonst gewesen. Natürlich hatte Pellens als Unternehmer Rücklagen gebildet, aber den Umsatzausfall eines ganzen Jahres, konnte er damit nicht kompensieren. Der Vater von drei Kindern sorgte sich um seine 25 Mitarbeiter, seinen Betrieb und seine Familie.

Ich saß an meinem Esszimmertisch, hörte Pellens dramatische Geschichte und zum ersten Mal in meinem Leben kamen mir bei einem Interview die Tränen. Rückblickend kann ich gar nicht mehr genau festmachen, woran es lag. Ich mochte Andreas Pellens, und seine ausweglos scheinende Situation berührte mich. Sicherlich aber steckten mir auch die anstrengenden Drehtage und die kurzen Nächte in den Knochen. In den ganzen Tagen zuvor hatte ich als Reporterin funktioniert. Etwas war passiert – ich berichtete. Jetzt aber saß da ein völlig entmutigter Mann am anderen Ende der Leitung und weinte. Und ich weinte mit ihm. Erst in diesem Moment, so denke ich rückblickend, wurde mir die Dramatik der Coronakrise wahrhaftig bewusst. Hinter diesem schnell gesprochenen Wort »Coronakrise« standen Tausende Einzelschicksale. Das von Andreas Pellens war eines davon. Und die Krise hatte gerade erst begonnen. Als wir das Interview beendet hatten, verabschiedete ich mich von ihm, klappte den Rechner zu und wischte mir die Tränen ab.

»Was für 'ne Scheiße«, sagte ich zu Lucas. Der schluckte, genau wie ich – und ließ die Kamera weiterlaufen.

Ich ging raus in den Garten, nahm die Pflanzkelle in die Hand und setzte ein paar Hornveilchen in die bereitgestellten Töpfe. Manchmal braucht man eine kurze Pause. Einatmen. Ausatmen. Wir drehten den Abschluss, Lucas ging in den Keller, bereite den Schnitt vor und ich drückte den Kindern einen Gutenachtkuss auf die Wangen. Den Rest der Zu-Bett-geh-Arie erledigte mein Mann.

Es war gegen halb zwei in der Nacht, als ich bei Facebook sah, dass Pellens online war. Ich schrieb ihm eine Nachricht:

Noch wach?

Ja.

Wir schneiden gerade. Können Sie nicht schlafen?

Nee.

Sie weinen bei dem Interview, Herr Pellens. Sind Sie sicher, dass Sie weinend im Fernsehen zu sehen sein wollen?

Ja, ich weiß. Ich konnte es nicht unterdrücken.

Darf ich das reinschneiden?

Ja, tun Sie das, Frau Platz. Wird schon richtig sein, so wie Sie das machen.

Lucas und ich schnitten den Film fertig, ich torkelte die Treppen hoch ins Schlafzimmer und war fünf Sekunden später im Tiefschlaf.

Seit mehr als 20 Jahren bin ich Reporterin beim Fernsehen. Ich liebe meinen Job. Genau so sehr wie meinen Garten. Aber zwischen einem Leben als Hobbygärtnerin und dem einer Reporterin gibt es einen entscheidenden Unterschied. Wenn ich im Frühjahr die Kartoffeln setze, dann hole ich im August die Ernte ein. Das Umgraben, Düngen und Gießen, all die Stunden Arbeit, die ich in mein Beet investiere, haben einen direkten Effekt. Wenn ich säe, ernte ich. So einfach ist das. Als Reporterin ist das natürlich ganz anders. Wir Journalisten bemühen uns um die objektive Vermittlung von Informationen. Ich kann schwerlich abschätzen, ob meine Berichterstattung irgendeinen Eindruck hinterlassen, irgendein Nachdenken ausgelöst hat. Ich weiß nicht, ob und was meine Tätigkeit tatsächlich »bewirkt«. Ein Beispiel: Wenn ich einen Film über Biotannenbäume drehe, bringe ich dann auch nur einen einzigen Zuschauer dazu, beim nächsten Weihnachtsfest den Kauf eines Biotannenbaums in Erwägung zu ziehen? Ich weiß es nicht. Und das ist ja auch richtig so. Jeder Zuschauer da draußen soll und darf sich seine eigene Meinung über das jeweilige Thema bilden. Seien es nun Tannenbäume, Bundestagsbeschlüsse oder ein Bericht über die neue Seidenstraße. Dass die Arbeit von uns Journalisten, egal in welchem Medium, einen immensen Einfluss hat, ist unbestritten. Aber *wie genau* dieser Einfluss aussieht, was *genau* wir auslösen da draußen, das bekommen nur die wenigsten von uns direkt gespiegelt. Klar, unsere Moderatorinnen und Moderatoren erhalten häufig Feedback für ihre Auftritte, sie werden erkannt und bewundert. Oder aber auch verachtet und im Netz geschmäht. Aber die Menschen vor der Kamera sind nur ein kleiner Teil dessen, was eine Sendung zusammenhält. Das Rückgrat einer jeden Sendung bildet die Redaktion. Mit Frauen und Männern, die im Hintergrund arbeiten. Das sind Redakteure, Planerinnen, Produktioner, Abläuferinnen, Chefinnen und Chefs vom Dienst, Social-Media-Kollegen, Redaktionsleiterinnen. All diese Menschen gestalten eine Sendung. Sie setzen die Themen, diskutieren, wägen ab und entscheiden. Tagein und tagaus senden wir in dieses schwarze

Loch hinein und wissen niemals ganz genau, wie unsere Berichterstattung von den Zuschauern, die vor den Bildschirmen sitzen, aufgenommen wird. Ja, viele von ihnen schreiben uns. Auf den Social-Media-Kanälen oder auch an den Zuschauerservice. Das ist wichtig, toll und großartig. Und ja, natürlich gibt es Zuschauerbefragungen. Das hilft. Aber so ganz direkt, so unmittelbar wie eine Kartoffelernte im Gemüsebeet ist das natürlich nicht. Kann und soll es nicht sein. Aber manchmal, ganz selten, erhalten wir Reporter doch eine eindeutige Resonanz auf einen unserer Filme. Und wenn die dann auch noch Gutes bewirkt, fühlt sich das in der Tat ähnlich an wie eine Grabegabel voller Jungkartoffeln: fantastisch nämlich.

Unser Bericht lief drei Mal am nächsten Morgen. Die Ausstrahlung allerdings verschlief ich. Erst als das *Morgenmagazin* längst von den Kollegen der *Vollen Kanne* abgelöst worden war, wurde ich wach. Bleiern schlappte ich hinunter in die Küche, schmiss die Kaffeemaschine an und blickte auf mein Handy. Es war kurz vor zehn. Andreas Pellens hatte angerufen. Mehrfach. Vier Mal, um genau zu sein. Mir rutschte das Herz in die Hose. Was war passiert? Fühlte er sich falsch dargestellt? War sein Weinen im TV doch zu viel gewesen? Hatte ich aus Versehen einen groben inhaltlichen Fehler eingebaut? Eilig rief ich zurück.

»Was ist los?«

Die Stimme am anderen Ende bebte.

»Frau Platz! Sie können sich nicht vorstellen, was passiert ist! Seit sechs Uhr in der Früh steht das Telefon nicht mehr still! Mein Mailpostfach quillt über! Ganz viele Zuschauer rufen an und wollen unsere Hortensien kaufen! Wir sind am Rotieren!«

Pellens war euphorisch. Seit der Ausstrahlung vor wenigen Stunden erreichten ihn Nachrichten von Zuschauern im Sekundentakt. Das Telefon klingelte in einer Tour, er bekam Whatsapp-Nachrichten E-Mails und Anrufe. Hunderte *moma*-Zuschauer hatten unseren Bericht mit dem traurigen Hortensiengärtner im

Fernsehen gesehen und wollten helfen, damit er nicht auf seiner verderblichen Ware sitzen blieb.

Als wir telefonierten, war Pellens gerade dabei, mit seinen Mitarbeitern einen Teil der Pflanzen in das vordere Gewächshaus zu transportieren. Die ersten Käufer standen längst vor der Tür. Aus der ganzen Region machten sich Zuschauer auf den Weg in die Gärtnerei, um Pellens ein oder zwei Hortensien abzukaufen. Kleinvieh macht auch Mist.

Am Abend war klar – der Direktverkauf könnte die Rettung sein. Der Gärtner bastelte ein riesiges Schild und stellte es an der Bundesstraße auf. »Hortensien Ab-Hof-Verkauf!« stand darauf. Und es funktionierte.

Nach nur wenigen Tagen war ein erheblicher Teil der Hortensien verkauft und Pellens konnte seine gröbsten Einbußen ausgleichen. Aber neben der Erleichterung über die unverhofften Einnahmen hatte die Resonanz auf unseren Film noch einen weiteren Effekt.

Als mit Beginn der Krise ein Baumarkt nach dem anderen angerufen hatte, um die Ware zu stornieren, war Pellens in ein tiefes Loch gefallen. Vor seinem inneren Auge hatte der Unternehmer sich bereits die Firma abwickeln und die Türe abschließen sehen. Der Schock hatte ihn handlungsunfähig gemacht. Die vielen Zuschriften, die mutmachenden Worte und die Kundschaft, die ihn durch unseren Film erreichten, gaben Pellens die nötige Kraft zurück, der Krise zu begegnen. Er fasste Zuversicht, zog den Kopf aus dem Sand und stellte sich der neuen Situation. Einige Wochen nach der Ausstrahlung unseres Films schrieb Pellens mir eine Mail. Ich war gerade im Garten, als sie mich erreichte:

Liebe Frau Platz, wir kommen mit einem blauen Auge durch diese Situation, wir haben sogar eine kleine Chance mit null rauszukommen, wenn es ähnlich gut bleibt. Auch in Zukunft werden wir an unserem Ab-Hof-Verkauf festhalten, die Kunden kommen aus einem Umkreis von fast 80 Kilometern! Sie, liebe Frau Platz, sind hier jederzeit, ob mit oder ohne Kamera, herzlich willkommen. Bleiben Sie gesund, ich danke Ihnen!

Was bleibt?

»Weißt du noch, was ich hier hinten hatte?«, frage ich jedes Jahr im April meine Tochter und deute auf das geschwungene Staudenbeet entlang der hinteren Grundstücksgrenze, das im zeitigen Frühjahr immer grauenhaft kahl aussieht.

»Nope«, antwortet das Kind und baumelt sorgenfrei in der Hängematte. »Aber es hatte bestimmt grüne Blätter.«

»Ha, ha«, seufze ich und starre grübelnd auf die grünen Spitzen, die ihre Köpfe aus der Erde strecken.

Aha! Hier vorne sind schon mal die Funkien … Bloß welche? Sum and Substance? Blue Mouse?

Und da hinten? Was war da?

Die chinesische Wiesenraute? Quatsch! Elfenblume … Und die Anemonen, wo sind die abgeblieben? Und wo hatte ich denn jetzt eigentlich die mittelgroßen Pfingstrosen, die ich letztes Jahr vom Discounter …?

»Du solltest endlich anfangen aufzuschreiben, was du so alles kaufst, Mama. Dann grübelst du nicht jedes Jahr von Neuem.«

Der Vorschlag meiner Tochter reißt mich aus meinen Gedanken. Wie konnte aus dem windeldicken Kleinkind so schnell ein schlauer Teenager werden? Zeit fliegt. Und recht hat sie. Das Thema »Gartenbuchhaltung« treibt mich seit Jahren um. Eine Auflistung aller Pflanzen unseres Gartens. Eventuell mit Fotos? Auf Papier, ganz klassisch analog, zum Anfassen und Ins-Regal-stellen. Im Drunter und Drüber des Alltags allerdings kommt mir diese Idee immer wieder abhanden. Und mittlerweile erscheint sie mir auch, offen gesagt, als ein recht aufwendiges Projekt. Immerhin herrscht in meinen Beeten blankes Chaos. Allein der Blick in den Vorgarten. OMG! Ein lebendiges Zeugnis planloser Spontankäufe.

Stets fünf Stauden an eine Stelle? *Fehlanzeige!*

Ausgeklügelter Pflanzplan? *Vergessen Sie's.*

Stauden und Gehölze farblich aufeinander abgestimmt? *Mangelhaft. Setzen.*

Ich kann nichts dafür. Ehrlich! Sobald ich einen Blumenladen sehe, fühle ich mich magisch angezogen. Ich muss hineingehen, mich umschauen, stöbern, träumen, staunen. Kommt Ihnen das irgendwie bekannt vor? Meistens, das gebe ich offen zu, bleibt es nicht beim bloßen Gucken. Natürlich nicht. Nach kürzester Zeit stapeln sich haufenweise Staudentöpfchen, saisonale Blüher, Samentütchen, Zwiebeln und absurde Dekorationsobjekte im Einkaufswagen. Und meistens, nein, immer! gebe ich deutlich mehr Geld aus, als ich mir vor Eintritt durch die Ladentür geschworen hatte. Na und? Manche Menschen machen in Aktien, ich in Pflanzen. Die einen bekommen eine satte Rendite, ich das große Glück hinterm Haus. So ist das.

Allerdings, gebe ich zu, hat sich über die Jahre auf diese Weise ein wildes Kuddelmuddel vor und hinter meinem Haus festgewurzelt. Von einem harmonischen Gesamtbild ist mein Garten ungefähr so weit entfernt, wie mein Sohn von einer Karriere als Profitänzer am Bolschoi-Theater.

Ich kannte mal eine Dame, deren Garten war deutlich strukturierter als meiner. Alles hatte seinen Platz, alles passte zusammen. Und sie führte tatsächlich eine Gartenbuchhaltung. Jede Pflanze war akribisch mit Namen und Pflegeanleitung in einem Ordner aufgeschrieben. Sogar der jeweilige Standort auf einem Grundriss einzeichnet. Dieses Gartentagebuch war nicht weniger liebevoll angelegt, als das wunderschöne Grundstück der Dame selbst. Ich erinnere mich noch sehr genau an den Tag bei ihr. Es war Sommer, das Wetter mal wieder wechselhaft, und an der linken Grundstücksgrenze des Gartens wuchs eine ausladend große Rhododendronhecke …

»Hoppla, wat soll'n det sein?« Der Sicherheitsmann am Sperr-gepäckschalter vom Flughafen Tegel (damals gab es den noch) kratzte sich mit Blick auf unser Gepäckstück am Hinterkopf, legte die Zeitung beiseite und erhob sich unwillig vom Stuhl.

»Zwei Spaten, eine große, eine kleine Astschere, eine Säge und zwei Grabegabeln«, zählte Piekarski trocken auf, und ich schmun-zelte neben ihm in mich hinein. Wenn wir beide auf Reisen gin-gen, dann war unsere ausladende Tasche mit den Arbeitswerk-zeugen stets mit von der Partie.

»Und det Zeujens is so wichtig, dat ihr det morjens um Achte im Fliejer mitschleppen müsst?« Ungläubig blickte der Mann auf unsere Tickets.

»Jibt's in Düsseldorf keene Jartencenter, oder wat?«

»Ohne Grabegabel verreise ich nie«, antwortete Piekarski schlagfertig, und wir lachten. Jedem Nichtberliner sei verraten: Berliner Charme kontert man am besten mit: Berliner Charme. Der Sicherheitsbeamte grinste, klebte den ID-Gepäckcode ans Ticket und hievte unsere Tasche auf seinen Rollwagen.

»Na, dann wünsch ick viel Spaß beim Järtnern. Det muss ja in euerm Fall 'ne echte Leidenschaft sein«, rief er uns hinterher.

Aber Piekarski und ich hörten ihn schon kaum noch, wir mussten sehen, dass wir zum Flieger kamen. 20 Minuten später waren wir an Bord, der Gärtner verschränkte gemütlich die Arme vor der Brust, schloss die Augen und döste. Ich folgte kurzzeitig den Anweisungen der Flugbegleiter, blickte aber, als wir vom Rollfeld abhoben, lieber aus dem Fenster. Da unten wurde meine noch schlaftrunkene Heimatstadt im morgendlichen Sommer-dunst kleiner und kleiner. Keinen Ort auf der Welt liebe ich mehr als diesen. Und kein Ort auf der Welt geht mir mehr auf die Ner-ven. Als wir durch die Wolkendecke stießen, zog ich meine No-tizen aus der Tasche und begann, den Mailverkehr zwischen mir und Hildegard Storck noch einmal durchzugehen. Die *moma*-Zuschauerin hatte mir einige Wochen zuvor geschrieben. Sie fand unsere kleine Reihe *Piekarski & Platz* ziemlich witzig und hatte uns nach Krefeld eingeladen. Ihre besitzergreifende Rhododendronhecke wuchs nicht so, wie sie sollte, und der Efeu an der Rasenkante brauchte dringend eine Wurzelsperre. Beides gärtnerische Probleme, die wir in dieser Form noch in keinem unserer Filme zum Thema hatten. Frau Storck und ich hatten lange miteinander telefoniert, waren uns sympathisch, und in Krefeld waren weder Piekarski noch ich jemals zuvor gewesen. Kurzum, die Entscheidung für diese Reise war schnell getroffen.

Am Düsseldorfer Flughafen tauchte unsere Tasche gleich als erstes Gepäckstück auf dem Band auf und eins, zwei, drei hatten wir auch den Mietwagen ausgeliehen und unsere Sachen im Kofferraum verstaut. Bevor wir zu unserem Drehort fuhren, tippte ich noch schnell die Adresse eines nahe gelegenen Gartenhandels ins Navigationsgerät.

»Wir gehen nur kurz rein, kaufen, was wir brauchen, und gehen wieder raus, in Ordnung?« Piekarski lehnte den Kopf ein wenig zurück und schaute mich an, als wäre er mein Geschichtslehrer aus der siebten Klasse.

»Ja doch«, nickte ich und manövrierte den Ford Focus (Mietwagenfirmen nutzen wahnsinnig oft einen Ford Focus, finden Sie nicht?) rückwärts aus dem Parkhafen.

»Rhododendronerde und eine große Rolle schwarze Plastikfolie. Mehr nicht, Frau Platz!«

»Jaaa doch.« Trotz stieg in mir hoch. Der Mann kannte mich zu gut. Wir arbeiteten seit Jahren miteinander. Niemand wusste besser um meine Schwäche für Gartencenter als er. Als wir eine halbe Stunde später aus dem Geschäft kamen, wuchtete Piekarski vier Sack Erde und eine Rolle Plastik in den Kofferraum, und ich schnallte triumphierend zwei kleine winterharte Feigenbäume (Brown Turkey) auf den hinteren Sitzplätzen fest. Feigen! Winterhart! Wie hätte ich da widerstehen können, *bittschön*?

»Na, wenigstens ging es schnell«, seufzte der Gärtner, und wir sahen zu, dass wir zum Drehort kamen.

»Hey, ihr zwei seid das wieder!«, rief ich freudig zum Seitenfenster hinaus und parkte den Wagen in der hübschen Wohngegend mit Einfamilienhäusern am Stadtrand von Krefeld. Vor einem weißen schlichten Flachbau wartete unser Kamerateam. Die beiden Kollegen kamen aus dem ZDF-Studio Nordrhein-Westfalen, und wir kannten uns aus einer vorangegangenen Produktion. Mit den Jungs hatten Piekarski und ich schon einige Gärten in NRW beackert, wir verstanden uns prima. Noch während unseres ersten fröhlichen Geplänkels, öffnete sich die Eingangstür und eine ältere Dame streckte den Kopf heraus.

»Ach, Frau Platz, da sind Sie ja schon alle«, sagte sie herzlich und kam die drei Stufen des Eingangs hinunter.

»Ich dachte eigentlich«, sagte sie ehrlich erstaunt, »Sie kämen mit mehr Personal. Kommt denn da noch jemand?«

Ich musste lächeln. In der Tat ist unsere Art Fernsehen zu machen, ein bisschen Hollywood für Arme. Wenn wir irgendwo auftauchen, dann werden keine Straßen gesperrt, da kommt kein Catering, und es fummelt auch in der Regel kein Maskenbildner an mir herum.

»Nein«, antwortete ich, »es sind nur wir vier.«

»Ach, na dann kommen Sie herein, kommen Sie. Hier entlang bitte.«

Hildegard Storck war etwa Mitte 60, sie trug die weißen Haare kurz geschnitten und hatte sich, passend für unseren gemeinsamen Gartentag, für ein robustes Hemd und Gummistiefel entschieden. In ihrer weichen, sehr angenehmen Stimme schwang ein Hauch Melancholie, sie wirkte selbstbewusst, aber auch ein kleines bisschen zerbrechlich. Wir schnappten unsere Taschen und folgten unserer Gartenbesitzerin für diesen Tag. Nach einigen Schritten auf ihr Grundstück, blieben wir mittig des großen, L-förmigen Gartens stehen.

»Hier sehen Sie selbst«, sagte Frau Storck und wies in Richtung linke Seite. »Das ist meine Hecke. Die übernimmt den Rasen so langsam Stück für Stück.«

An der längsseitigen Grundstücksgrenze wuchs eine Rhododendronhecke. Ihre einzelnen Sträucher waren riesig, mehrere Meter hoch und die erst kürzlich abgeblühten Spitzen ließen erahnen, was für ein Spektakel dieser Garten wenige Wochen zuvor gewesen sein musste. Ein derart ausladendes Exemplar in einem Privatgarten war mir noch nie untergekommen.

Mein Verhältnis zu Rhododendron ist ebenso zwiegespalten wie das zu meiner Heimatstadt. Ja, er blüht atemberaubend, bisschen kitschig vielleicht, mit seinen quietschbunten Farben und den traubigen Blütenständen. Aber eindrucksvoll, das gebe ich zu. Trotzdem geht er mir auch gehörig auf den Wecker. Wie ein eingebildeter Dandy steht er mit seinen merkwürdigen, gummiharten Blättern in der Rabatte. Und wenn ihm was nicht passt, lässt er die sofort eingeschnappt hängen, färbt sich gelb und bekommt nervöse Flecken.

Als wir unser Haus kauften, wuchs so ein kleiner Beau Brummell in unserem Vorgarten. Was für eine Mimose! Er blühte nur drei Tage, blassrosa, und verbreitete den Rest des Jahres schlechte Laune. Zwei Sommer lang mühte ich mich, aber schließlich verschenkte ich das nutzlose Ding an meine Nachbarin zwei Häuser weiter. Dazu gab ich ihr noch den Perückenstrauch, der war auch so ein Fatzke. Die Rhododendronhecke damals in Krefeld war allerdings deutlich wuchsfreudiger, mindestens fünf Meter hoch, und an braun gefleckte Blätter kann ich mich nicht erinnern.

»Der Boden hier muss ziemlich sauer sein«, ging es mir durch den Kopf, Rhododendren sind Moorbeetpflanzen und brauchen einen niedrigen pH-Wert. Der Wuchs des Storck'schen Exemplars in die Höhe war auch weniger das Problem, aber die Breite machte der Besitzerin zu schaffen. Die Sträucher drohten, einen Großteil des zurückhaltend arrangierten Gartens zu vereinnahmen, der Rasen unter den Büschen hatte bereits kapituliert und sich in eine unansehnliche braune Fläche verwandelt.

»Im Inneren ist die Hecke komplett kahl«, erklärte uns Frau Storck. »Und darum streckt sie sich immer weiter in den Garten.«

»Ich geh mal rein«, sagte Piekarski, bog kurzerhand ein paar Zweige zurück, streckte den Kopf hindurch und war einen Augenblick später komplett aus unserem Sichtfeld verschwunden.

»Machen Sie mal *piep*!«, rief ich ihm hinterher.

»*Piiiieeep!*«, machte es aus dem Gebüsch, und wir anderen lachten. Von Piekarski war nichts mehr zu sehen, zu dicht war die Hecke nach außen gewachsen. Also quetschten auch wir uns unter den Zweigen hindurch ins Innere des Rhododendrons und konnten, obwohl wir immerhin zu fünft waren, allesamt aufrecht unter der Pflanze stehen. Piekarski hockte sich auf den Boden und ließ ein wenig Erde durch seine Finger rieseln.

»Der Berliner würde sagen ›Furztrocken!‹«, stellte er fest. »Auf jeden Fall brauchen die Pflanzen deutlich mehr Wasser.«

Rhododendren gehören zu den Heidekrautgewächsen, sie wachsen seeehr langsam und brauchen viel Feuchtigkeit. Fast alle gängigen Sorten sind, wie auch die bei Frau Storck, immergrün, werfen also ihr Laub im Winter nicht ab. Darum werden sie gerne als Heckenpflanzen gesetzt oder auch als Solitär in einer Rabatte. Allerdings gedeihen sie nur, wenn die Bodenbeschaffenheit stimmt. Heidekrautgewächse wie Rhododendren bevorzugen einen pH-Wert zwischen 4.0 und 5.5. Gartenbesitzer mit eher lehmigem Boden sollten sich also besser für eine Hecke aus Rosen entscheiden. Piekarski deutete nach oben auf das dichte Blätterdach.

»Eigentlich schneidet man einen Rhododendron so wenig wie möglich. Aber damit hier mal ein bisschen mehr Licht rankommt, nehmen wir heute zumindest mal das tote Holz raus.«

Mit unseren Astscheren machten wir uns ans Werk, und dass es zwischenzeitlich angefangen hatte zu regnen, bereitete uns ausnahmsweise mal kein Kopfzerbrechen, bis unter das dichte Blätterdach drangen keine Tropfen. Direkt am Stamm schnitten wir das tote Holz zurück, und Ast für Ast landete auf einem immer größer werdenden Haufen. Nachdem wir mit dem Schnitt durch waren, schleppten wir die Säcke mit der Erde unter die Sträucher und verteilten großflächig das Substrat. Die meisten

Rhododendren wurzeln flach, nehmen also Dünger und frische Erde dankbar ohne großes Einharken auf. Nach heutiger Kenntnis würde ich keine torfhaltige Rhododendronerde mehr für eine solche Maßnahme verwenden, aber damals war uns das Thema Moore noch vollkommen unbekannt. Wir wussten es schlichtweg nicht besser.

»So«, sagte Piekarski abschließend, »jetzt wässern wir hier noch kräftig und dann hoffen wir mal, dass die Pflanzen sich wieder stärker nach innen verzweigen, damit sie nicht mehr ganz so ausladend wachsen.«

Der Kameramann schoss ein Abschlussbild vom pladdernden Gartenschlauch und wir krabbelten ins Freie. Ohne Hecke überm Kopf erwischte uns prompt der Regen, und wir retteten uns unter den Dachvorstand des Gartenhäuschens. Als ich Piekarski mit seiner Tasse dampfenden Kaffee und strubbelig-nassem Haar da so stehen sah, kam mir das Bild eines Schwarzwälder Wetterhauses in den Sinn. Wir fackelten nicht lange und schon standen wir vor dem Häuschen: Piekarski als Seppl mit Regenschirm vorn und ich als Sonnenmarie hinten.

»Was tut man nich allet fürs Fernsehen«, lachte der nasse Gärtner. Wenn später die Sonne wieder scheinen würde, durften wir nur nicht vergessen, die umgekehrte Variante unseres menschlichen Hygrometers ebenfalls zu filmen. Kleine Momente wie dieser machen meine Arbeit so wertvoll. Kreativität ist nicht planbar, sie ergibt sich im Vorbeigehen, aus der Situation heraus. Wenn sie kommt und man ihr etwas Zeit gibt, entstehen genau die Einstellungen, die dem Film eine ganz eigene Handschrift geben. Ob es sich dabei um einen Kino-Blockbuster, eine lange Dokumentation oder einen kurzen Gartenfilm handelt, spielt eigentlich keine Rolle. Auch wer den kreativen Einfall letztendlich hatte – die Redakteurin, der Kameramann oder der Assistent – tut nichts zur Sache. Vielmehr kommt es darauf an, dass alle Beteiligten den gleichen Film im Kopf haben, das gleiche fertige Produkt vor ihrem inneren Auge sehen. Ist das der

Fall, wird aus einem Routinearbeitstag einer, der in Erinnerung bleibt.

Der Blick in Richtung Himmel zeigte, dass es aufklarte, und wir machten uns an die Storck'schen Himbeeren. Die hatten mit ihren stacheligen Ruten das Terrain hinter dem Gartenhaus komplett übernommen. Frau Storck wünschte sich einen Standortwechsel und zudem ein bisschen Ordnung in dem Durcheinander. Himbeeren kann man problemlos bis auf den Stock zurücksetzen, ausbuddeln und an anderer Stelle wieder einpflanzen. Ich wundere mich immer, wenn ich im Frühjahr kaufwütige Gartencenterkunden dabei beobachte, wie sie containerweise teures Beerenobst in ihrem Kofferraum verstauen. »Halt! Stopp! Kommt alle zu mir!«, würde ich dann am liebsten rufen. Erst vor fünf Jahren habe ich drei Primeberry ›Autumn First‹, die eine Freundin mir vorbeigebracht hatte, in meinen Garten gepflanzt. Mittlerweile weiß ich nicht mehr wohin mit den unverschämten Biestern. Himbeeren bilden jährlich Ausläufer, und lässt man sie zu lange unbeobachtet, erobern sie hinterrücks deutlich mehr Quadratmeter, als man für sie reserviert hatte. Erst im letzten Herbst rupfte ich meine Ableger allesamt raus und bot sie in der umliegenden Nachbarschaft feil. Doch meine Gartenmitstreiter links und rechts winkten nur müde ab, die hatten selbst schon mehr als genug. Wer also Himbeeren braucht, bitte bei Frau Platz melden!

Nach etwa zwei Stunden hatten wir sämtliche Beerensträucher gekürzt, mit der Grabegabel aus der Erde geholt, eine neue hölzerne Rankhilfe aufgestellt und sogar einzementiert. Einen Teil der Beeren setzten wir in Reih und Glied an ihren neuen Platz, der Rest landete zusammen mit den abgeschnittenen Rhododendronzweigen auf dem Kompost.

»So, im nächsten Jahr wird das nix mit der Ernte, aber im übernächsten«, versprach Piekarski, erhob sich und wischte die erdverkrusteten Hände aneinander ab. »Beeren tragen ihre Früchte immer erst am zweijährigen Holz.« Mein Gartenexperte gab sein geballtes Wissen zum Thema Beeren zum Besten, und ich erinnere mich zumindest noch daran, wie er uns erklärte, dass Beeren partout keine Staunässe mögen. Wer also lehmigen Boden hat, dem sei geraten, eine Handvoll Sand in das Pflanzloch mit einzubringen.

»Lasst uns mal 'ne Pause machen«, schlug ich vor. »Das Thema haben wir doch jetzt und wir sind ja schon seit ein paar Stunden nonstop dabei.«

Wir lehnten unsere regennassen Spaten an die Hauswand, und dankbar nahmen auch der Kameramann und der Assistent ihr technisches Gerät von den Schultern. Frau Storck kam aus dem Haus und servierte uns liebevoll belegte Schnittchen und Limonade. Besser konnte ein Drehtag nicht laufen!

Da verzieh ich sogar dem Wetter, dass es wieder umgeschlagen war. Gemütlich saßen wir auf der überdachten Terrasse, aßen unsere Brote und beobachteten schweigend, wie dicke Tropfen in den Pfützen auf dem Rasen kleine Kreise bildeten. Erst jetzt, mit dieser Atempause, hatte ich den Kopf frei, um mir das Wohnhaus von Frau Storck genauer anzuschauen. Das Haus war auf den ersten Blick ein schlichter weißer Flachbau. In der oberen Etage allerdings, in leichter Drehung, war ein schwarzer Kubus aufgesetzt. Große Fenster zeigten in Richtung Garten, andere wiederum waren eher klein und rund. Das Haus erinnerte mich ein wenig an die Zwanzigerjahre-Architektur des Bauhauses aus Dessau und Weimar.

»Ja, ja, Sie haben schon recht«, sagte Frau Storck nicht ohne Stolz, »ein Schüler von Walter Gropius hat dieses Haus Mitte der Fünfzigerjahre gebaut.«

»Wie kommt denn ein Bauhaus-Schüler nach Krefeld?«, fragte Piekarski erstaunt. Frau Storck lächelte.

»Viele Menschen wissen nicht, dass Krefeld und die Bauhaus-Bewegung in enger Verbindung zueinander standen. Und wenn, dann kennen die meisten nur die Häuser, die Mies van der Rohe Ende der Zwanzigerjahre hier in der Stadt gebaut hat. Dabei lebten und wirkten mehr als 30 Bauhaus-Schüler, teilweise bis in die Sechzigerjahre hinein, in Krefeld. Und das hat natürlich Spuren hinterlassen.«

Frau Storck deutete auf ihr weißes Würfelhaus.

»Hans Volger hieß der Architekt, der dieses Haus hier gebaut hat«, erzählte sie weiter. »In den Zwanzigerjahren studierte er am Bauhaus in Weimar und arbeitete in den Werkstätten von Walter Gropius. Seine Frau, Lis Beyer-Volger, war Textildesignerin. Vielleicht sagt Ihnen der Name was? Die beiden lernten sich während des Studiums kennen und Lis kam für einige Zeit nach Krefeld, um einen Kurs an der Färbereischule zu belegen. Sie hat das weltberühmte Bauhaus-Kleid entworfen.«

Ich zog mein Smartphone aus der Tasche und googelte das Bauhaus-Kleid. Ein trapezförmiges blau gestreiftes Kleid, relativ kurz. Es erinnerte mich eher an die Minikleider aus den Sechzigern. Für die damalige Zeit, 1928 nämlich, war der Entwurf skandalös.

»Hier steht«, las ich vor, »dass dieses Kleid auch deswegen so besonders ist, weil es eines der wenigen Kleidungsstücke ist, die am Bauhaus entworfen wurden.«

»Aber wieso lebten die Volgers irgendwann hier in Krefeld?«, fragte Piekarski.

»Bereits in der Anfangszeit des Bauhauses«, erzählte Frau Storck weiter, »gab es zwischen Krefeld und den Visionären der Bauhaus-Kunstschule Kontakt. In Krefeld lebten viele Industrielle aus der Textilindustrie, hier waren Ausbildungs- und Forschungsinstitute, die sich mit industriellen Fertigungsprozessen beschäftigen. Das wohlhabende Bürgertum Krefelds schaute wohlwollend auf das, was die Architekten und Designer da in Weimar und später in Dessau herstellten. Nach der Schließung des Bauhauses durch die Nazis, kamen daher eine ganze Reihe der Studenten und Absolventen hierher und fanden Anstellung. Johannes Itten, Georg Muche, Hans Kessler. Und eben auch Hans Volger mit seiner Frau. Diese Architekten halfen mit, das durch den Krieg zerstörte Krefeld wiederaufzubauen. Darum ist das Bauhaus hier überall zu finden, dafür muss man nicht nach Dessau, Weimar oder Berlin.«

Da war er wieder, der alte journalistische Leitspruch: Jeder Mensch erzählt eine Geschichte. Man muss nur zuhören. Unsere heutige Protagonistin stellte sich als profunde Kennerin klassischer Moderne heraus. Das Grundstück, erklärte uns Frau Storck abschließend, war in seiner Schlichtheit dem Gebäude angepasst. Der Garten hatte keine geschwungenen Wege oder runde Blumenrabatten, stattdessen reihten sich Stauden und Gehölze in gerader Linie aneinander. Auch die Wahl der Pflanzen selbst entsprach dem schlichten Baustil des Hauses. Grün und weiß dominierten, nur wenige Blühpflanzen unterbrachen den Blick. Hinten beim Gartenhäuschen beispielsweise kletterte ein japanisches Geißblatt fröhlich um einen Rosenbogen. Bereits verblüht, hatte es damals im Spätsommer seine kleinen leuchtend roten Beeren ausgebildet. Doch obwohl Frau Storck mit den Farben und Sorten sparsam umgegangen war, empfanden wir ihren Garten alles andere als langweilig oder fad.

»Weniger ist mehr«, sagte sie und lächelte. »Nicht umsonst wird Mies van der Rohe oft mit diesem Satz zitiert.«

Wann immer mir die Fähigkeit zur Reduktion auf das Wesentliche so leibhaftig begegnet, fühle ich mich ein bisschen schuldig. Oder sagen wir vielleicht: unwohl, ertappt, schwach. Auf jeden Fall irgendwie unzureichend. Ich beneide Menschen um die Disziplin, den Versuchungen des Handels zu widerstehen. Schließlich mangelt es mir daran gehörig. Genau deswegen bildet ja mein Garten kein in sich schlüssiges Gesamtkonzept, sondern ist vielmehr offensichtlicher Beweis dieser Charakterschwäche.

»Bewundernswert, wie Sie das hier alles strukturiert und gepflanzt haben«, sagte ich anerkennend, aber Frau Storck winkte ab.

»Das war nicht ich. Das war mein verstorbener Mann.«

Sie stand auf und kam wenig später mit einem dicken weißen Aktenordner in den Händen zurück.

»Mein Mann war jahrzehntelang der Direktor des Krefelder Kunstmuseums. Gestaltung und Design waren für ihn Lebenszweck. Und unser Garten war sein größtes Hobby. Er hat ihn angelegt. Schauen Sie. Er hat Buch geführt über jede Staude, jeden Strauch und jeden Baum, den er jemals gepflanzt hat.«

Die Witwe schlug den Einband des Ordners auf, wir anderen gruppierten uns um sie herum, und Frau Storck begann, aus den handgeschriebenen Aufzeichnungen vorzulesen. Seite um Seite hatte der verstorbene Herr Storck seine Garteneinkäufe aufgeführt. Alle Einträge waren akribisch mit Datum, Preis und Namen des jeweiligen Gartenhandels versehen. Wo vorhanden, hatte er die kleinen Etiketten, die oftmals in der Topfware steckten, aufgehoben, mit weiteren Erläuterungen komplettiert und auf die DIN-A4-Seiten geklebt. Für das Geißblatt am Gartenhaus beispielsweise stand da:

Lonicera caprifolium, gepflanzt: 30.05.2002,
Haus, Rosenbogen

* *winterhart*
* *reich blühend*
* *intensiv duftend*
* *insektenfreundlich*

Gerührt hörten wir zu, während Frau Storck einzelne Passagen vorlas und mit dem Finger auf die zugehörigen Pflanzen im Garten deutete, die in dem Ordner verzeichnet waren. Ich erinnere mich an diesen Moment, als wäre er gestern gewesen. Fünf Menschen standen eng beieinander und blickten in das Vermächtnis eines Verstorbenen. Herr Storck hatte seiner Frau mit diesem Pflanztagebuch ein Stück von sich hinterlassen. Anhand der Aufzeichnungen konnte die Witwe auch Jahre nach seinem Tod nachspüren, was ihm durch den Kopf gegangen war, als er sich für die jeweilige Pflanze in seinem zurückhaltend angelegten

Garten entschied. In Gummistiefeln, dreckig und durchgeweicht von der Arbeit, standen wir beieinander, der Regen prasselte auf den Rasen und eine bis vor wenigen Stunden uns vollkommen fremde Frau öffnete ihr Innerstes und ließ uns teilhaben am größten Schmerz ihres Lebens. Dem Tod ihres geliebten Mannes. Noch heute bin ich ihr dankbar für diese großherzige Offenheit.

»Eine Wurzelsperre für den Efeu wollten wir doch noch basteln!«, unterbrach Piekarski die nachdenkliche Stille auf der Terrasse, und wir schüttelten uns die leichte Melancholie, die uns in Besitz zu nehmen drohte, von den Schultern.

Wir schnappten uns die Rolle mit der Plastikplane und schnitten daraus etwa 30 cm breite lange Streifen. Efeu ist ein grandioser Bodendecker, tendiert aber dazu, sich breitzumachen. Entlang der Rasenkante stachen wir einen Graben, legten die Folie hochkant hinein und gruben wieder zu. Ein bisschen hilft solch eine Maßnahme vor einer Efeu'schen Übernahme, wer aber eine wirklich resolute Abgrenzung braucht, dem empfehle ich eine Rasenkante aus Naturstein. Habe ich in meinem Garten gesetzt, 8/11er Granitwürfel – sieht super aus und ist nicht allzu kompliziert.

Der Drehtag ging zu Ende, und mit ihm schwanden unsere Kräfte. Piekarski und ich waren langsam aber sicher platt. Frau Storck ging es ähnlich. Fernsehen bringt Unruhe, Dreck und ist anstrengend. Alle freuen sich, wenn wir kommen, aber alle sind auch froh, wenn wir wieder fahren.

Schnell noch setzten wir eine der beiden Feigen in einen dunkelgrünen Keramiktopf und stellten sie unserer Gartenbesitzerin auf die Terrasse. Für das Abschlussbild spielten wir erneut eine Runde Verstecken, dann war es Zeit, sich zu verabschieden. Spätestens um sieben Uhr wollte ich am Flughafen sein, der Wagen musste ab- und das Gepäck aufgegeben werden. Sorgfältig verstauten die beiden Kollegen ihre Technik im Wagen, und Piekarski und ich wuschen uns den gröbsten Schmutz von Händen und Gartengeräten. Hatten wir alles? Scheren, Spaten und Grabe-gabeln – alles eingepackt? Gut. Dann los!

»Halt!«, rief der Assistent und kam vom Wagen die Einfahrt zurückgelaufen. Er deutete in Richtung Himmel.

»Es hat aufgehört zu regnen. Du brauchst doch noch das um-gekehrte Bild vom Schwarzwälder Wetterhaus. Oder nicht?«

Natürlich! Wie konnte ich das vergessen?

Eiligst packten die Kollegen ihre Kamera wieder aus, und ich hätte sie küssen können. Dafür, dass sie daran gedacht hatten. Vor allem aber dafür, dass sie klaglos weiterarbeiteten, obwohl wir eigentlich bereits den Feierabend eingeläutet hatten. Das ist nicht selbstverständlich.

Ich stellte mich nach vorne, breitete die Arme aus und war die Sonnenmarie. Piekarski stand als Seppl mit Regenschirm hinten und versuchte missmutig zu gucken, ohne sich dabei kaputtzu-lachen. Herrlich!

Das Bild war im Kasten und wir verabschiedeten uns von un-serer Gartenbesitzerin. Ein letzter Blick auf den geradlinigen Garten, den Rhododendron und das weiße Haus mit dem Kubus auf dem Dach. Dann gab ich Gas, und wir sahen zu, dass wir nach Düsseldorf an den Flughafen kamen.

»Sie wollen ernsthaft diesen Topf im Handgepäck nach Berlin mitnehmen?«, fragte mich die Dame vom Check-in-Schalter am Flughafen Düsseldorf.

»Und ob! Ohne meine Pflanze verreise ich nie«, sagte ich, und Piekarski lachte sich neben mir schlapp.

Bis heute steht die Feige aus Krefeld in meinem Garten. Sie ist groß geworden, hat jeden Winter bislang tapfer überstanden und trägt im frühen Herbst fantastisch süße Früchte. Manchmal, wenn ich den Topf von einer Ecke in die andere schiebe, muss ich an den Tag bei Frau Storck denken. Daran, was ist und was bleibt. Jeder Garten ist ein Vermächtnis. Egal, ob er minimalis-tisch, im englischen Landhausstil, romantisch oder chaotisch wie der meinige angelegt wurde. Eines Tages, wenn von Sabine Platz nicht mal mehr Kompost übrig ist, werden meine Kinder an diesen Ort hierher zurückkehren. Und sollte zwischenzeitlich ein neuer Besitzer diesem Grundstück sein eigenes Gesicht aufgedrückt haben, so werden sie sie dennoch überall finden, die Reminiszenz an ihre verstorbene Mama. Ich stelle mir vor, wie meine Tochter auf das Staudenbeet schaut und ich vor ihrem inneren Auge auftauche. Mit der alten Latzhose, den Gummistiefeln und dem verwitterten Spaten in der Hand. Vielleicht bin ich gerade im Begriff, die nächste Pflanze planlos in die Erde zu setzen. Und das Kind wird leise vor sich hin murmeln: *Die Funkien waren hier vorne, Mama. Und da drüben hattest du die Anemonen.*

Wir Gartenbesitzer haben das große Glück, unseren geliebten Menschen etwas hinterlassen zu können. Unser grünes Wohnzimmer bleibt, selbst wenn wir längst gegangen sind.

Dank

Vor ein paar Jahren lief ich den 25-Kilometer-Lauf in Berlin. Boah, war das hart. Die ersten paar Kilometer klappten ganz gut, danach wurde die Sache zäh. Mehrfach, während ich mich schleppend in Richtung Brandenburger Tor vorkämpfte, war ich kurz davor aufzugeben. *Bin ich denn bekloppt?*, fragte ich mich. Ganz ähnlich ging mir das auch mit diesem Buch. Auf dem Weg in Richtung letzte Seite tauchte in meinem Hirn immer wieder die Frage auf – warum? Warum kümmerte ich mich nicht lieber um das Moos in meinem Rasen, steckte die Herbstzwiebeln oder schmiss die Siebtrommel an? Nun ja, weil schreiben, ebenso wie joggen, zwar anstrengend ist, aber auch eine Menge Spaß macht. Tatsache allerdings ist, den 25-Kilometer-Lauf hätte ich nicht geschafft, wenn nicht am Straßenrand diverse Menschen gestanden hätten, die uns Läufer anfeuerten. Einfach so, weil sie an uns glaubten. Am Ende hielt ich durch, war beim Überqueren der Ziellinie komplett erledigt – und überglücklich.

Und genau so geht es mir jetzt gerade in diesem Moment. Ich schreibe diese Zeilen und weiß – ich habe es geschafft. Ich bin glücklich.

Ohne all die Menschen aber, die mich am Wegesrand der Entstehung dieses Buches angefeuert haben, wäre mir die Puste ausgegangen. Ihnen widme ich an dieser Stelle meine letzten Zeilen.

Mein erster Dank gilt all den Protagonistinnen und Protagonisten dieses Buches. Ohne Sie und euch hätte ich die beschriebenen Geschichten niemals erleben und aufschreiben können.

Meine fantastische Agentin Elisabeth Ruge war von Anfang an begeistert von dem Projekt und stand mir stets mit Rat und Tat zur Seite. Herzlichen Dank dafür. Auch an Katharina Vogel, die die ersten Schritte mit mir gemeinsam ging. Heike Plauert vom Heyne Verlag hat nicht gezögert. Sie wollte das Buch genau so, wie ich es konzipiert hatte. Kein Ratgeber! Danke für die tolle Zusammenarbeit, ebenso an Sophie Boysen, die mit Feuereifer übernahm. Ebenfalls kräftiger Dank geht an Nina Lieke, meine Lektorin. Souverän ist das passende Wort an dieser Stelle.

Dann sind da eine ganze Reihe Menschen, die überhaupt nicht in diesem Buch vorkommen und dennoch zu seiner Fertigstellung kolossal beigetragen haben: Mathias und Anni (»Qualität kommt von Qual«, lieber Mathias, dieser Spruch hat mich so manches Mal vorangetrieben), Mone mit stets mutmachenden Worten, Julia und ihre Mama Eva für diverse Tipps in Sachen Garten. Katharina half bei der richtigen Interviewführung, Matthias Struch prüfte akribisch die »Pfannkuchen«-Geschichte. Für die »Rumänen« haben Menschen aus meiner Verwandtschaft tief in ihren Erinnerungen gegraben, dafür danke ich Trennie und Willi, vor allem aber meinem Onkel und meinem Vater.

Dank auch an all jene, die ich interviewen durfte, um Klarheit zu gewinnen. Das Greifswalder Moor Centrum war darunter, der unfassbar hilfsbereite Historiker Dr. Paul Milata, die BUND-Truppe aus Niedersachsen, Professorin Jutta Zeitz von der HU Berlin und viele mehr.

Ohne meine Rubrik *Platz im Garten,* würde es dieses Buch nicht geben. Und so gibt es, neben Gerald Piekarski, einige Menschen beim ZDF, die ich an dieser Stelle nennen möchte. Jana Günther – ihr gartenfester Sachverstand und die stets große Begeisterung für meine noch so absurden Themenvorschläge machen sie zu einer tollen Vorgesetzten. Der eine holte mich vor die Kamera und ließ mich machen, danke dafür, lieber Thomas Fuhrmann. Der Andere übernahm die Redaktion und damit auch mich. Und obendrein unterstützte er mich von Beginn an darin, dieses Buch zu schreiben. Darum geht ein aufrichtiger Dank an meinen Redaktionsleiter Andreas Wunn. Ebenfalls danke ich dem ZDF Chefredakteur Dr. Peter Frey. »Was treibt denn die Frau Platz da schon wieder?« wird er sich so manches Mal vom fernen Mainz aus denken – und lässt mich machen.

Zu guter Letzt: Die Anmerkungen meiner Tochter waren manchmal schmerzhaft, aber stets wertvoll. Und Schwiegervater Horst korrigierte jede Geschichte in Windeseile hinsichtlich der gröbsten Grammatikschnitzer. Dafür danke ich euch beiden herzlich. Ausdrücklicher, begeisterter und huldvoller Dank geht an meine Freundin Dr. Ramona Mosse. Deine profunden und treffenden Korrekturen haben jeden der Texte veredelt. Und zu guter Letzt: Mein größter Dank geht an dich, Marc. Ohne dich hätte ich mich für den Lauf gar nicht erst angemeldet und ebenso wenig hätte ich angefangen zu schreiben. Du hast lange vor mir gewusst, dass ich es bis ins Ziel schaffen würde. Du warst als erster kritischer Leser die ganze Zeit an meiner Seite, hast mich angefeuert, mir an holprigen Tagen zur Seite gestanden und mir Mut gemacht. Danke dafür.

Anhang

Staudengärtnei Gaißmayer
Jungviehweide 3
89257 Illertissen
www.gaissmayer.de

Wenn Sie von Ulm nach Memmingen auf der A 7 fahren und zufällig ein bisschen Platz im Kofferraum frei ist, sollten Sie die Abfahrt Illertissen keinesfalls verpassen. Die Staudengärtnerei ist nur einen Katzensprung von der Autobahn entfernt. Allein der spektakuläre, in allen Farben schillernde Schaugarten – zum Niederknien. Ich bin auf Gaißmayer, wie sicherlich viele Hobbygärtner vor mir, über den gut sortierten Onlineshop aufmerksam geworden. Immer mal wieder habe ich in den vergangenen Jahren Ware per Post kommen lassen. Stets war die Qualität hervorragend und die kleinen, liebevoll in Heu eingepackten Pflänzchen haben sich bestens entwickelt.

Bioland Rosenschule Ruf
Zum Sauerbrunnen 35
61231 Bad Nauheim
www.rosenschule.de

Das Dorf Steinfurth, ohnehin bekannt für seine Rosen, lohnt einen Besuch. Vor allem zur Blüte im Mai natürlich. Die Rosenschule der Familie Ruf aber setzt noch mal einen drauf. Ihre Pflanzen sind ohne den Einsatz von Herbizid und Pestizid großgezogen, bereits seit 1994 setzt man hier komplett auf organischen Dünger. Zwei mobile Hühnerwagen sorgen mit ihrem Federvieh für die Aufbereitung der Böden und den nötigen Naturdünger. Lausbefall und Mehltau geht's mit Schmierseife und Marienkäfern an den Kragen. Und wenn sich doch mal ein bisschen Sternrußtau oder Rosenrost an den Blättern zeigt – na, dann ist das eben so. Spitzenmäßig!

Bio-Gärtnerei Seidemann
Michelfeld 7
A-6176 Völs-Kematen, Tirol Österreich
www.blumenpark.at

Der Familienbetrieb hat 2015 komplett auf nachhaltig produzierte Blumen umgestellt und ist damit die erste Bio-Blumengärtnerei Österreichs. Kräuter, Blumen und Gemüse wachsen in torffreier Erde, die Aufzucht der Pflanzen ist frei von chemischen Pflanzenschutzmitteln und synthetischen Düngern. Sehr beeindruckt hat mich Seidemanns Bio-Weihnachtssternproduktion. Seit ich weiß, mit welch hohem Einsatz von Pestiziden konventionelle Weihnachtssterne gezogen werden, kommt mir so ein Teil nicht mehr auf die Kaffeetafel. »Das Gift rieselt Ihnen die ganze Adventszeit über auf die Weihnachtsplätzchen«, erklärte mir Seidenmann, als ich in einem Dezember für drei Liveschalten seine Gärtnerei besuchte. Vor meinem inneren Auge tauchten die vielen Weihnachten auf, an denen meine Mutter mit Begeisterung den Christstern liebevoll zwischen dem edlen Geschirr zurechtrückte. Das Gift stand mitten auf dem Tisch.

Senkgarten Karl Foerster
Am Raubfang 7
14469 Potsdam

Sie haben sicher bereits gehört von diesem großartigen Lehr- und Versuchsgarten, in dem der große Meister seine Neuzüchtungen auf Wettertauglichkeit prüfte. Den Kern der Anlage bildet der Senkgarten. Kleine Stufen und Treppen führen, umrahmt von fantastischen Stauden und Gehölzen, hinunter zu einem Seerosen-Wasserbecken. Wann immer mein Weg nach Potsdam führt, schaue ich hier vorbei, steige die Stufen hinab, und der Horizont wird zum Blütenmeer. Hunderte Pflanzen hat Karl Foerster in seinem Leben gezüchtet und jede von ihnen musste zunächst einige Jahre in diesem Versuchsgarten bestehen, bevor er sie in den Verkauf brachte. Der Foerster-Garten wird von der Deutschen Stiftung Denkmalschutz betrieben und ist täglich geöffnet von neun Uhr in der Früh bis zum Einbruch der Dunkelheit.

Benediktinerabtei Maria Laach
56653 Maria Laach
www.maria-laach.de

Gundelrebe hilft gegen Kraftlosigkeit und Bertram wirkt bei Verdauungsstörungen wahre Wunder. Dies sind nur zwei der vielen Weisheiten aus der Kräuterküche, die sich mir bei meinem Besuch in der Gärtnerei des Benediktinerklosters eingeprägt haben. Eingerahmt von alten Klostermauern, der Hauptturm der Klosterkirche thront romantisch über der Szenerie, liegt die Klostergärtnerei. Wer hier durch die Reihen spaziert, der stößt auf Kräuter mit Namen, die unseren Großmüttern noch geläufig waren, bei uns jedoch längst in Vergessenheit geraten sind. Durch diese Gärtnerei schwebt ein sehr besonderer Geist, den man noch lange im Herzen trägt.

Gregor Kaiser, Bioweihnachtsbäume
Burbecker Straße 6
57368 Lennestadt-Oberelspe
www.vielfalt-wald.com

Seit ich den Tannenbaumproduzenten Gregor Kaiser im Sauer-
land besuchte und vor laufender Kamera einen seiner Naturland-
Bäume fällte, kommt mir keine konventionell gezogene Tanne
mehr ins Wohnzimmer. Es geht auch anders – und Herr Kaiser
ist der Beweis. Pestizide und Herbizide? Nix da! Ich gebe zu, ein
Biotannenbaum kostet ein paar Euro mehr als einer, der mit
Spritzmittel großgezogen wurde. Dafür dünstet er aber auch keine
Gifte in meinem Wohnzimmer aus. Vermarket werden die Kaiser'schen Bäume durch den Handel, aber auch im Direktverkauf.
Entweder ab Hof im Sauerland bei Herrn Kaiser direkt oder an
seinem Stand in Bonn-Beuel. Übrigens: Die gewaltfreie Aktions-
gemeinschaft für Natur und Umwelt **Robin Wood** veröffentlicht
jedes Jahr eine aktuelle Liste mit Verkaufsstellen von Ökotan-
nenbäumen im gesamten Bundesgebiet.

Vita Sackville-West
Meine Lieblingsblumen
Insel Verlag
Schöner kann man Blumen nicht beschreiben!

Eva Demski
Gartengeschichten
Insel Verlag
Zum Niederknien!

Reginald Arkell
Pinnegars Garten
Unionsverlag
Klein, aber fein.

Gabriella Pape
Gebrauchsanweisung fürs Gärtnern
Piper Verlag
Kodderschnauzig und erfrischend uneitel.

Meike Winnemuth
Bin im Garten: Ein Jahr wachsen und wachsen lassen
Penguin Verlag
Spitzenmäßig!

Jörg Pfenningschmidt und Jonas Reif
Hier wächst nichts: Notizen aus unseren Gärten
Ulmer Verlag
Witzig!

Carolin Engwert
Abenteuer Garten: Mein erstes Jahr im Schrebergarten
Kosmos Verlag
Toll fotografiert mit vielen handfesten Tipps.

Hellmuth Henneberg
Gartengeflüster – mit dem Fernsehgärtner unterwegs
Ein echter Spaß zu lesen. Und das sage ich nicht, weil er ein Kollege ist.

Bildnachweis

Alle Fotos stammen von Benjamin Zibner, mit Ausnahme von:

Textteil:
Anne Smith Photography: 279; privat: 21, 41, 83, 97, 109, 115, 161, 167, 181, 207, 213, 235, 257

Bildteil:
Anne Smith Photography: 2 (3x), 6 o., 7 u. li.; privat: 4 (3x), 5 o., 5 u.